动动笔墨读好书：

初中群文教学“读写融合”实践

宁建英 主编

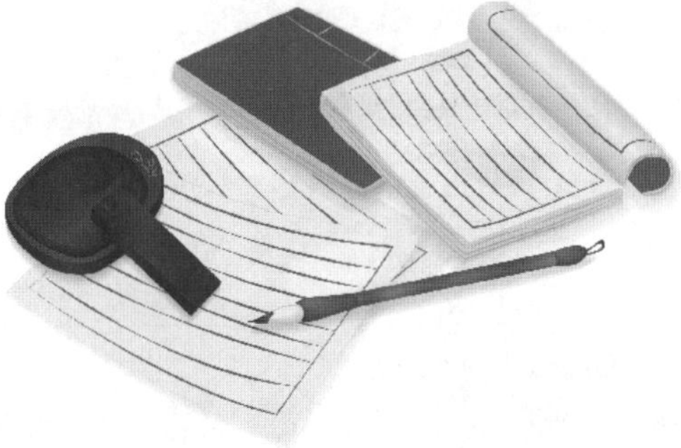

苏州大学出版社
Soochow University Press

图书在版编目(CIP)数据

动动笔墨读好书 ：初中群文教学“读写融合”实践 / 宁建英主编. -- 苏州 ：苏州大学出版社，2024. 8.

ISBN 978-7-5672-4897-7

Ⅰ. G633. 302

中国国家版本馆 CIP 数据核字第 2024EY7810 号

书　　名：动动笔墨读好书：初中群文教学“读写融合”实践

主　　编：宁建英
责任编辑：沈　琴
装帧设计：刘　俊

出版发行：苏州大学出版社(Soochow University Press)
社　　址：苏州市十梓街 1 号　**邮编：**215006
印　　装：苏州市越洋印刷有限公司
网　　址：www. sudapress. com
邮　　箱：sdcbs@suda. edu. cn
邮购热线：0512-67480030
销售热线：0512-67481020

开　　本：700 mm×1 000 mm　1/16　**印张：**18. 25　**字数：**348 千
版　　次：2024 年 8 月第 1 版
印　　次：2024 年 8 月第 1 次印刷
书　　号：ISBN 978-7-5672-4897-7
定　　价：78. 00 元

本书编写组

主　编　宁建英

副主编　刘　明　王克强　耿庆强
胡　丹

参　编　罗　晶　李维英　王　沂
吴　青　董　萍　马　誉
陈　红　秦婷婷

序

能读千赋而善赋

宁建英老师以《动动笔墨读好书:初中群文教学“读写融合”实践》书稿见示，嘱我作序。我觉得这是一次学习的机会，可以让我深入地了解当前语文教学改革的状况，便不揣浅陋地应承了下来。我仔细研读了书稿，其内容是探讨实施新课标背景下“群文读写融合”的教改专题。全书由宁建英老师主编，编者系宁建英语文名师工作室的老师们。全书包括工作室老师们精心设计的 27 篇“群文读写融合”教学设计、11 篇相关的研究论文和 31 篇学生优秀习作。

长期以来，我国的语文教学虽说颇有成就，但始终行驶在传统的教学轨道之上，未能迈开有效改革的步伐，阅读教学多以单篇教学为主。单篇教学虽然有着精细化、深刻化的教学优势，有利于学生深入理解课文内容，牢固掌握语文基础知识，提高阅读理解能力和深入思考的能力，但是不利于拓宽学生的知识视野，培养其综合性的阅读能力和统整思维能力，建立起完善的语文知识结构。而写作教学虽说是语文教学的半壁江山，但始终存在着写作教学序列混乱、方法陈旧，写作指导内容空泛、教学效果不高的弊端，以致常常引发学生“怕写作文”的哀叹，“半壁江山”的地位岌岌可危。为了扭转语文教学这种困局，寻觅提高语文教学效率的密码，语文界的同行们进行过大量的实验和探究，虽然产生了一些可贵的成果，但还是难以找到“终南捷径”。面对这种状况，笔者思来想去，认为存在这种现象的根本原因无他，乃是阅读教学和写作教学的严重脱节。换言之，读写结合的问题未能得到圆满的解决。

读写结合的问题是个老话题，这个老话题大有文章可做，既有历史的学术依据值得发掘，又有新颖的实操内容可以充实，还有具有独创意义的理论可供萃取。可贵的是，宁建英老师就看中了这个似乎为人不屑一顾的读写结合的话题，将之当作一座富矿，以名师工作室的名义，睿智地提出了“群文读写融合”的命题，组织老师们予以开发研究，通过几年的实践坚持，取得了丰厚的学术成果，现在终于结集成书，奉献于教育界的同行面前。

纵观全书，有三个显著的特点值得点赞。

其一，以“群文读写融合”的实践研究传承了我国古代和近现代的读写结合理论。

读写结合理论，古已有之。有关论述，遍布于我国历代的典籍之中。春秋战国时期，以孔子为代表的儒家倡导的“六经”，其间就有许多关于读与言、读与写、学与思、学与用的论述，但尚未形成读写关系的明确概念和思想。但是到了汉代，作为哲学家的扬雄在《答桓谭书》中提出“能读千赋，则能为之”的观点（“能读千赋则善赋”），就已经明确地论及了读与写的关系。这是我国文化史上最早论述读写关系的宝贵观点。细细推敲，不难看出，这个观点里已经隐含着“群文读写融合”的可贵思想。其后，唐代的刘知几、韩愈、杜甫，宋代的欧阳修、苏轼、朱熹，元代的程端礼，明代的林鸿，清代的万斯同、蒲松龄、孙洙等学人，都有论述读写结合的名言，如“读书破万卷，下笔如有神”“无它术，唯勤读书而多为之，自工”“劳于读书，逸于作文”“必尽读天下之书……然后可以放笔为文”“书痴者文必工”“熟读唐诗三百首，不会作诗也会吟”，等等，都是读写结合观的不同表述方式，强调了读写二者结合的重要性以及这种结合的多量观、辩证观和源流关系。

到了近现代，更有姚铭恩、黎锦熙、石民镛、叶圣陶、吕叔湘等学者对读写结合的思想做了深入的研究，广泛地探讨了现代读写结合的实践操作方法和理论构建问题。特别是叶圣陶，自1942年起，先后发表了《略谈学习国文》《阅读是写作的基础》《评〈读和写〉，兼论读和写的关系》等论文，进一步地探讨了读写结合的理论问题，着重强调：阅读是吸收的内化活动，注重培养的是理解能力；写作是表达的外化活动，注重培养的是表达能力。两个过程、两种能力、两种活动，相辅相成。“读和写，到底哪一样重要？我看都重要，要并重。”继而，他又和吕叔湘一起提出了“听、说、读、写宜齐重”的论断，从而形成了现代版的读写结合理论。

自2011年版的《义务教育语文课程标准》颁布以后，全国各地对语文教学改革普遍重视起来，读写结合的问题又被提上了议事日程，成为广大语文教师教学研究的重要课题之一。2022年版的《义务教育语文课程标准》更明确地提出了课程内容应主要通过学习任务群来组织并呈现的举措，强调在教学中的任务导向和听说读写的相互融合。这就为语文教学提示了一种以任务群教学为特征的读写相融合的改革思路。宁建英老师作为名师工作室的负责人，出于事业的追求，敏感地体认到了这条改革思路的重要性，以我国古代和近现代的读写结合理论为学理依据，以语文新课标的教学要求为研究方向，借助所开展的“群文读写融合”的研究实践，有效地传承和演绎了我国古代和近现代的读写结合理论，或者说，是用自身的研究成果验证了我国古代和近现代读写结合理论的前瞻性和正确性，不但证明了我国具有悠久的读写相融的文化传统和教育传统，而且证明了这种文化传统和教育传统还能直接影响和指导新时期的语文课程改革实践。

其二，以“群文读写融合”的实践研究的崭新概念丰富了群文读写教学的基础理论宝库。

宁建英老师领衔的“群文读写融合”的研究项目涉及了诸多概念和理论问题，必须予以厘清。

在这里，第一个需要明确的概念是“群文”。群文，顾名思义，就是一组文章、多篇文章。这本来并不费解，但将“群文”作为一个研究命题来探讨，就别具深意和价值。据载，“群文”的概念是由赵镜中先生于 2006 年在太原举办的第六届全国青年教师阅读大赛上发表演讲时提出来的。他当时的原话是:语文教学重要的一项改革就是由“单文教学转向群文阅读”。自此，“群文”的概念就不胫而走，悄然流行起来，被广大语文教师纳入了研究视野。

第二个需要明确的概念是“群文阅读”。当年赵镜中先生提出“群文”概念的时候，曾采用了“群文阅读”的说法，但他并未对“群文阅读”的教学方式做条分缕析的深入解读，只是朴素地认识到“群文阅读”的重要性。其后，重庆树人教育研究院的研究者基于国际阅读测评和阅读教育的经验思考，对“群文阅读”的概念做了学理探究，率先在全国举起了研究与推广“群文阅读”的旗帜，同时基于国内语文教育教学的改革趋势和发展需要，他们又把群文阅读作为一种课程理念进行集中、系统的探索，推动群文阅读教学实践深入发展，从而建构起了群文阅读教学理论。他们认为群文阅读的“群文”是相对“单篇”而言的，但“群文”的“群”并非“单篇”的简单叠加，而是在“群文”中把握一个核心意涵作为教学议题，由教师围绕这个议题进行组文和文本教学，以提高学生的辨识与提取、比较与整合、评价与反思、应用与创意四项关键能力，从而逐步促进学生在语言、思维、审美、文化等方面语文核心素养的形成。

第三个需要明确的概念是“群文教学”。根据普通逻辑学的原理，“群文教学”和上文谈到的“群文阅读”应该是属种关系、包含关系，即“群文教学”是上位概念，“群文阅读”是下位概念。按照逻辑推理，下位概念应该不止“群文阅读”一个，至少还应该有一个“群文写作”的概念与之为伴。但是，考察目前国内关于“群文教学”的研究，大多把“群文教学”当作“群文阅读教学”的简缩名称，这就搞错了上位概念和下位概念。再者，这样的认知还忽视了写作教学的重要地位，使写作教学作为语文教学“半壁江山”的认知成了一句空话。因此，我们在探讨“群文教学”概念的时候，对于其下位概念绝不能顾此失彼，或者厚此薄彼，而应该让“群文阅读”和“群文写作”联袂登台，携手上演一出“群文教学”的精彩大戏。不过，目前关于“群文写作”，国内虽有一定的研究，但成果并不多见，还有待于进一步开发与探索。令人欣慰的是，本书中已经有了“群文写作”的尝试性训练。

第四个需要明确的概念是“群文读写融合”。前面，笔者已经就“读写结合”研究的问题做了有序的梳理，但从多年来国内语文教学界从事“读写结合”的实践和研究来看，虽然北京市第三女子中学、辽宁省黑山北关小学、北京景山学校以及重庆等西南地区的一批学校开展过相关实验，田本娜、朱作仁、陆鉴三、丁有宽等学者也做过较多的研究，创造过不少可贵的读写结合经验，提出过诸如以读导写、以写带读、写中促读、读中促写、边读边写、多读多写等多种读写结合的思想，但他们始终未能就读写二者之间的“融合”问题多予着墨，而且并未明诏大号地强调要借助“群文”的教学来进行读写的“结合”。就他们的研究观之，读写的“结合”，只不过是“读”与“写”的相交、相加，不管怎么“结合”，还是A和B的问题，“结合”的严密性、严谨性、交融性还有待强化。因此，只有将读和写“融合”“融通”“融汇”起来，才能做到“你中有我，我中有你”，真正地实现水乳交融、融会贯通，将A和B化成为C，糅合成为完整的、完善的整体。可喜的是，宁建英名师工作室的老师们从教学的实践中发现了这个问题。他们着眼于群文教学中读与写“融合”程度的强化工作，开展了大量的课堂实验和理论探讨，大做“融”字文章，有力地促进了群文读写“融”化品质的提升，科学地提出了“群文读写融合”的崭新概念，这样，就填补了长期以来读写结合研究留下的理论空白，有效地丰富了群文读写教学的基础理论宝库，为群文读写教学的深入研究做出了新的理论贡献。

其三，以“群文读写融合”的研究实践构建了群文读写教学的实操体系。

上文，笔者围绕“读写结合”的话题，从宁建英名师工作室的实绩出发，追溯了“群文读写融合”教学产生的历史轨迹，探讨了他们为“群文读写融合”教学做出的理论贡献。这样的理论贡献是从他们长期艰苦的实践研究过程中提炼出来、抽象出来的，有着坚实的实践基础。他们对自己的研究过程也进行过认真的总结，构建成了一套完整的行之有效的群文读写教学的实操体系，成为其理论的有力支撑。这个实操体系包含着以下一系列构成要件，兹简述如下。

要件之一是“群文读写融合”教学的基本要则，即先读后写，以写带读，读写交融。这个要则有四点内涵，其一，“群文”是“读写融合”的前提；其二，读和写有着先后顺序；其三，读和写可以相互作用；其四，读和写存在着融合关系。其实，这四点内涵就是“群文读写融合”理论的实质和要领，明确地表达了“群文读写融合”教学实践的目标和基调。

要件之二是“群文读写融合”教学的实践路径。路径有两条，其一曰路径 A，历经着“分析阅读文本→归纳总结方法→写作实践活动”的教学流程。这条路径是“群文读写融合”教学的常规路径，操作过程表现为“阅读群文、探讨群文、提取写法、指导写作”。这个常规路径，为广大语文教师所熟知，尽管没有什么显著的特色，但它呈现了“群文读写融合”的基本思想。其二曰路径 B，历经着“写作问题分析→分析阅读文本→归纳总结方法→写作实践活动→写作新问题分析……”的教学流程。这条路径是对路径 A(常规路径)的改造和创新。改造之处在于授课从写作起步，以写作收束。这就很好地体现了“以写带读”的“群文读写融合”教学的基本要素，实现了“读写交融”的教学目标。创新之处在于它在并未违背“先读后写”基本要素的情况下有效地协调了阅读和写作的关系，提升了写作教学在语文课中的地位，有利于激发学生的写作欲望，能够让“群文读写”的“融合”作用产生超乎寻常的教学效果。

要件之三是“群文读写融合”教学的策略类型。其类型共计五类，一曰“根据文本，书写感受”策略，二曰“模仿文本，以读悟写”策略，三曰“拓展文本，以写促读”策略，四曰“深化文本，以读拓写”策略，五曰“结合实际，完善读写”策略。这些策略具有以下特点：一是凡读写都以文本为依归，充分发挥了“群文”的读写功能；二是读写之间呈现交织相融的状态，读写相融的特征表现得十分鲜明；三是读写过程始终联系学生的思想实际和生活实际，有利于拓展学生的社会视野；四是读写的融合体现了进阶发展的过程，有利于培养学生的语言运用、思维发展、审美鉴赏和文化理解等语文核心素养。

要件之四是“群文读写融合”教学的操作样态。这里所谓“操作样态”其实就是“群文读写融合”教学的课型样态，共有三种。第一种是“群文阅读+微写作”样态。这种课型样态的操作步骤如下：导读设计→群文阅读→方法归纳→写作构思→片段写作→写后评价。其侧重点在于在推进整个教学流程的基础上强化微写作的训练。这样做，既可矫正当下群文读写教学中重读轻写的现象，也可为“群文读写融合”教学的深入推进固基引路。第二种是“群文阅读+写作纸”样态。这种课型样态的操作步骤如下：导读设计→群文阅读→共性提炼→写作建模→写作完篇→量表评价。其侧重点在于在推进整个教学流程的基础上把握本群文的共性特征以强化单篇写作训练。这样做，既可矫正当下群文读写教学中忽视共性提炼的弊端，也可彰显“群文读写融合”教学异于一般单篇教学的优势。第三种是“群文阅读+群文写作”样态。这种课型样态的操作步骤如下：写作问题呈现→以元组文→群文阅读→多元提炼→多元建模→多篇写作→量表评价→读写迁移。其侧重点在于在“群文读写融合”教学中尝试群文写作训练。这样做，既可矫正当下群文读写教学中多元性读写训练失调的状况，也可通过读写的迁移实现“群文阅读”和“群文写作”齐头并进的理想境界，为“群文读写融合”教学的推进和发展营造一种氛围。

要件之五是“群文读写融合”教学的教学评一体化“学习链模型”。这个“学习链模型”是一种将教师评价和学生评价结合起来的评价模式。其教师的评价采用五步走的方式，即本着“群文读写融合”教学的要求，按照“确定教学目标→设计教学任务→设定评价标准→驱动融合学习→实现教学评估”的链式结构进行；学生的评价则采用六步走的方式，即本着“群文读写融合”学习的目的，按照“明确学习目标→探究关键问题→建构认知结构→开展融合学习→进行自我评价→展示学习成果”的链式结构进行。这种将师评和生评相结合的一体化评价模式有着三个显著的特点：一是可以保证“群文读写融合”教与学评价的一致性、系统性；二是可以促进教师边教边评，学生边学边评，共同在评价中提高“群文读写融合”教学的效率；三是可以将师评和生评相互参证，得出相对客观的评价结论。由此可见，这种教学评一体化评价模式的核心是通过评价有效地提高“群文读写融合”的学习效率。在这种评价模式里，评价只不过是一种手段，促进“群文读写融合”的学习才是目的，因此，编者将其命名为教学评一体化“学习链模型”是较为妥帖的提法，而且还带有一定的创新色彩。

总之，笔者就以上五个“群文读写融合”教学的构成要件所组成的严密的实操体系做了较为详细的解析。不难看出，这个实操体系具有明确的系统性、科学性、实用性、创新性特征，是宁建英名师工作室的老师们多年辛勤探索取得的宝贵的且具有独创意义的实践成果。目前，这项实践成果已经产生了一定的辐射效应，省内外许多学校都已采用了他们的研究思路，开展了大面积的“群文读写融合”教学实验和研究，这是值得高兴的事情，也是苏州市语文教学改革中一件值得骄傲的事情。

作为一篇序言，在即将搁笔的时候，笔者还想表达三点想法。其一，学术无边界，探索无止境。本项“群文读写融合”教学的研究虽已告一段落，但远远没有结束，其间还有许多实践问题和理论问题需要进一步探讨，还应该本着“能读千赋而善赋”的观点向远处漫溯，向深处开掘，相信只要付出艰辛的努力，一定会有更新的成果诞生。其二，书名求新颖，寓理自深邃。书名是一本书的名片，优秀的书名可以有效揭示书的深刻内涵，激发读者阅读的浓厚兴趣。本书编者将书名定为《动动笔墨读好书：初中群文教学“读写融合”实践》，就是用通俗、轻快的口吻，蕴含着“读写融合”的哲理。这样的书名，正切合本书探讨的“群文读写融合”的主题，能为读者带来一种阅读的愉悦感。其三，教学当守正，科研需创新。这是个互文见义的说法，意思是教学与科研要坚持守正创新的原则。因为本书以“群文读写融合”教学为研究专题，开展了大量实践性、实证性的研究，其编写宗旨始终本着提高学生语文核心素养的目标，恪守着语文教学改革的正道，其研究内容始终围绕着“群文读写融合”的命题，贯穿着创新的精神，所以才能够在理论和实践上取得具有突破意义的成果，这是十分难能可贵的。在这里，笔者要为这种严谨的守正创新的教学态度和研究行为鼓与呼！

最后，衷心祝愿宁建英名师工作室的老师们继续发扬善于传承、勇于实践、敢于创新的精神，在语文教学改革的大道上阔步前行，为繁荣我国的语文教育事业创造出更加亮丽的业绩！

周永沛

2024年6月12日

目　录

上篇　群文教学“读写融合”教学设计

诗歌

议论文

下篇　群文教学“读写融合”师生作品集

论文

学生习作

上篇

群文教学“读写融合”教学设计

绪　论

“读写融合”是语文教学的优秀传统，是发展学生语文核心素养的重要抓手。2022年4月，《义务教育语文课程标准（2022年版）》颁布，提出了“构建学习任务群”“加强课程内容整合”“促进学习方式变革”等课程理念。在这些课程理念的观照下，“读写融合”实践有了新的发展空间。

一、研究背景

（一）落实立德树人根本任务的需要

为发挥语文学科的育人功能，落实立德树人这一教育的根本任务，语文教学需要破除读写思维壁垒，促进学生作为读者和作者的同步成长，因此“读写融合”实践在语文教学中意义重大。要以“主题”为核心将读写资源进行整合与重组，推进以“读写融合”为着力点的学科教育，实现学生听、说、读、写能力的统整式发展，进而塑造学生的情感世界和精神世界，培育完整的人。

（二）弘扬中华优秀传统文化的需要

习近平总书记强调，优秀传统文化是一个国家、一个民族传承和发展的根本，如果丢掉了，就割断了精神命脉。“读写融合”教学属于中华传统教学中的重要内容，古人读书时所作的眉批、旁批、题批、夹批、总批、尾批等，流传下来的都是瑰宝。传统阅读向来注重“眼到、口到、心到、手到”，“手到”即读书时要及时写评语、做笔记。要弘扬优秀传统文化，就必须传承好“不动笔墨不读书”的古训。

（三）践行课程标准、解决教学问题的需要

《义务教育语文课程标准（2022年版）》倡导“少做题、多读书、好读书、读好书、读整本书，注重阅读引导……提高语文学习能力”，“重视写作教学与阅读教学之间的联系，善于将读与写有机结合、相互促进”。然而在教学过程中，阅读与

写作脱节的现象时有发生，如教师在阅读教学中只重视阅读理解，写作技巧讲得少，忽视了语言实践，导致读写分离；同时还存在只注重单篇教学“读写融合”实践的问题，单篇教学的局限性导致“读写融合”实践的片面化，以至于“从外到内”的阅读吸收与“从内到外”的写作表达始终没有在教学中实现有效的、系统性的融通。群文教学是一种复合型的教学模式，其核心在于围绕一个或多个议题，选择一组（通常是三篇及以上）具有内在关联的文章作为学习对象，通过教师的引导和学生的自主阅读，进行多文本阅读及写作的教学活动。

积极推进群文教学“读写融合”实践，让“读写融合”实践进阶化、系统化，从而帮助学生实现读写共生与互利。

二、研究意义

（一）群文教学“读写融合”实践使以学习任务群为主体的新课程内容得以有效展开

《义务教育语文课程标准（2022年版）》明确，课程内容主要通过学习任务群来组织并呈现，强调任务导向，听、说、读、写相融合。“文学阅读与创意表达”学习任务群在第四学段要求：“阅读表现人与自然的优秀文学作品，包括古诗文名篇，体会作者通过语言和形象建构的艺术世界，借鉴其中的写作手法，表达自己对自然的观察和思考，抒发自己的情感。”这意味着课程标准要求读与写须高度融合。第四学段的“学业质量”也要求“能从作品中找出值得借鉴的地方，对照他人的语言表达反思自己的语言实践”，“能借鉴他人的经验调整自己的表达，能根据需要，运用积累的语言进行口头或书面表达”。可见，课程标准无论从教学理念还是从评价标准上，都倡导语文教师探索大单元教学，在教学中构建学习任务群，在每个任务中都安排“读写融合”实践。这样，新课程内容的展开与推进就务实而高效。

（二）群文教学“读写融合”实践有利于提升学生的语文核心素养

在语文学习任务群中，读与写互为学习目的和学习资源。以“文学阅读与创意表达”学习任务群为例，其既引导学生感受、品味作品中的形象与独特的语言，获得审美体验，体验文学的艺术魅力；又引导学生尝试运用文学手法和技巧，表达自己独特的体验和感受。在群文教学中，依据主题充分发掘群文中可以为写作提供的资源。教材文本以及教师选择的拓展文本，都可作为学习资源，为学生的审美体验提供情境，提升其阅读能力，同时也为学生的创意写作提供创作技巧。在群文教学中,引导学生把在创意写作过程中获得的写作体验反馈到阅读中去,加深对文本意蕴及其表达技巧的领悟。这样的“读写融合”实践,可以持续提升学生的阅读与写作水平,直至提升其语文核心素养。

三、研究目标

研究目标主要包括:

1. 提炼群文教学“读写融合”的基本要素和实践路径。
2. 形成群文教学“读写融合”的策略体系和操作样态。
3. 打造“读写融合”教学评一体化的“学习链模型”。

四、研究内容

(一) 提炼群文教学“读写融合”的基本要素和实践路径

群文教学“读写融合”的基本要素分别是:先读后写,以写带读,读写交替。

群文教学“读写融合”的实践路径有两条。路径 A:分析阅读文本→归纳总结方法→写作实践活动,该路径践行“先读后写”理念,是群文教学“读写融合”实践的常规路径,其核心是知法用法,即从阅读中学习写作方法,再在写作中运用。路径 B:写作问题分析→分析阅读文本→归纳总结方法→写作实践活动→写作新问题分析……该路径从写作问题出发到写作实践,再到写作新问题的发现,促成“读写融合”的螺旋上升,核心是在群文阅读中寻求解决写作问题的策略,再将之运用到写作中去。表面上看,路径 B 只是比路径 A 多了“写作问题分析”这个起点环节,但这个环节可以增强写作任务的驱动性和问题解决的针对性,有助于激发学生的学习欲望,可有效改变学生写作的被动性,提高写作的效率,这与课程标准倡导的任务学习在本质上是相通的。

(二) 形成群文教学“读写融合”的策略体系和操作样态

群文教学“读写融合”的策略体系由“根据文本,书写感受”策略,“模仿文本,以读悟写”策略,“拓展文本,以写促读”策略,“深化文本,以读拓写”策略,“结合实际,完善读写”策略构成。该体系立足于深入分析教材,将学生的基本学情和课程标准紧密结合,有针对性地运用各种“读写融合”策略,满足各个层次学生的学习需求,并帮助学生提高读写能力,促进学生语文核心素养的进一步发展。

群文教学“读写融合”操作样态如下:

1. “群文阅读+微写作”样态:针对当下群文教学重读轻写的问题,首先倡导微写作，以培养教师的“读写融合”意识。从群文中选择一个小的写作点进行方法归纳，继而进行片段模仿。主要操作步骤为：导读设计→群文阅读→方法归纳→写作构思→片段写作→写后评价。微写作的特点是写作篇幅较小，在群文教学中确保学生有充分阅读时间的基础上，强化推进微写作的举措，为后阶段深入推进“读写融合”实践迈出坚实的第一步。

2. “群文阅读+写作纸”样态：针对当下群文教学中写作训练与阅读主题联系不紧密这一问题，推进“写作纸”特色实践。在群文阅读的基础上，从内容、手法或结构角度提炼一个共性的写作方法，指导单篇写作。主要操作步骤为：导读设计→群文阅读→共性提炼→写作建模→写作完篇→量表评价。“写作纸”完善了紧扣群文教学主题的写作训练模式，实现了写作内容与阅读内容的深度绑定，彰显了写作训练与阅读训练的相互协作。

3. “群文阅读+群文写作”样态：针对当下的群文教学缺乏多元化“读写融合”样态的问题，我们积极推进多种形式的“群文阅读+群文写作”实践活动。从写作问题入手，组元群文，进行内涵关联、角度观察、语言比较、手法提炼等语文实践活动，进行多次“读写融合”以及迁移训练。主要操作步骤为：写作问题呈现→以元组文→群文阅读→多元提炼→多元建模→多篇写作→量表评价→读写迁移。

（三）打造“读写融合”教学评一体化的“学习链模型”

学习链分两个视角。首先是教师视角：教师先依据课程标准学业质量的要求，确定清晰适切的“读写融合”学习目标，表述通俗易懂；后依据学习目标设计任务及评价标准，提供适用的工具量规；再通过情境刺激，以“有意义、有意思、可操作”的学习任务驱动“读写融合”，助力学生的学习；进而实施教学评估，调整优化，最大限度实现目标。其次是学生视角：群文阅读时唤醒旧知识，明确学习目标及探究的关键问题；后运用资源，在教师的引导下建构自己的认知结构；再依据评价量规，开展进阶式的“读写融合”活动；进而展示学习成果，通过评价实现对自我学习状况的监控，在潜移默化中发展“读写融合”素养。

（四）建设群文教学“读写融合”实践的案例库

该案例库由散文、小说类群文教学“读写融合”实践案例、诗歌类群文教学“读写融合”实践案例、议论文类群文教学“读写融合”实践案例构成。

散文、小说类群文教学侧重从写景状物和写人叙事两个方面进行“读写融合”实践，结合不同类文体的特点，实践策略有所变化。写景状物类散文群文教学“读写融合”实践，从群文阅读中归纳景物描写的各种技巧，引导学生写作时运用技巧，让景物成为表达情感和演绎心路的自觉需要。写人叙事类散文群文教学“读写融合”实践，则立足于小说类文本的几个核心要素进行群文组合，探究群文中的各种写作技法，帮助学生进行写作建模，然后推进片段仿写及完篇训练，兼顾写对读的反向驱动。

诗歌类群文教学“读写融合”实践，追求从语言运用、问题认识、鉴赏技巧等多个层面发展学生的语文素养。在群文构建的过程中，教师组建相应的学习任务群，引导学生自主学习、合作探究。教师结合诗歌篇幅短小、情感共通、意象多元的特点，让学生在群诗阅读中细品文本，升华认知，以提升学生诗歌鉴赏能力，加深学生对传统文化的理解，在此基础上推进诗歌鉴赏类文章的写作以及模仿范文类诗歌创作。在意象解读、情感把握、写作手法等方面以读引领写，在积极审美、借鉴表达等方面以写带动读，以达成读与写的共赢。

议论文群文教学“读写融合”实践，注重培养学生的直觉思维、形象思维、逻辑思维、辩证性思维和创造性思维，以提升学生的思维品质。在群文阅读教学中，通过“析文章标题，辨论述对象，抓中心论点，明写作之道，觅文章逻辑，习论证之术，创具体情境，促深度思考”等多种策略锻炼学生的思维能力，然后通过议论文写作让学生展现自己的思维能力。要求角度精准，只有角度准，才能确立正确的论点；只有角度精，才能使论证有力。要求展开论证，议论文的着重点是“论”，要把主旨论透，让思想闪亮。要求论述透过现象深入本质，揭示问题产生的原因，使观点具有启发意义，从而以“读写融合”的过程推动学生思维的发展与提升。

五、研究过程与方法

第一阶段(2016 年 9 月—2019 年 6 月)：萌生期。本阶段锚定教学过程中读与写经常脱节的问题，通过“立足课本教材，实现先读后写；开展语文活动，实现以写促读；链接课堂内外，实现读写相长”等方式，引导教师在教学设计时自觉践行“读写融合”理念，初步感知“读写融合”的效果与价值。

第二阶段(2019 年 9 月—2022 年 6 月)：拔节期。本阶段锚定教师只在单篇教学中实践“读写融合”的问题，通过对单篇教学“读写融合”存在的片面性进行直观揭示，通过对群文教学中的“根据文本，书写感受”策略，“模仿文本，以读悟写”策略，“拓展文本，以写促读”策略，“深化文本，以读拓写”策略，“结合实际，完善读写”策略之综合运用培训，让教师认识到“从外到内”的阅读吸收与“从内到外”的写作表达须在教学中实现有效的、系统性的融通。教师尝试推进群文教学“读写融合”实践，使“读写融合”实践进阶化、系统化。

第三阶段(2022 年 9 月—2024 年 6 月)：收获期。本阶段锚定教师在群文教学“读写融合”实践中评价不及时、不精准的问题，推进“读写融合”教学评一体化的“学习链模型”之打造。该“学习链模型”秉承学习目标的在场和课堂评价的全程跟进，促使教与学在更高层面充分展开，让学生在阅读中习得写作的方法和技巧，并在读与写、学与练的深度融合中实现迁移运用，促进学习目标的有效达成，提升语文核心素养。

六、研究成果的推广

(一) 对外展示活动与联盟校结对相继展开

从 2016 年开始，团队连续八年开展群文教学“读写融合”实践成果的对外展示交流活动，先后吸引 30 多位省内外教育专家以及上千名外校教师来校听课交流；同时与来自苏州市五个县(市、区)的 7 所联盟校开展常态化的群文教学“读写融合”交流活动。本研究成果在省内外多次教学研讨活动中进行了推广，形成了一定的辐射，并吸收太仓市第一中学、常熟市第一中学、苏州市相城区春申中学、苏州市相城区东桥中学、苏州市相城区漕湖学校等多所初中成为首批成果推广学校。

(二) 理论研究与实践成果相得益彰并辐射省内外

2016—2024 年，基于群文教学“读写融合”实践，推进苏州市教育科学规划课题“初中语文‘群文读写’语文素养提升实践研究”的理论研究与实践验证工作，同时还落实了苏州市基础教育前瞻性教学改革实验项目“基于学段贯通的‘群文读写’语文素养提升实践研究”的建设工作，课题顺利结题，项目获评优秀，相关成果丰硕：近 5 年，共有 25 篇相关主题论文发表，并先后开设 30 多节(场)省、市、区级公开课、讲座。2021 年，宁建英老师作为主持人在“江苏教育新时空”开设公开课“群诗教学《咏梅》”，与省内外的学者、教师共同探讨群文教学“读写融合”问题，积极推广了群文教学“读写融合”实践的成果。2022 年 6 月，《中国教育报》在报道区域教改实践中特别报道了本项目组的“读写融合”实践成果，并给予了好评。2024 年 5 月，《苏州日报》也对本项目组的群文教学“读写融合”实践成果进行了专版报道。

经上述实践研究，我们发现："读写融合"要解决的不仅是传统的写与读的问题，更是读与写如何实现双赢的问题。"读写融合"实践既重视"写作介入阅读"，又关注"阅读介入写作"——读要读出水平，读得深入，不能走过场，在"读有收获"的基础上，再强调通过"写"落实"读的收获"，让"写"循序渐进，让"读"不同凡响。这样的过程就是"读写双驱，写读互哺"的过程。

散文·小说（写景状物篇）

编者按

散文、小说类群文教学“读写融合”实践，侧重从写景状物和写人叙事两个方面进行，结合不同类文章的特点，实践策略有所变化。

写景状物类散文群文教学“读写融合”实践，前三篇从三个维度出发，有以物传情、联结景物背后人与事的全文构思，有学习景物描写的片段写作，还有引导学生因情设景，让景物成为表达情感和演绎心路的自觉需要，使学生通过写作实践实现读写能力螺旋式上升。第四篇则主要从写作技法出发，引导学生在写作时树立读者意识，写活场面，留住精彩。

以物传情，联结背后的人与事

设计意图

在初一时，我们进行过在认真观察的基础上进行景物描写的训练，学生基本掌握了写景的一些手法；但是，写景一般需要有表情或者言志的目的。此次“读写融合”设计，借助再读《一棵小桃树》《紫藤萝瀑布》《秋天的怀念》等文章，进一步梳理文章行文思路，即作者在写景物的同时，还联结起相关的人与事，以此抒发自己的情感或者志向，并认识到这样写作的益处。通过读写训练，帮助学生掌握并应用以下写作技巧：基于抒情或言志的需要，写景可以细致描绘或简单勾勒，还可以形成对比，联结人与事，但需注意的是景物与情志的契合。

学习目标

1. 再读群文，进一步认识群文行文构思上的共性，加深理解。
2. 从群文中习得借物抒情（托物言志）类文章的写法并修改和升华习作。

学习重难点

重点：学会有侧重地描写景物，并联结景物背后的人与事。

难点：理解以物传情，达到“物”与“情”的契合。

教学课时

2 课时。

教学过程

☞ **第一课时**：观察、体悟，联结你和“它”的故事。

当堂习作：

有人喜欢隆冬的琼枝，有人心仪早春的花草，有人酷爱仲夏的树荫，有人钟情深秋的红叶。四季更迭，花木枯荣，总有一种花木触动你的情思，让你回忆起一段往事，让你生发出一种感悟……

请选择你熟悉的一种花木，以它或与它相关的故事为主要内容，写一篇记叙文，题目自拟；不少于600字。

☞ **第二课时**：

一、新课导入

同学们，“自然是一本最伟大的书”，“古人之观于天地、山川、草木、虫鱼、鸟兽，往往有得，以其求思之深而无不在也。”春花秋月，夏雨冬雪；四季更迭，看到花木的枯荣，往往会触动我们的情思，想起相关的人与事，想诉诸笔端成文。上一节课请同学们写了一篇相关题材的记叙文，可喜的是同学们都有话说；但从习作中也看到了同学们遇到的困难：不知如何行文。今天让我们借助教材一组文章的帮助，指导我们如何写作。让我们再来重温七下第五单元这两篇文章。

二、回忆文本，解开经典背后的密码

重读《紫藤萝瀑布》《一棵小桃树》。

活动任务一：

1. 梳理这两篇散文的脉络。

《紫藤萝瀑布》：眼前的紫藤萝——回忆相关的人与事、以前的紫藤萝——回到眼前的紫藤萝，抒发感悟。

《一棵小桃树》：眼前的小桃树——回忆相关的人与事、小桃树的成长——回到眼前的小桃树，托物言志。

2. 概括这两篇散文的主题。

《紫藤萝瀑布》：通过描绘紫藤萝由衰而盛的景象，抒发作者的人生感悟——人生虽有曲折但美好，生命长河永恒。

《一棵小桃树》：通过描述小桃树曲折艰难的生长历程，赞颂小桃树与命运抗

争的顽强精神，抒发自己的情志——面对生活困苦，要顽强斗争、不懈追求。

3. 比较、发现这两篇文章共同的写作手法，完成简表(表1.1)。

手法：都写植物，植物中都浸透着作者的情感；都运用了借景抒情(或托物言志)的写作手法。

表1.1　借景抒情(托物言志)类文章结构简表

花草树木	特点	联结的人、事	抒发的感情、生命的感悟

其他链接：《秋天的怀念》《驿路梨花》《荷叶·母亲》《爱莲说》……

【活动小结】回忆相关课文，我们可以发现，借花草树木来抒情(言志)大致有以下几类。

歌咏花草树木，礼赞其精神或托物以言志。

将花草树木与人、事联结：

借花草树木来写他人，表达对他人的怀念、赞美等感情；

借花草树木来写自己，表达自己的情操、志向；

借花草树木来叙事，表达对人生的思考、体悟。

三、点评习作，思考如何借物传情(印发2篇学生习作)

活动任务一：

阅读思考：这两篇文章在借物抒情(托物言志)方面有何优点？有什么不足？你能给出修改意见吗？

活动任务二：

学生点评习作，教师补充。

明确问题：内容单薄，结构单一；“物”与“情志”的关联不贴切。

活动任务三：

再读《紫藤萝瀑布》《一棵小桃树》。

说说紫藤萝、小桃树的特征；找到景与情的相通处，体味物与志的契合。

紫藤萝：蓬勃旺盛，充满生命力——人生美好，生命永恒。

小桃树：单薄弱小，顽强不屈——直面生活磨难，不懈追求。

【活动小结】因情状物，物须达意。

四、课堂总结：如何借物传情（托物言志）？

1. 要有条理地描写出景物的具体特征，在写景状物中饱含感情。

2. 展开联想与想象，由物的变化关联到相关人、事叙写，物、情、理层层深入。

3. 要注意所写之物与所言之志的契合。

【结束语】同学们，今天我们重读了一组文章，发现了这一类文本背后的写作密码。课文就是个例子。接下来，我们可以进一步梳理和整合课文，比如试着把写人的文章归类，来获得写作启发。希望同学们能不时回顾和温习教材，用好教材上的这些例子。

不要羡慕别人能写出好文章，其实你们也可以的。只要大家善做一个学习者，善于从阅读中发现写作规律；做一个发现者，能思考自己生活中的人、事背后的理，就能创作出优秀的文章。

五、布置作业

1. 运用“联结”，修改自己的习作。

2. 课外阅读：季羡林《二月兰》、宗璞《好一朵木槿花》。

六、板书设计

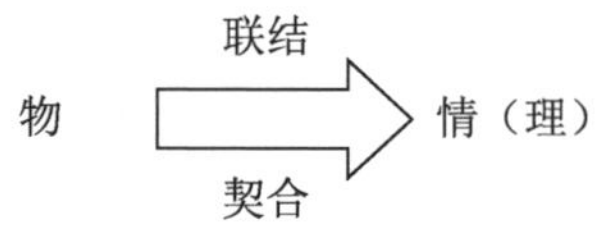

2020年9月苏州市名师共同体活动执教，上课年级：初二

苏州市相城区蠡口中学　宁建英

妙笔生花，在观察中学习景物描写

设计意图

初一的学生学过多篇描写景物的文章，比如《春》《济南的冬天》《紫藤萝瀑布》等，将这些文章放在一起进行对比，我们发现这些名家笔下的景物描写细腻而有特点，同时在景物描写中融入了自己的情感。因此，基于课程标准提倡的主题式阅读或分类阅读理念，我们在学完这些文章之后进行群文整合阅读教学，引导学生学会观察周围的景色，并一起总结出这些景物描写所共有的写景手法，进而运用到自己的写作中，提升"读写融合"的语文素养。

学习目标

1. 学会观察景物，并运用恰当的手法逐步写出景物的特点。
2. 初步学会景中融情、明理的写法。

学习重难点

重点：学会观察景物，并运用适切的手法逐步写出景物的特点。

难点：初步学会景中融情、明理的写法。

教学课时

2 课时。

教学过程

一、新课导入

春风秋雨、晨曦晚霞、佳木繁花……大自然的景物如诗如画，这些美景除了给我们视觉上的享受，也陶冶着我们的心灵，启迪着我们的人生。

今天，我们先来看一看对于眼前的一草一木，作家是怎样写的。

二、言之有序

（一）整体勾勒描其形

出示紫藤萝的照片，欣赏作家对它的描写。

从未见过开得这样盛的藤萝，只见一片辉煌的淡紫色，像一条瀑布，从空中垂下，不见其发端，也不见其终极。只是深深浅浅的紫，仿佛在流动……

——宗璞《紫藤萝瀑布》

（板书：整体描其形）

（二）局部特写绘其神

除了从整体写出景物的一些基本特征以外，我们还要进一步观察，抓住其某一方面的特点精雕细琢，描绘其神韵、特质。

我们再来聚焦一下紫藤萝（PPT 出示紫藤萝局部照片以及相关文字）。

颜色便上浅下深，好像那紫色沉淀下来了，沉淀在最嫩最小的花苞里。每一朵盛开的花就像是一个小小的张满了的帆，帆下带着尖底的舱。船舱鼓鼓的，又像一个忍俊不禁的笑容，就要绽开似的。

找同学读一读，再说一说：这里的描写和上面的有什么不一样？又是怎么写的？

（板书：局部绘其神）

再比如《从百草园到三味书屋》第二段写景也是从整体到局部：

不必说碧绿的菜畦，光滑的石井栏，高大的皂荚树，紫红的桑椹；也不必说鸣蝉在树叶里长吟，肥胖的黄蜂伏在菜花上，轻捷的叫天子（云雀）忽然从草间直窜向云霄里去了。单是周围的短短的泥墙根一带，就有无限趣味。油蛉在这里低唱，蟋蟀们在这里弹琴……

(三) 其他顺序

时间顺序(不同季节、不同周次等)、观察的顺序(仰视、俯视、远看、近察)。

三、言之有法

(一) 再出示紫藤萝的照片,欣赏作家对它的描写

从未见过开得这样盛的藤萝,只见一片辉煌的淡紫色,像一条瀑布,从空中垂下,不见其发端,也不见其终极。只是深深浅浅的紫,仿佛在流动……

——宗璞《紫藤萝瀑布》

齐读文字,并找同学说一说:宗璞是从哪些方面写紫藤萝的?

(参考:颜色、形态。)

景物的特点主要表现在形状、颜色、气味等方面,观察时只有多角度去发现和感知,才能充分认识和把握。

总结写法 1: 找准立足点,写出景物的形状、颜色、气味等。(绘形、绘色、绘味)

我们再来聚焦一下紫藤萝(PPT 出示紫藤萝局部照片以及相关文字)。

颜色便上浅下深,好像那紫色沉淀下来了,沉淀在最嫩最小的花苞里。每一朵盛开的花就像是一个小小的张满了的帆,帆下带着尖底的舱。船舱鼓鼓的,又像一个忍俊不禁的笑容,就要绽开似的。

找同学读一读,再说一说:这里的描写和上面的有什么不一样?又是怎么写的?

(参考:局部特写,运用比喻及准确的修饰,突出有生机、有活力这一特征。)

不仅是花,对其他景物,我们也需要抓住其某一方面的特点写出特质。比如我们曾经学过的朱自清的《春》、郦道元的《三峡》。

看,像牛毛,像花针,像细丝,密密地斜织着,人家屋顶上全笼着一层薄烟。树叶子却绿得发亮,小草也青得逼你的眼。

——朱自清《春》

(参考:综合运用比喻、拟人、排比等修辞,烘托的手法,恰当的词语,表现春雨的细密、繁多的特点。)

春冬之时,则素湍绿潭,回清倒影,绝巘多生怪柏,悬泉瀑布,飞漱其间,清荣峻茂,良多趣味。

——郦道元《三峡》

总结写法2：细致观察，运用恰当的词语、修辞描绘出景物某一方面的主要特质。

（二）片段训练：巧学活用写玉兰花

提示：细致观察，先从整体上写玉兰花树、花朵外形、花朵颜色等特点，使用恰当的词语、修辞写出玉兰花的特点。

四、言之有情

（一）方法归纳

我们不能仅仅满足于就景物写景物，还要提升一个层次，写了景物还要有情感、哲理在里面。王国维说：一切景语皆情语。高手绘景，常常融入感情，或者借景说理，或者借景喻人。

我们接着看宗璞的《紫藤萝瀑布》：

花和人都会遇到各种各样的不幸，但是生命的长河是无止境的。我抚摸了一下那小小的紫色的花舱，那里满装生命的酒酿，它张满了帆，在这闪光的花的河流上航行。它是万花中的一朵，也正是一朵一朵花，组成了万花灿烂的流动的瀑布。

这段文字，除了写花还写了什么呢？

（参考：写到了生命，告诉我们生命的道理，也有抒情。）

再比如初一下学期学过的贾平凹先生的一篇文章：

雨却这么大地下着，花瓣儿纷纷零落去。我只说有了这场春雨，花儿会开得更艳，香味会蓄得更浓，谁知它却这么命薄，受不得这么大的福分，受不得这么多的洗礼，片片付给风了，雨了！我心里喊着我的奶奶。

——贾平凹《一棵小桃树》

这段文字除了写桃花还写了什么？

（参考：还写了奶奶，表达对奶奶的思念。）

追问：怎么将写桃花和对奶奶的思念结合在一起呢？

（板书：景中融情理）

总结写法3：景物之中融入感情，根据写作需要融情于景。还可以以景明理。

（二）片段训练：玉兰花中也有“情”

接着自己的文章写下去，借玉兰花抒情或者明理。

当堂进行读写训练并展示、点评。

五、课堂总结

今天这节课，我们学习写玉兰花，这只是写景的一个方面，以后大家在学习写景物时也可以像今天一样，由面到点写出景物的特征，还要学会景中有情、景中有理、景中有人。

六、布置作业

1. 阅读张抗抗的《窗前的树》，自主学习写景手法。
2. 运用今天所学的写景手法，继续修改自己的习作。

七、板书设计

景物描写{整体描其形；局部绘其神；景中融情理}

景物描写	整体描其形
	局部绘其神
	景中融情理

2019年10月苏州市名师共同体活动执教，上课年级：初一

苏州市相城区蠡口中学　耿庆强

择景入文，景语之处皆情语

设计意图

此前，我们就景物描写进行过两次群文“读写融合”训练，学生基本能够在观察的基础上写景，并且由景物联结与之相关的人与事。此外，在很多文章中，写景还有烘托气氛、表现人物情感、暗含人物心路历程的作用。这样的写景是对前面两次训练的螺旋式提升。不是刻意写景，但是景物描写恰到好处，对学生的写作要求又上了一个台阶。

学习目标

1. 回顾学过的几篇文章中景物描写的作用。

2. 学会在习作中借景物描写烘托气氛、表现人物感情、暗含人物心路历程等。

学习重难点

学会在习作中借景物描写烘托气氛、表现人物感情、暗含人物心路历程等。

教学课时

2 课时。

教学过程

课前准备：阅读《驿路梨花》《孤独之旅》《爸爸的花儿落了》等作品，依次找出文中写梨花、芦苇荡、夹竹桃的语句，并思考它们在文中的作用。

一、群文阅读，理解景物描写在文中的作用

驿路梨花

1. 白色梨花开满枝头，多么美丽的一片梨树林啊！

2. 一弯新月升起了，我们借助淡淡的月光，在忽明忽暗的梨树林里走着。山间的夜风吹得人脸上凉凉的，梨花的白色花瓣轻轻飘落在我们身上。

3. 这天夜里，我睡得十分香甜，梦中恍惚在那香气四溢的梨花林里漫步，还看见一个身穿着花衫的哈尼小姑娘在梨花丛中歌唱……

4. 我望着这群充满朝气的哈尼小姑娘和那洁白的梨花，不由得想起了一句诗："驿路梨花处处开。"

孤独之旅

1. 这才是真正的芦荡。是杜小康从未见过的芦荡。到达这里时，已是傍晚。当杜小康一眼望去，看到芦苇如绿色的浪潮直涌到天边时，他害怕了——这是他出门以来第一回真正感到害怕。芦荡如万重大山围住了小船。杜小康一种永远逃不走了的感觉。他望着父亲，眼中露出了一个孩子的胆怯。

2. 时间一久，再面对天空的一片浮云，再面对这浩浩荡荡的芦苇，再面对这一缕炊烟，就不会再忽然地恐慌起来。

3. 一大早，天就阴沉下来。天黑，河水也黑，芦苇荡成了一片黑海。杜小康甚至觉得风也是黑的。临近中午时，雷声已如万辆战车从天边滚过来，不一会儿，暴风雨就歇斯底里地开始了，顿时，天昏地暗，仿佛世界已到了末日。四下里，一片呼呼的风声和千万枝芦苇被风折断的咔嚓声。

4. 杜小康找到了那十几只鸭，但在芦荡里迷路了。一样的芦苇，一样重重叠叠无边无际。

5. 杜小康顺手抠了几根白嫩的芦苇根，在嘴里嚼着，望着异乡的天空，心中不免又想起母亲，想起许多油麻地的孩子。但他没有哭。他觉得自己突然地长大了，坚强了。

爸爸的花儿落了

1. 我的襟上有一朵粉红色的夹竹桃，是临来时妈妈从院子里摘下来给我别上的，她说："夹竹桃是你爸爸种的，戴着它，就像爸爸看见你上台时一样！"

2. 院里大盆的石榴和夹竹桃今年爸爸都没有给上麻渣……

他们在玩沙土，旁边的夹竹桃不知什么时候垂下了好几个枝子，散散落落

的，很不像样，是因为爸爸今年没有收拾它们——修剪、捆扎和施肥。

3. 走过院子，看那垂落的夹竹桃，我默念着：

4. 爸爸的花儿落了。

二、说说几段选文中描写下列景物有什么作用，并完成表1.2、表1.3和表1.4

表1.2 分析景物描写的作用(一)

景物描写	作用
白色梨花开满枝头，多么美丽的一片梨树林啊！	
在忽明忽暗的梨树林里走着。山间的夜风吹得人脸上凉凉的，梨花的白色花瓣轻轻飘落在我们身上。	
一大早，天就阴沉下来。天黑，河水也黑，芦苇荡成了一片黑海。杜小康甚至觉得风也是黑的。	

方法小结1：景物描写，可以对文章叙事进行氛围的渲染，比如《驿路梨花》开头对梨花和月光的描写，《孤独之旅》中对白茫茫的水、绿色浪潮般的芦苇的描写。

表1.3 分析景物描写的作用(二)

景物描写	作用
这天夜里，我睡得十分香甜，梦中恍惚在那香气四溢的梨花林里漫步，还看见一个身穿着花衫的哈尼小姑娘在梨花丛中歌唱……	
我望着这群充满朝气的哈尼小姑娘和那洁白的梨花，不由得想起了一句诗……	
我的襟上有一朵粉红色的夹竹桃，是临来时妈妈从院子里摘下来给我别上的，她说："夹竹桃是你爸爸种的，戴着它，就像爸爸看见你上台时一样！"	

方法小结2：景物描写，可以表现人物的情感，比如《驿路梨花》中结尾描写哈尼小姑娘在梨花丛中歌唱，表达对哈尼小姑娘人物品质的赞美。又如《爸爸的花儿落了》中夹竹桃是父亲对我毕业的关心，对我成长的关爱。

练笔一：在下面文字中适当的地方加入景物描写，或渲染氛围，或表现人物感情。

镌刻在心底的记忆（片段）

又到六月，记忆中始终抹不去那张洁白的脸庞。我和你本是萍水相逢，却在内心深处深深烙下你的模样。

学了几年古筝，也多是出于父母的意思，我却没有多少兴趣。六年级的下学期开学不久，妈妈就给我续了新一期古筝课，说是坚持到小学结束。

出于本能的反应，我不想学古筝，请来的老师我也自然不会喜欢。那天早晨，你出现在了我家的古筝琴房。一身素装，你手指拨动琴弦，弹奏我上学期刚学过的曲子《大鱼》。这首曲子我本来就不喜欢。耳朵虽听着曲子，心已随着眼睛到了窗外那一丛新种的栀子花苗上。

表 1.4　分析景物描写的作用（三）

景物描写	作用
他盘腿坐在船头上，望着一片茫茫的水。	
这才是真正的芦荡。是杜小康从未见过的芦荡。到达这里时，已是傍晚。当杜小康一眼望去，看到芦苇如绿色的浪潮直涌到天边时，他害怕了——这是他出门以来第一回真正感到害怕。芦荡如万重大山围住了小船。	
雨后天晴，天空比任何一个夜晚都要明亮……杜小康顺手抠了几根白嫩的芦苇根，在嘴里嚼着，望着异乡的天空……	
夹竹桃是你爸爸种的，戴着它，就像爸爸看见你上台时一样！	
院里大盆的石榴和夹竹桃今年爸爸都没有给上麻渣……	
旁边的夹竹桃不知什么时候垂下了好几个枝子，散散落落的，很不像样……	
走过院子，看那垂落的夹竹桃，我默念着：爸爸的花儿落了。我已不再是小孩子。	

方法小结 3：景物描写，可以演绎人物的心路历程。比如《孤独之旅》中杜小康眼中芦苇荡（包括芦苇荡中景物）的变化，暗合他从懦弱、孤独到坚强、成熟的变化。同样，《爸爸的花儿落了》写夹竹桃的变化来表现英子由对父亲的依赖到对父亲的理解、感激，以及自己的长大。

练笔二：阅读下面的文章，在适当的地方加入景物描写，使景暗含人物心理（心路历程）的变化。

镌刻在心底的记忆

又到六月，记忆中始终抹不去那张洁白的脸庞。我和你本是萍水相逢，却在内心深处深深烙下你的模样。

学了几年古筝，也多是出于父母的意思，我却没有多少兴趣。六年级的下学期，妈妈就给我续了一期古筝课，说是坚持到小学结束。

出于本能的反应，我不想学古筝，请来的老师我也自然不会喜欢。那天早晨，你出现在了我家的古筝琴房。一身素装，你手指拨动琴弦，弹奏我上学期刚学过的曲子《大鱼》。这首曲子我本来就不喜欢。耳朵虽听着曲子，心已随着眼睛到了窗外。

学了一节课，你就发现了我并不是专心在学，却没说什么，临走时还是像刚来时一样留给了我一个微笑。你走后，妈妈进来了，说了一番提醒我练琴时要把注意力集中到琴上的话。我知道，妈妈自然要问你我这一节课的表现，哪个老师在家长面前不会告状呢？

以后的两个多月里，你还是每周来一次，除了一次你说论文预答辩要调整我的上课时间，其他时间都是准时出现在我的琴房，临走时不忘留下那熟悉的微笑。慢慢地，我开始喜欢上了你教我的一些曲子。

五月下旬的一次课，我打开门，你一席白裙进来，手中拿着两朵栀子花，跟我说校园的栀子花结出了很多花苞。你说你的毕业典礼上想和我一起演奏《茉莉花》。我的内心除了胆怯，还有彷徨，还是你那个微笑，让我决定和你一起走上舞台。

表演那天，妈妈提前两个小时带我来到了礼堂。演出前的热身练习，和你一起彩排，我还是有些不自信，尽管有母亲的鼓励，但是现场的灯光和其他节目的一气呵成让我感觉自己越发的紧张，是你让我平静下了紧张的心。

轮到我们的节目，片头伴奏刚过，看着你，微笑、点头，摇指。我似乎没有了刚才的紧张。曲毕，你我相视一笑，牵手、谢幕。

第二天一早，再来到我的琴房，你不再教我练琴，而是与我道别，毕业后你将离开这座城市。我和母亲送你到楼下。

如今，你留在我心中的，除了那一席白裙，还有一缕镌刻在我记忆里的芬芳。

（选自苏州市相城区蠡口中学初三某生课前作文）

练笔步骤：学生梳理文章脉络，师生明确可以插入景物描写的地方，学生动笔“择景入文”。

三、点评、修改

佳作展示（学生作品、老师作品），并完善。

四、巩固、提升

仔细阅读个人课前习作，为文章增加一些景物描写，渲染气氛或表达情感，或暗示人物情感变化。

五、到课外去读一读

阅读《草房子》中“艾地”一章，思考艾在文中的作用。

六、板书设计

择景入文
- 渲染氛围
- 表现情感
- 暗含心路

2022年12月苏州市有效教学年会活动执教，上课年级：初三

苏州市相城区蠡口中学　耿庆强

写活场面，留住精彩

设计意图

在日常教学中，我们往往将教材作为阅读的范本，而忽视了它在写作教学层面的价值。场面描写由人、事、境构成，对写作综合能力要求比较高，学生对场面描写的初始理解扁平化、片面化，缺乏能让读者身临其境的现场感。本设计将群文阅读与写作联结，借助《大江保卫战》《端午日》《安塞腰鼓》等文章，向名家学习场面描写的写作方法。场面描写要明确气氛，点面结合，既要有全景描摹，又要有局部特写，同时根据所写场面的特点和气氛的需要灵活选择手法进行表达，实现读与写的有机衔接和互相转化。

教学目标

1. 从阅读中学习点面结合的场面描写方法。
2. 运用所学方法准确生动地描写某一场面。

学习重难点

重点：学会在复杂的场景中选点定面。

难点：掌握在不同场面中选择合适的手法进行场面描写。

教学课时

1课时。

教学过程

一、新课导入

看看下面的几组词，你能联想到什么场面？

1. 哨声一响　拼抢　激烈　运球

预设:篮球比赛。

2. 动人的旋律　静静地欣赏　陶醉其中

预设:音乐会。

3. 眼花缭乱　震耳欲聋　五彩缤纷　仿佛是白天

预设:放烟花。

4. 抓住大麻绳　咬紧牙关　脸上憋得通红　加油声此起彼伏

预设:拔河比赛。

场面描写指的是在某一特定时间和特定地点以多个人物活动为中心的生活画面的描写。

二、创设情境

运动会开幕式上我校的舞龙表演给同学们留下了深刻的印象。借着这次机会,我们要在公众号上进行宣传。学校公众号“精彩舞龙”专题现在向我们八年级同学征集优秀稿件啦!

1. 出示活动图片,回顾精彩场景。

(1) 舞龙表演精彩纷呈,整个舞龙活动可以分为哪几个部分?

(2) 梳理主要活动环节:神龙出海、飞龙在天、藏龙卧虎。

(3) 哪些场面或同学的表现给你留下了深刻的印象?为什么?

预设1:神龙出海——各年级的大龙、小龙、彩龙闪亮登场,围绕着操场摆成学校校名首字母的造型,各种龙伴随着音乐排列有序,变换灵动。

(点拨:描写活动时要关注整个场景和整体造型。)

预设2:飞龙在天——舞龙时,中间的大龙展示着跑龙、摆龙、盘龙等动作,团队协作摆出“中”“国”“龙”等不同的字形。周围的小彩龙上下飞舞,动作变化多端。

(点拨:出示相应的舞龙动图,引导学生在灵活多变的舞龙活动中重点关注某个环节,仔细观察舞龙动作以及同学们的神态。)

2. 明确习作要求,试写舞龙片段。

(1) 选择舞龙活动时印象最深刻的一个场面写下来。

(2) 既要关注群体的呈现,也要注意个体的表现。

三、缘文求法

（一）节选自《大江保卫战》

7月27日凌晨两点，九江赛城湖的大堤塌陷了。四百多名官兵闻讯赶到。支队长一声令下：“上！”顿时，一条长龙在崩塌的堤坝下出现了。官兵们肩扛沉重的沙包，在泥水中来回穿梭。有的为了行走快捷，索性赤脚奔跑起来。嶙峋的片石割破了脚趾，他们全然不顾，心中只有一个念头：“大堤，保住大堤！”狂风卷着巨浪，猛烈地撕扯着堤岸。战士们高声喊道：“狂风为我们呐喊！暴雨为我们助威！巨浪为我们加油！”他们一个个奋然跳入水中，用自己的血肉之躯筑起了一道人墙。经过几个小时的鏖战，大堤保住了，官兵们浑身上下却是伤痕累累。“风声雨声涛声，声声震耳；雨水汗水血水，水水相融。”这是人民子弟兵在这场惊心动魄的大决战中的真实写照。

（二）节选自刘成章《安塞腰鼓》

看！——

一捶起来就发狠了，忘情了，没命了！百十个斜背腰鼓的后生，如百十块被强震不断击起的石头，狂舞在你的面前。骤雨一样，是急促的鼓点；旋风一样，是飞扬的流苏；乱蛙一样，是蹦跳的脚步；火花一样，是闪射的瞳仁；斗虎一样，是强健的风姿。黄土高原上，爆出一场多么壮阔、多么豪放、多么火烈的舞蹈哇——安塞腰鼓！

（三）节选自沈从文《端午日》

每只船可坐12个到18个桨手，一个带头的，一个鼓手，一个锣手。桨手每人持一支短桨，随了鼓声缓促为节拍，把船向前划去。带头的坐在船头上，头上缠裹着红布包头，手上拿两支小令旗，左右挥动，指挥船只的进退。擂鼓打锣的，多坐在船只的中部，船一划动便即刻嘭嘭铛铛把锣鼓很单纯的敲打起来，为划桨水手调理下桨节拍。一船快慢既不得不靠鼓声，故每当两船竞赛到激烈时，鼓声如雷鸣，加上两岸人呐喊助威，便使人想起小说故事上梁红玉老鹳河水战时擂鼓的种种情形。

1. 根据选文，完成学习任务单(表1.5)。

表1.5　学习任务单

文本	场面	全景描摹	局部特写	气氛	手法
《大江保卫战》					
《安塞腰鼓》					
《端午日》					

1. 它们分别描写了什么场面？你们感受到了什么？

《大江保卫战》描写的是解放军几十万官兵与长江特大洪水进行顽强战斗的场景，场面惊心动魄；《安塞腰鼓》描写了腰鼓表演的场面，让我们感受到壮阔、豪放、热烈的气氛；《端午日》描写的是赛龙舟的场面，让我们感受到龙舟竞渡的紧张激烈。

明确：场面描写要给读者以现场感。不同的场面会传达出不同的气氛，在场面描写之前要先明确自己所需要表现的场面感。有了整体构想，才能选择与场面感相契合的方式加以表达。

（技巧点拨：场面描写要明确气氛。）

2. 在腰鼓表演中为什么选取脚步、瞳仁而不是选择身体的其他部位来进行特写呢？

明确：安塞腰鼓是陕北地区的民俗舞蹈，蹦跳的脚步和闪射的瞳仁最能渲染场面的壮阔、豪放和浓烈的氛围，如果选择身体其他部位来进行特写就无法达到这种效果。在点的选择上，挑出最能表现现场感的人、事、物来进行特写，将其他人、事、物作为背景进行描摹。

（技巧点拨：场面描写要选点定面。）

3.《端午日》用了哪些手法来描写赛龙舟的场面？比较群文中的场面描写，不同的场面在描写时运用的手法是否一样？

明确：场面描写是以人物活动为中心的动态描写，凡可以用来写人的各种描写方法，也都可以用来描写场面。同时，为了增强现场感，可以使用比喻、排比等多种修辞呈现特定场面，正面描写与侧面描写的结合以及前后场面的配合等都应该根据写作的需要进行选择性的运用。

（技巧点拨：场面描写要巧用手法。）

四、实战演练

在日常生活中，我们随时随地都会置身于某个场面中，如菜市场买菜、挤公交车、课间十分钟、球赛现场、拔河比赛、开学典礼、大扫除、升旗仪式……请同学们任选一个，写出让人身临其境的场面，不少于150字。

学生习作展示：

一群马背上的汉子，意气风发，他们身后的蒙古包庄严地站立着，注视着，等待着。“嗖！”几十匹威武雄壮的马儿，如箭离弦毫不相让地向前冲去，翠绿的草儿一齐弯了腰，那狂奔在大草原怀抱中的马儿，载着飒爽的勇士直向前奔去。那清脆的铜铃，是高昂的呐喊；那狂舞的脚步，是强健的风姿；那挥动的长鞭，是永恒的信念！观众们目不转睛地凝视着，一言不发。当马儿停下脚步时，时间仿佛静止了。尔后，喧嚣的欢呼声似惊雷般响彻天际。

五、拓展阅读

阅读程奋只的《耍面》，比较描写耍面的两个场景，并简要赏析。

课外链接：沈从文《云南的歌会》、汪曾祺《异禀》、茅盾《香市》、林嗣环《口技》、吴瑛《十里长街送总理》、孙犁《荷花淀》、吴伯箫《歌声》、谢冕《饺子记盛》。

六、作业布置

也许沈从文《端午日》中那赛龙舟的场面让你激动，也许茅盾《香市》中的民风民俗令你向往。传统节日活动形式多种多样，丰富着我们的生活，构建着整个民族的共同记忆。清明节有祭祀祖先、郊野踏青、放风筝等习俗，端午节有吃粽子、插艾叶、缠五彩线、赛龙舟等习俗，春节有贴春联、吃团圆饭、放鞭炮等习俗。

请以“节日”为话题，运用本课学习的点面结合的方法描绘场面，写一篇记叙文，题目自拟，不少于600字。

七、板书设计

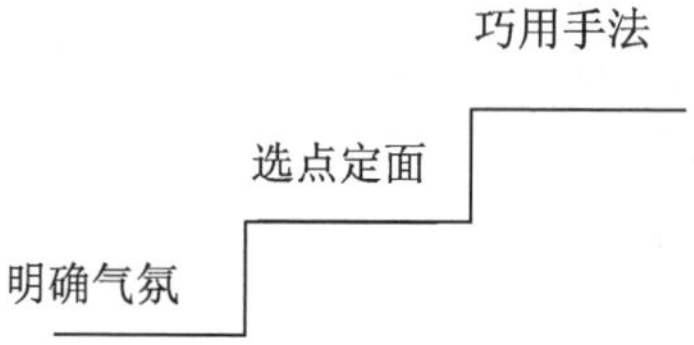

此课例在相城区中学语文骨干教师培育站集中研修活动中公开教学展示，上课年级：初二

苏州市相城区春申中学　胡　丹

点　评
在“读写融通”中“成全学习”

20年来，我做的主要是教科研及其管理工作，很少涉及语文教学、教研领域，我常说自己是“站在语文门边”的人。当然，“门边”未必不是一个好地方、好视角，它能兼顾门内的风景和门外的气象；何况，随着课改推进与深入，语文学科越来越有综合与跨界的色彩、味道和性质，很难说某一篇文本是“纯粹的语文”……即便是“门外”的一点瞭望也未必不关乎乃至“绝缘”于语文、语文教学或语文教育。

我谈几点理解和认识，关于这六堂课，也不局限于此。

其一，这四篇不都是人们一般认知和理解中的（狭义的）写景散文，它们所涉篇目都属于（相对广义的）写景散文。《春》《济南的冬天》《紫藤萝瀑布》固然如此，《驿路梨花》《孤独之旅》《爸爸的花儿落了》等也是这样，它们虽说属于记叙文（或小说），但在叙事之外，有不少写景篇幅，可谓“写景叙事类散文”。那么，《大江保卫战》《端午日》《安塞腰鼓》等又何尝不是？它们更多写的是人类活动的壮观场面，场面即是一种风景！它们未必是自然景观，而更多是关乎人类活动的景观。茅盾先生在《风景谈》一文中写道：“自然是伟大的，然而人类更伟大。”“静穆的自然和弥漫着生命力的人，就织成了美妙的图画。”“人类的高贵精神的辐射，填补了自然界的疲乏，增添了景色，形式的和内容的。人创造了第二自然！”“如果你也当它是‘风景’，那便是真的风景，是伟大中之最伟大者！”……无妨说，这六堂课所涉文本属于“大风景（大写景）散文”。作如是理解，需要更为广阔的学科胸襟（情怀）；如是理解的语文教师，理应能把学科往“大”里教，让学生往“大”里学。

其二，关于“读写结合”。这原本是一个老话题，但宁建英团队做出了新气象。说其新，主要是因为他们放在群文阅读的背景下和框架中来做。这至少是我此前见所未见的。

倘若是为新而新，那也没有什么不可以，毕竟教学研究、教育科研要善于履新地、拓新境，善于如我所说“绕过闹市走曲巷”；陈陈相因、拾人牙慧，不仅难以“生产”出真正属己的新成果，也是一种精力和智力的重复投入与浪费。但经过一番琢磨，我以为，在群文阅读教学中进行“读写融合”训练，有超越单篇文本教学中类似行为之独特意义、价值和必要性。从这个角度上说，他们不是或不只是在求新，而是在或者更是在自觉地担负起一种重要的责任，乃至使命。

何以这样讲？群文阅读中，阅读对象是“一类文本”，不管它们具体情形或表现有怎样的不同，都可以从中发现、看到和提取、揭示出共同的类特征，亦即瑞典著名学者马飞龙“差异理论”中所说的“关键属性”，其实是写作所内蕴的规律之所在。我主张，和学生一起，做“变化在规律中的人”。而要做这样的人，首先要逐步看见和懂得藏在“殊相”之中的“共相”，藏在现象之中的规律。悟得规律，才能深度学习，也才能如浙江大学刘徽教授所说，让学生学会抽象出“大概念”，进而实现“高通路迁移”。“群文阅读教学中的‘读写融合’”走的不正是这样一条“技术路径”？让学生在多篇或写景观或写场面或写细节的文本中把玩、体悟、理解作者们的匠心和“文胆”，进而有所迁移与“转化”为自我的写作认知、方法、经验与智慧，写出未经此番训练所不能或难以企及与表达的更好文字、更优思想和更美境界。

我注意到，他们把“读写结合”改为“读写融合”，一字之差，是有品质之异的。“融”的妙处在于，对多个文本、多节文字、多类情形等实现相互沟通和融会贯通。“痛则不通，通则不痛”，中学生学习写作自会有一些痛点，相信经由类似于此的教学行为，这些痛点会不断消融，进而成为通畅和通达之处。

其三，参加过他们的一次小规模研讨活动，其间我有感而发，提出了“成全学习”。教育就是要成全人，成全人则在于成全他的学习。关于“成全学习”，我们可以有许多思考、理解与行动，而在碎片化问题“盘踞”了很多课堂时空，学生在学习过程中思维容易陷入割裂状态、缺乏有机关联和“整全观照”等普遍情形之下，我们尤其要做的或许正是这样：提供或呈现多种多样、丰富多彩的学习资料（资源），引领学生由此把握共性和规律，进而内化于心、外化于行，书写、表达出相对更为通透和整体的学科思维乃至有一定综合性特征的思想。

“成全学习”，我相信，群文阅读教学中的读写融通，其终极旨归就在这里！

点评人：冯卫东，江苏省特级教师，中小学正高级教师。曾任南通市教育科学研究院副院长、南通市教师发展学院副院长。江苏省“333 高层次人才培养工程”首批中青年科学技术带头人，南通市专业技术拔尖人才。《人民教育》杂志骨干作者，《江苏教育》杂志栏目主持人。研究成果获江苏省基础教育优秀教学成果奖特等奖、国家级基础教育教学成果奖一等奖等。

散文·小说(写人叙事篇)

编者按

写人叙事类群文教学“读写融合”实践,立足于写人叙事的几个核心要素,进行群文组合,探究群文中的各种写作技法,帮助学生进行写作建模,然后推进片段仿写及完篇训练,兼顾读与写之间的双向驱动。

用侧面烘托法写出人物精神

设计意图

写人叙事类文章的阅读与写作，是初中语文学习的重点。七年级下册第一单元的写作主题是“写出人物精神”。阅读名家文章可以发现，大多名家爱用侧面烘托法来展现人物鲜明的个性与独特的精神。侧面烘托的方法大致有：用他人烘托主要人物，用环境烘托主要人物，用特别意象烘托主要人物。本设计旨在通过与学生共读相关文章，探究侧面烘托几种方式的呈现方式及其对人物刻画的意义，以期发现规律后运用规律写出人物精神。

教学目标

1. 通过名家名文阅读，发现并总结侧面烘托对于刻画人物精神的意义。
2. 在写作中有意识地用侧面烘托的手法来展现人物的精神。

学习重难点

重点：通过名家名文阅读，发现并总结侧面烘托对于刻画人物精神的意义。
难点：在写作中有意识地用侧面烘托的手法来展现人物的精神。

教学课时

2课时。

教学过程

一、新课导入

清代著名的文艺理论家刘熙载在他的《艺概》中曾介绍说：“山之精神写不

出，以烟霞写之；春之精神写不出，以草树写之。故诗无气象，则精神亦无所寓矣。”让我们先来回顾七年级下册的几篇文章，看看侧面烘托法到底有什么妙处。

二、从课堂来：用心读下面两篇课文，发现它们在写法上的相同之处

（一）杨振宁《邓稼先》（原文略）

想一想：

1. 如不将邓稼先与奥本海默对比，对于人物刻画有何损失？

2. “我不能走”章节，如果删去古战场的环境描写，对于刻画邓稼先这个人物有何影响？

（二）萧红《回忆鲁迅先生》（原文略）

想一想：在《回忆鲁迅先生》一文中，作者为什么花那么多笔墨写许广平，写鲁迅先生的卧室，写他生活的环境？

三、到课外去：用心读下面两篇拓展文章，发现它们的写法之妙

（一）汪曾祺《日规》（原文略）

想一想：《日规》中的主人公是蔡德惠，汪曾祺为什么花那么多笔墨写高教授和他种的名花？

（二）汪曾祺《闻一多先生上课》（节选）

闻先生性格强烈坚毅。日寇南侵，清华、北大、南开合成临时大学，在长沙少驻，后改为西南联合大学，将往云南。一部分师生组成步行团，闻先生参加步行，万里长征，他把胡子留了起来，声言：抗战不胜，誓不剃须。他的胡子只有下巴上有，是所谓“山羊胡子”，而上髭浓黑，近似一字。他的嘴唇稍薄微扁，目光灼灼。有一张闻先生的木刻像，回头侧身，口衔烟斗，用炽热而又严冷的目光审视着现实，很能表达闻先生的内心世界。

联大到云南后，先在蒙自呆了一年。闻先生还在专心治学，把自己整天关在图书馆里。图书馆在楼上。那时不少教授爱起斋名，如朱自清先生的斋名叫“贤于博弈斋”，魏建功先生的书斋叫“学无不暇簃”，有一位教授戏赠闻先生一个斋主的名称：“何妨一下楼主人”。因为闻先生总不下楼。

西南联大校舍安排停当，学校即迁至昆明。

我在读西南联大时，闻先生先后开过三门课：楚辞、唐诗、古代神话。

楚辞班人不多。闻先生点燃烟斗，我们能抽烟的也点着了烟（闻先生的课可

以抽烟的)，闻先生打开笔记，开讲："痛饮酒，熟读《离骚》，乃可以为名士。"闻先生的笔记本很大，长一尺有半，宽近一尺，是写在特制的毛边纸稿纸上的。字是正楷，字体略长，一笔不苟。他写字有一特点，是爱用秃笔。别人用过的废笔，他都收集起来，秃笔写篆楷蝇头小字，真是一个功夫。我跟闻先生读一年楚辞，真读懂的只有两句"袅袅兮秋风，洞庭波兮木叶下"。也许还可加上几句："成礼兮会鼓，传芭兮代舞，春兰兮秋菊，长毋绝兮终古。"

闻先生教古代神话，非常"叫座"。不单是中文系的、文学院的学生来听讲，连理学院、工学院的同学也来听。工学院在拓东路，文学院在大西门，听一堂课得穿过整整一座昆明城。闻先生讲课"图文并茂"。他用整张的毛边纸墨画出伏羲、女娲的各种画像，用按钉钉在黑板上，口讲指画，有声有色，条理严密，文采斐然，高低抑扬，引人入胜。闻先生是一个好演员。伏羲女娲，本来是相当枯燥的课题，但听闻先生讲课让人感到一种美，思想的美，逻辑的美，才华的美。听这样的课，穿一座城，也值得。

——节选自汪曾祺《山河故人》，天津人民出版社，2018 年版

想一想：《闻一多先生上课》中，如何将侧面描写与正面描写结合，写出闻一多的神韵？

四、总结：人与环境相互映衬的几点原则

通过教材中以及教材外的大量文章，我们可以发现用其他人或者环境侧面烘托主要人物的写法，要注意几点原则：

1. 当我们用直接描写的方式不足以展现出人物的精神风貌时，要巧妙地用周围的人来对比或者烘托。比如，用周围人的不认可、反对来对比反衬这个人物的坚守。当然，也可以用具有同样品质的人来烘云托月，更加凸显这个人物的精神品质。

2. 人物活动离不开环境。在刻画人物时，如果人物活动在寒冷的冬天，就要有对寒冷环境的描写；人物活动在夜色中，就要有相应的夜色描写。总之，运用恰当的环境描写来展现人物的精神品质，要抓住环境描写的特点与人物精神的关联点。

3. 环境描写要与人物的言行、心理描写配合呼应。在事情的发展过程中，人物所处的环境有了变化，人物的言行、心理必然会有变化，我们要注意把这些变化反映出来，以此推进故事情节的发展和表现人物的精神。

五、写作运用

通过以上内容，我们对课内外名家名文如何通过侧面烘托来展现人物的精神品质有了一定的了解。你是否也想运用这种方法来写出人物的精神呢？

生活中，我们会遇到各种各样的人，有的让你尊敬，有的让你感动，有的让你叹息。以“这样的人让我________”为题，写一篇作文，不少于600字。

要求：在横线上补充表达情感的词语，用环境和其他人物的表现来侧面烘托这个人物的精神品质，并以此表达你的感情。

六、板书设计

侧面烘托显精神

用他人烘托主要人物	对比衬托
用环境烘托主要人物	
用意象烘托主要人物	鲜明生动

上课年级：初一

苏州市相城实验中学　罗　晶

反复处即关键处

设计意图

七年级下册第三单元的人文主题是“小人物的人性光辉”，编者在单元导语中提醒师生关注文章中的反复处、矛盾处等关键处，从而把握作者的创作意图。《阿长与〈山海经〉》《老王》《台阶》《卖油翁》这四篇文章，有散文、小说，还有文言文，文体不同，但都用了反复写法，让人物形象鲜明，让文章结构严谨，让情感主旨更加深厚。所以，本设计在完成四篇单篇教学的基础上，抓住“反复处”进行单元整合教学，让学生在读读写写中体悟“反复”之妙。

教学目标

1. 发现文章中反复处并探究其写作效果。
2. 在练笔中运用反复，体会反复之妙。

学习重难点

重点：发现文章中反复处并探究其写作效果。

难点：在练笔中运用反复，体会反复之妙。

教学课时

2课时。

教学过程

一、新课导入

同学们，不知你们有没有发现，很多作家在创作的时候喜欢运用反复的手法。为什么写作需要反复？原来，当人们对于事物有热烈、深沉的感触时，往往不免一而再、再而三地反复诉说；而所有一而再、再而三显现的形式，如街上的行道树、节日里的灯笼，总是能给予我们一种冲击力、感染力。修辞上的反复，就是基于人类这种心理而形成的。今天我们这节课的学习任务就是感受"反复"之妙。

出示知识卡片：

知识卡片：反复修辞

通过同一个词、句子或段落来加强语气和感情，产生突出的效果和强烈的感染力的，叫反复修辞。

反复的用法有连续反复和隔离反复两种。

例：连续反复——**盼望着，盼望着**，东风来了，春天的脚步近了。

隔离反复——子曰："**贤哉，回也！**一箪食，一瓢饮，在陋巷，人不堪其忧，回也不改其乐。**贤哉，回也！**"

在例句中，"盼望着"反复使用加强了人们内心的期盼之情，使读者感受到春天的到来是何等令人期待。两个"盼望着"，好像让人看到了人们的翘首盼望。

而"贤哉，回也！"反复使用，表达了孔子对颜回的赞美，刻画了一个安贫乐道的人物形象，也使语言形成一种前呼后应、回环往复的美。

二、检查预习情况

1. 从我们已经学过的文章中再找出两三例反复，说说它们的作用。

(1)《皇帝的新装》：美极了，真是美极了。多么美的花纹，多么美的色彩！(2)《说和做》：他说了。他说了。(3)《木兰诗》：旦辞爷娘去，暮宿黄河边，不闻爷娘唤女声，但闻黄河流水鸣溅溅。旦辞黄河去，暮至黑山头，不闻爷娘唤女声，但闻燕山胡骑鸣啾啾。(4)《回忆鲁迅先生》：鲁迅先生的"笑"。(5)郭沫若《天上的街市》里,“定然”一词的反复,表现了诗人对理想世界的执着追求。

2. 请完成下列预习任务单(表1.6),了解作者的用意。

表1.6　预习任务单

课文	反复处(语句、意象等)	作用
《阿长与〈山海经〉》	一个“大”字;敬意;伟大的神力	阿长的粗俗、迷信与伟大;鲁迅对阿长的调侃与感激
《老王》	“不要钱”“我不是要钱” 我常坐老王的车。他蹬,我坐	老王的善良、有感恩之心,渴望温暖;杨绛对老王的疏离与愧疚
《台阶》	台阶;草鞋;脚	台阶是父亲的物质追求也是精神追求;草鞋和脚展现了父亲的朴实、勤劳、辛苦、坚韧
《卖油翁》	无他,但手熟尔;我亦无他,惟手熟尔	卖油翁对陈康肃的教导与讽刺,展现了“熟能生巧”、人外有人、不可炫耀的主旨

三、情境设计

“五一”劳动节快要到了。假如我们可以邀请七年级下册第三单元中的人物来参加蠡口中学“平凡者不凡”座谈会,请你完成下面的任务。

任务一:请为你喜欢的人物设计宣传海报,用文字描述海报内容

要求:在海报上凸显文中某个反复出现的元素(可以是人物的一句话、一个动作,或某个物象),并简要谈谈设计意图。

例1:我想为阿长设计海报。我将在海报左上角画上她睡成一个“大”字,将迅哥儿挤得没有地方睡;并在右下角画上一本有九头蛇的《山海经》。作者反复写长妈妈睡相的粗俗,表达对她的不满,与后文对她的感激形成对比。

例2:我想为老王设计海报。海报上画老王送钱先生上医院,说:“我送钱先生看病,不要钱”;海报上还画他送香油鸡蛋,并说:“我不是要钱。”以此展现老王的善良、感恩和渴望温暖。

例3:我想为《台阶》中的父亲设计海报。父亲坐在三级台阶上远眺,以此来展现他的决心和期待;还要画他坐在门槛上失落的样子,脚下是九级高高的台阶。我想展现父亲物质的目标实现了,但精神的目标没有实现,地位没有改变的这个主旨。九层台阶修好了,父亲却觉得自己老了,是因为没有了更高的精神追求,所以我通过这个物象来思考一个理想实现或者没有实现之后我们应该怎么办。

例4:我想为《卖油翁》中的卖油翁设计海报,海报上画卖油翁酌油,并配上文字“无他，但手熟尔”和“我亦无他，惟手熟尔”。以此展现卖油翁对陈康肃目中无人的教导。

总结：反复修辞可以塑造人物，强调感情，突出思想，分清层次，形成节奏。

任务二：座谈会最重要的环节，是请同学们用反复的手法、诗歌的形式，致敬这些“平凡而不凡”的人物，展现他们的不凡

示例：

伟大的神力

——致阿长

连名字都没有的你
喜欢说长道短的你
总是睡成一个“大”字的你
一肚子麻烦规矩的你
自认为能抵抗长毛大炮的你
哪有什么伟大的神力
大字不识几个的你
竟然问起迅哥儿念念不忘的书
《山海经》听成“三哼经”的你
竟然做成了别人不肯做的事
竟然做成了别人不能做的事
原来你确有伟大的神力

麻筋草鞋

——致农民父亲

多年前，为了背回三块造台阶的青石板
父亲，你一来二去走了多少山路
磨破了一双麻筋草鞋
你可惜这一双草鞋
而我惊叹你的要强与力量
多年前，为了造一栋有高台阶的新屋
父亲，你安排好一年四季每一天
半个月编草鞋、过年

砍柴卖钱，磨穿了多少草鞋

我惊叹你的辛勤与坚韧

父亲，大半生穿草鞋的父亲

造好了九级台阶的父亲

你为什么若有所失了呢

是因为老了不能磨穿草鞋了

还是因为草鞋并未实现的理想

任务三：座谈会结束时，同学们推荐的蠡口中学“平凡而不凡”的劳动者将与这些书中人物合影留念。你推荐谁？说说这个他(她)反复做的动作、说的一句话、流露的一个表情等，来展现他(她)的特点、精神品质，表达你对他们的敬爱之情

例：我推荐语文刘老师，她总是温柔地微笑。当我们表现很好的时候，微笑着表示肯定；当我们遇到困难的时候，微笑着表示鼓励；当我们得意忘形的时候，微笑着表示提醒。她是一个很爱我们，而且有智慧的老师。

我推荐我们的“老班”，他有一句口头禅……

四、课后作业

阅读契诃夫《小公务员之死》(原文略)。

练习1：请你找出这篇小说中的反复处，并说说反复的作用。

练习2：学完这一课，有意识地在自己的作文中使用反复修辞，以“晒晒我们班的牛人”为题写一篇不少于500字的文章。

五、板书设计

反复处即关键处

塑造人物

强调感情

突出思想

分清层次

形成节奏

此课例在相城区、姑苏区中学语文名师工作室联合教研活动中公开教学展示，上课年级：初一

苏州市相城实验中学　罗　晶

妙用对比，巧塑人物

设计意图

在初一上学期，学生虽然已经学过在人物描写中突出人物的特点，但是写作中人物描写仍显单薄。因此，本设计选择整合上学期和下学期三篇课文中的片段，引导学生进一步发现并领悟通过对比写出人物特点的写法，并且通过微写作升格活动，使学生能运用恰当的对比手法，展示人物的特点。

学习目标

1. 从名家语段领悟对比手法。
2. 运用恰当的对比手法写出人物特点。

学习重难点

运用恰当的对比手法写出人物的特点。

教学课时

1 课时。

教学过程

一、情境导入新课——细品生活

俗话说，“细嚼出滋味，细品出智慧”。比如细品一个词：“别人家的小孩”，当你听到这个词时，是在什么时候？细细品味一下，说到这个词的双方心理世界是怎样的？分享一下。

明确：说话者的心理可能是“不满+羡慕+期盼”；听话者则感到压力，内心很不舒服。

【小结】这就是对比手法在日常生活中的一种表现。因为，对比非常容易使人物的特点更鲜明，感受更强烈，给人的印象自然就深刻。

二、学情诊断

展示学生采用对比手法展示班级某位同学的特别之处的一段文字：

记得我们第一次见面时，我个性懦弱，不敢和其他人一起玩游戏。几乎每一次，我都是在远处看着别人游戏。有一次，我终于鼓起勇气，走上前去，和其他人一起玩了。可是没有多久，我不小心摔了一跤，眼泪如止不断的水龙头，哗哗往外流。这时，她来了，一边宽慰我，还一边做着鬼脸，把我给逗笑了。就这样，我与她成了好友。

简评其使用的对比手法，突出人物的哪种特点。

三、阅读探寻

引导学生读课文，发现对比手法的奥秘。

（一）思考：这里的对比双方是谁？

鲁迅《从百草园到三味书屋》原文第21—23段——不同人物之间比

莫顿·亨特《走一步，再走一步》原文第17—23、28段——同一人物前后比

臧克家《说和做——记闻一多先生的言行片段》原文第3—4段“闻先生也总是头发凌乱……硕果”——同一人物内外比

【小结】从这些课文写法中，我们可以总结出对比可以是不同人物之间比，也可以是同一人物前后比，还可以是同一人物内外比。这是对比手法写作思路上的一点小总结。

（二）这里对比双方的描写文字都是围绕哪些方面展开的？

明确：鲁迅《从百草园到三味书屋》是不同人物之间比——读书状态。老师是懂得文意，陶醉其中；学生是乱读，不理解地读，最后也不肯读。对比中展现当时学习内容的枯燥乏味和老师对“我”的探究欲的积极影响，展现了孩子天真、幼稚的性格特点和好奇心、探究欲比较重的心理特点。

莫顿·亨特《走一步，再走一步》是同一人物前后比——“我”下悬崖前后的

动作、心理。前面是“趴”在岩石上，一动不动，后面是“迈”“踩”“扑”，一系列的不同动作，尤其是“扑”这个动作里，饱含了力量，显示了激动和自豪的心理。前面的“害怕”和后面的“自信、自傲”的心理也是鲜明的对比。这些对比，展现了“我”在悬崖上的一课中得到的成长，为下文书写“我”的人生感悟做好了铺垫。

臧克家《说和做——记闻一多先生的言行片段》是同一人物内外比——“密密麻麻的小楷”这样的字迹展示的是一丝不苟、严谨治学的精神品质，表现了闻先生对文化研究极度认真的态度。

闻先生对外在形象、秩序毫不考虑，对精神追求一丝不苟，他对内外的重视度明显形成对比，突出闻先生把自己的全部精力都用在了学术研究上，用在为中华民族开文化药方上，进而表现了闻先生是一名卓越的学者、伟大的爱国者这个中心。

【小结】

1. 从写作思路方面看：对比可以是不同人物之间比，或同一人物前后比，或同一人物内外比。

2. 从文字组织方面看：文中对对比双方的描写文字往往是同一点上的对比反应。

3. 从段落构成方面看：对比的两个方面往往用不同的段落展示出来，以此突出各自的不同。

四、课堂练笔

对此前预习展示的微写作进行修改，5 分钟后，小组交流 2 分钟，选派小组代表展示改文。

记得我们第一次见面时，我个性懦弱，不敢和其他人一起玩游戏。几乎每一次，我都是在远处看着别人游戏。有一次，我终于鼓起勇气，走上前去，和几个男孩子一起玩了。可是没有多久，我不小心摔了一跤，膝盖处都出血了，火辣辣的疼也像锥子一般刺向了我。我的泪水也不自禁地如止不断的水龙头，哗哗往外流。谁知，那些男孩子不仅不帮我，还嘲笑我：“你呀，真是个爱哭鬼。”我心里特别委屈，于是，泪水更是“汹涌”起来。这时，她来了，缓缓拉起趴在地上哭的我，宽慰我道：“他们不是男子汉，欺负女孩子，羞羞脸。”顿一下，她又狠狠地说：“以后，我们不要和他们玩。我们一起玩，看谁敢欺负你！”她一边说着，还一边握紧了拳头，对着那帮男孩子挥了挥。她居然不怕那群男孩子，我心底对她的敬意油然而生。不过，紧接着，我就笑出了声，因为她眉头皱紧嘴巴也抿紧的脸庞已经变了形。那一刻，我受伤的膝盖居然也不疼了。从那以后，我与她成了形影不离的好朋友。

组织对比点评，明确改文与原文相比，在表现人物特点上：

① 增加了“我”摔倒后的受伤情况、小伙伴们对“我”的嘲笑语言，“我”的心理、她的具体的神态、语言和动作表现，这样对比，把人物形象的特点写得更具体形象了。

② 将“我”对伤口前后不同的感受做了对比，将那群男孩子和“她”对“我”的不同言行做了对比，突出了“她”乐于助人、勇敢又富有正义感的可爱形象。

【小结】写人特点歌之对比篇：人物有特点，对比多用点。抓住同一点，不同人物之间比，同一人物内外比，前后也可对着比。还有——描写文字对比点，分段展示突出点，全要围绕中心点。

但是如果想要写出动人的文字作品，最重要的方式还是要像曹文轩先生说的那样：“这个世界脾气特别古怪，你必须凝视它，它才会将大门打开，让你看到它里头的风景。”凝视这个世界，就是细品细读这个世界。如此，你就能够看到这个世界更多的风景，感受到这个世界更多的活力！

五、布置作业

1. 必做：根据本节课学习的对比手法，修改和丰富自己的课前微写作《我们班最特别的 TA》。

2. 选做：课外读一读冯骥才的《冷脸》和毕淑敏的《那个搭车的青年》，体会文中对比手法的作用。

六、板书设计

人物有特点，对比多用点。

抓住同一点
- 不同人物之间比，
- 同一人物内外比，
- 前后也可对着比。

描写文字对比点，
分段展示突出点，
全要围绕中心点。

2021 年苏州市市级公开课，上课年级：初一

苏州市相城中学　李维英

关键处驻足，细微处慢绘

设计意图

细节描写于学生而言并不陌生，但是学生还缺乏在写作中运用细节描写的意识，并且存在难以捕捉细节、难以具体展开、不知如何描绘等问题，而细节描写又极为重要，文之传神必作于细。基于以上考虑，本设计以“多彩生活志”为项目任务，学生在任务驱动下聚焦多文本中的细节，在群文阅读的过程中学习如何选择典型细节，并且自主形成细节评价量表，巧用“三镜”，学会描写真实、生动的细节，实现梯度化学习。

学习目标

1. 观察、捕捉同学所提供图片中的细节，学会如何抓住典型细节。

2. 从细节描写片段中提炼细节描写的具体方法，生成细节描写评价量表。

3. 运用量表评价并修改细节描写习作片段，掌握运用细节描写来刻画生活场景的具体方法。

学习重难点

重点：从细节描写片段中提炼细节描写的具体方法，生成细节描写评价量表。

难点：掌握运用细节描写来刻画生活场景的具体方法。

教学课时

1课时。

教学过程

一、读细节，猜人物

1. 不喝就滚出去；好心好意，不领情是怎着？你个傻骆驼！辣不死你！连我还能喝四两呢。——虎妞

2. 他总是微笑起来，而且将头仰起，摇着，向后面拗过去，拗过去。——寿镜吾

3. 竖起第二个手指，在空中上下摇动，或者点着对手或自己的鼻尖。——衍太太

托尔斯泰曾经说："我在生活中到处寻找细节，如果我的作品还比较好的话，那是我不断寻找细节的结果。"细节是文学的生命和灵魂。

"时光里的剪影——多彩生活志"活动征集令

为了记录我们丰富多彩的生活，学校决定制作"时光里的剪影——多彩生活志"影像集，诚邀同学们提供图片素材，同时为其命名并匹配生动的细节描述文字。现向全体同学征集稿件，请各位同学积极行动起来吧！

要求：

1. 图片可以是日常生活的某一个让你印象深刻的瞬间。
2. 为这幅图片起个名字。
3. 细节描写要侧重于人物活动，不少于200字。

二、关键处驻足

哨声响起，拔河比赛开始。霎时间，我们班的拔河队员都向后倾，铆足了劲拉，一旁的老师和同学都呐喊着为他们加油。小方同学站在拔河队伍的中间，和大家整齐的黑色裤子不同，他穿着一条白色裤子，在人群中显得格外耀眼。

1. 请你评价这段细节描写的文字。思考：这段文字中有哪些细节？此处的细节描写是否合适？

明确：细节描写是对人物、景物、事件等表现对象的细微刻画。

老王赠送香油鸡蛋

有一天，我在家听到打门，开门看见老王**直僵僵**地**镶嵌**在门框里。……他面色死灰，两只眼上都结着一层翳，分不清哪一只瞎，哪一只不瞎。说得可笑些，他**简直像棺材里倒出来的，就像我想象里的僵尸**，骷髅上绷着一层枯黄的干皮，**打上一棍就会散成一堆白骨**。

2. 思考：这里为什么不选择老王的动作细节而选择老王的肖像细节来写呢？

明确：细节描写要典型。所谓典型，就是捕捉的细节要能精准地表现对象的特点，要能表现作者的情感态度或思考。

关键处：①丰富人物形象。②有触动点，真切感人。③服从文章主题的需要。

三、细微处慢绘

（一）追求真实，“我”有一面“平面镜”

她穿着新的蓝布衫回来了，一见面，就将一包书递给我，高兴地说道：“哥儿，有画儿的‘三哼经’，我给你买来了！”

1. 作者为什么要如实记录下“三哼经”这个错误？

明确：恰恰符合了阿长没什么文化，是一个无知的农村妇女的身份特点。连书名都说不清，要买到这本书那该有多艰难啊！这个细节就能充分展现阿长对“我”的关爱和善意。

台阶旁栽着一棵桃树，桃树为台阶遮出一片绿荫。父亲坐在绿荫里，能看见别人家高高的台阶。那里栽着几棵柳树，柳树枝老是摇来摇去，却摇不散父亲那专注的目光。这时，一片片旱烟雾在父亲头上飘来飘去。 ——李森祥《台阶》

祥子的手哆嗦得更厉害了，揣起保单，拉起车，几乎要哭出来。拉到个僻静地方，细细端详自己的车，在漆板上试着照照自己的脸！越看越可爱，就是那不尽合自己的理想的地方也都可以原谅了，因为已经是自己的车了。把车看得似乎暂时可以休息会儿了，他坐在了水簸箕的新脚垫儿上，看着车把上的发亮的黄铜喇叭。

——老舍《骆驼祥子》

2. 品读细节描写，一个是看别人家的高台阶，一个是看自己的车，他们的心情有什么不同吗？

明确：此时二人境遇不同，同为注视，父亲羡慕，向往，他专注地凝视，希望自己能早日造好有高台阶的新屋。祥子买到了新车，从他的目光中能看出他高兴、激动以及对车子的喜爱。

3. “照照自己的脸，越看越可爱”这个细节能用来描写建好新屋后的父亲的状态吗？为什么？

【总结】细节描写使类型中见个性。细节的真实感可以增强文字的感染力，更能引起人的共鸣。

（二）细致刻画，“我”有一面“放大镜”

（　　）一块雪，（　　）出地面，用一支短棒（　　）一面大的竹筛来，下面

(　　)秕谷，棒上(　　)一条长绳，人远远地(　　)着，(　　)鸟雀下来啄食，(　　)竹筛底下的时候，将绳子一(　　)，便(　　)住了。

——鲁迅《从百草园到三味书屋》

1. 请同学们关注空白部分，把动词补充完整。

预设：生动形象地展示了捕鸟的过程，作者用了一连串的动作描写，把捕鸟的动作分解成慢镜头，使我们身临其境感受到捕鸟的乐趣。

锦囊：放慢镜头，分解动作。

2. 请同学们将篮球运动员投篮的动作进行分解。

例句："他动作快极了，接到球，一转身把球投进篮筐。"

他(　　)着腰，两眼死死地(　　)着前方，寻找"突围"的机会，一会左(　　)，一会右(　　)，(　　)过了两层防线，来到篮下，他纵身(　　)，双手像钳子一样紧紧地(　　)住球，然后身子(　　)，(　　)对方球员，脚尖(　　)，轻快地(　　)，同时手(　　)，球划过一道优美的弧线，一头钻进篮筐，场外爆出一阵喝彩声。

锦囊：锤炼动词，精准描摹。

(三) 多方描摹，"我"有一面"多棱镜"

城门洞里挤着各样的车，各样的人，谁也不敢快走，谁可都想快快过去，鞭声，喊声，骂声，喇叭声，铃声，笑声，都被门洞儿——像一架扩音机似的——嗡嗡的联成一片，仿佛人人都发着点声音，都嗡嗡的响。祥子的大脚东插一步，西跨一步，两手左右的拨落，像条瘦长的大鱼，随浪欢跃那样，挤进了城。

——节选自《骆驼祥子》第四章

明确：描写祥子逃出军营后挤城门洞的场面，从中我们可以感受到喧闹和拥挤，不仅调动了视觉，还用了听觉。"鞭声，喊声，骂声，喇叭声，铃声，笑声，都被门洞儿——像一架扩音机似的——嗡嗡的联成一片"，城门洞里人声不绝于耳，可见拥挤的程度。试想，如果场面不拥挤，怎么会需要东插、西跨、左右拨落，拥挤的场面一下子如在目前。

锦囊：调动感官，描摹多方状态。

四、巧用三镜，修改升格

小组合作，根据锦囊形成细节描写评价标准(表 1.7)，挑选组内最佳"多彩生活志"，选择 2—3 种方法修改、完善该组员的细节描写，讨论结束后由小组代表投屏展示，进行自我评价。

表 1.7　细节描写评价标准

细节描写写作指导策略	★★★★	★★★	★★	★
是否捕捉典型细节				
是否贴合人物形象或生活情境				
是否细化动作、精选动词				
是否放慢镜头、分解动作				
是否调动感官				
是否多方描摹				

五、学以致用

生活常常因细节显得丰盈而又意味深长。但是，正当其事时，我们往往会忽略它们的存在。直到某个时候，回望过去，一些细节才会在我们记忆深处灿烂起来……

请以“那些灿烂的细节”为题，写一篇文章。

六、板书设计

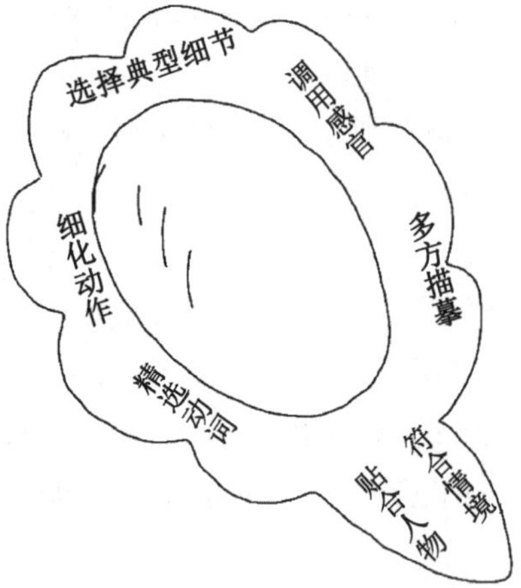

此课例于 2024 年 4 月在苏州市初一作文教学专题研讨活动中公开教学展示，上课年级：初一

苏州市相城区春申中学　胡　丹

设置曲折点，让行文波澜起伏

设计意图

文似看山不喜平。这节课既是对学生习作中出现的普遍问题——叙事过于平淡的“对症下药”，也是基于“读写融合”的写作方法的归纳与运用。引领学生通过思维导图的形式，梳理小说情节波澜之处，总结设置波澜的几种方法，从而学以致用，在生活情境中为情节巧添波澜。这节课，亦是在探讨思维导图在初中记叙文写作过程化教学中的运用，由回顾课文、习作到归纳写作方法，并能学以致用，从而真正实现“读写融合”。

学习目标

1. 运用思维导图，领会一波三折在文章中的艺术效果。
2. 学习用兴波澜、生变化的方法构思作文。

学习重难点

重点：结合课内外作品，感受文章引人入胜的原因。
难点：探究设置曲折点的方法，运用兴波澜的手法构思作文。

教学课时

1 课时。

教学过程

一、活动一：故事接龙

确定故事的话题、人物等，如“有人摔倒了”，小组同学依次接续，每人至少说一个完整的句子或一个小的情节，要有连续性，尽可能说成一个比较完整的故事。推选一名同学将小组讲述的故事完整地讲给全班同学听。比一比哪个小组的故事更吸引人，并思考引人入胜的原因。

二、活动二：完成思维导图

（一）《骆驼祥子》

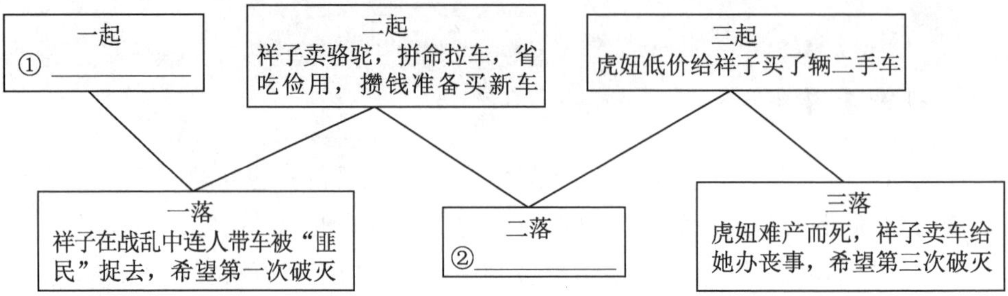

（二）三调芭蕉扇（《西游记》）

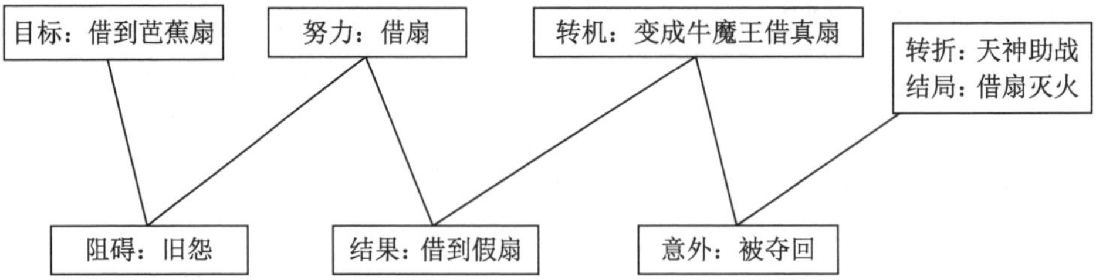

探究发现：整体来看，《西游记》整体的故事线也符合这个故事模式。目标是西天取经，取经路上遇到各种阻碍，克服重重阻碍努力取经，努力的结果往往先遭遇失败，遭遇意外事件，却又柳暗花明有转机，结局是最后取得真经。除了《骆驼祥子》中祥子的三起三落，《西游记》三调芭蕉扇、三打白骨精，《三国演义》的三顾茅庐、三气周瑜，《水浒传》里的三打祝家庄，《钢铁是怎样炼成的》保尔四次死里逃生……说起这些故事你一定如数家珍。为何不“一调芭蕉扇”？不“一打白骨精”呢？我们可以利用________________的方法让文章波澜曲折。

（三）《社戏》

思考：文中第6段写道：“这一天我不钓虾，东西也少吃”，甚至“只有我不开口”，而第9段却写道“我们一哄的出了门”，“我”的心情由低谷到高潮，这中间发生了什么？作者围绕看社戏这一中心事件设计了多个波折，有什么表达效果？

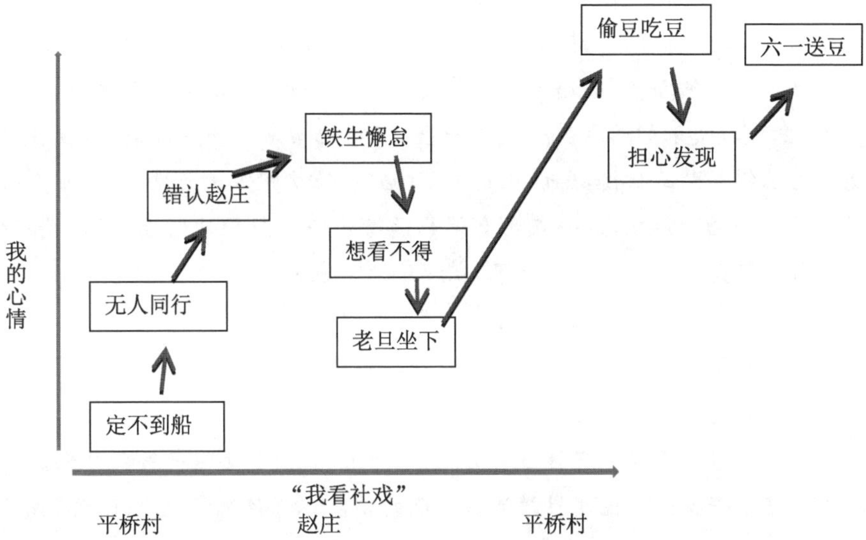

预设：文似看山喜不平，如果平铺直叙，见首知尾，只能败坏读者的兴致，读来如白开水般寡淡无味；作品情节曲折、波澜起伏，才能扣人心弦，吸引读者的阅读兴趣。

三、活动三：经典品读

一朵一朵的阳光

周海亮

七月的阳光直直地烘烤着男人的头颅，男人如同穿在铁钎上的垂死的蚂蚱。他穿过一条狭窄的土路，土路的尽头，趴着一栋石头和茅草垒成的小屋。男人在小屋前站定，擦一把汗，喘一口气，轻轻叩响锈迹斑斑的门环。少顷，伴随着沉重的嘎吱声，一个光光的暗青色脑瓢出现在他的面前。

你找谁？男孩扶着斑驳的木门，打量着他，家里没有大人。

我经过这里，迷路了。男人专注地看着男孩，能不能，给我一碗水？

他目送着男孩进屋，然后在门前的树墩上坐下。树墩很大，年轮清晰，暗灰色，中间裂开一道深深的缝隙。屋子周围卧着很多这样的无辜树墩，那是多年才能长成的大树，本该有着墨绿的树冠和巨大的绿荫，却在某一天里，被斧头或者铁锯生生放倒。

男人把一碗水一饮而尽。那是井水，清冽，甘甜，喝下去，酷热顿无。男人满足地抹抹嘴，问男孩，只你一个人吗？你娘呢？

她下地了。男孩说，她扛了锄头，那锄头比她还高；她说阳光很毒，正好可以晒死刚刚锄下来的杂草；她得走上半个小时才能到地头，她带了满满一壶水；她天黑才能回来，回来的路上她会打满一筐猪草；她回来后还得做饭，她坐在很高的凳子上往锅里贴玉米饼，她说她太累了，站不住；吃完饭她还得喂猪，或者去园子里浇菜……除了睡觉，她一点儿空闲都没有……我想帮她做饭，可是我不会，我只能帮她烧火……今天我生病了，我没陪她下地……

你生病了吗？男人关切地问他。

早晨拉肚子。不过现在好了。男孩眨眨眼睛，说。

你今年多大？男人问他，七岁？

谁说七岁不能下地？男孩盯着男人，反问道，我能打满满一筐猪草呢。

男人探了探身子。他想摸摸男孩青色的脑瓢。男孩机警地跳开，说，我不认识你。

你们怎么不住在村子里？男人尴尬地笑，收回手。

本来是住在村子里的，后来我爹跑了，我们就搬到山上来……娘说她在村子里抬不起头来，所有人都在背后指指点点……我爹和别人打架，把人打残……他跑了……

你爹跑了，跟你娘有什么关系？

当然有关系，他是娘的男人啊！男孩不满地说，娘说他的罪，顶多够判三年，如果他敢承担，现在，早出来了……可是他跑了。他害怕。他怕坐牢。他不要娘了，不要我了……娘说他不是男人，他不配做男人……

你认识你爹吗？

不认识。他跑掉的时候，我才一岁……我记不起他的模样……他长什么模样都跟我没有关系……他跑了，就不再是我爹。男孩接过男人递过来的空碗，问他，还要吗？

男人点点头，看男孩返身回屋。他很累，再一次在树墩上坐下。阳光毫无遮拦地直射下来，将他烤成一朵火苗，他听到自己的皮肤发出哔哔剥剥的声响。

男人再次将一碗水喝得精光。燥热顿消，男人直觉久违的舒适从牙齿直贯脚底。——茫茫路途中，纵是一碗草屋里端出的井水，也能给人最纯粹的满足、幸福和安宁啊！

男人将空碗放上树墩。你和你娘，打算就这样过下去吗？

男孩仰起脑袋，娘说，在这里等爹……

可是他逃走了。他怕坐牢，逃走了……你和你娘都这样说……你们还能等到他吗？

不知道。男孩说，我和我娘都不知道。可是娘说我们在这里等着，就有希望。如果他真的回来，如果他回来以后连家都没有了，他肯定会继续逃亡。那么，这一辈子，每一天，他都会胆战心惊……

就是说你和你娘仍然在乎他？

是的。他现在不是我爹，不是娘的男人。男孩认真地说，可是如果他回来，我想我和我娘，都会原谅他的。

男人叹一口气，站起来，似乎要继续赶路。突然他顿住脚步，问男孩，你们为什么要砍掉门前这些树？

因为树挡住了房子。男孩说，娘说万一哪一天，爹知道我们住在这里，突然找回来，站在山腰，却看不到房子，那他心里，会有多失望呐！他会转身就走，再也不会回来吧？娘砍掉这些树，用了整整一个春天……

男人沉默良久。太阳静静地喷射着火焰，似乎要将世间一切都烤成灰烬。有生以来，男人似乎还是头一次如此畅快地接受这样炽热的阳光。脑后火辣辣麻酥酥，痛，可是痛得爽快，痛得舒服。——这之前，他品尝过太多的阴冷。

他低下头，问男孩，我能再喝一碗水吗？

这一次，他随男孩进到屋子。他站在角落里，看阳光爬上灶台。

看到了吗？男孩说，灶台上，有一朵阳光。

一朵？

是的。娘这么说的。娘说阳光都是一朵一朵的，聚到一起，抱成一团，就连成了片，就有了春天。分开，又变成一朵一朵，就有了冬天。一朵一朵的阳光聚聚合合，就像世上的人们，就像家。男孩把盛满水的碗递给男人，说，娘还说，爬上灶台的这朵阳光，某一天，也会照着爹的脸呢。

男人喝光第三碗水。他蹲下来，细细打量男孩的脸庞。男人终流下一滴泪，为男孩，为男孩的母亲，也为自己。他从怀里掏出一张照片，哽咽着，塞给男孩。他说从此以后，你和你娘，再也不用担惊受怕了……可是你们，至少，还得等我三年。

照片上，有年轻的自己，年轻的女人，以及年幼的男孩。

男人走出屋子，走进阳光之中。一朵一朵的阳光，抱成了团，连成了片，让男人无处可逃……

——选自周海亮《心若无尘，岁月生香：周海亮散文精选集》

思考：这个故事是如何达到出人意料又在情理之中的艺术效果的？

四、活动四：头脑风暴，设置波澜

1. 如果写第一次炒菜或者第一次练习书法、钢琴，你觉得可能会遇到什么困难？又是如何克服的呢？请画出思维导图。

2. 有了这些曲折点，再把曲折点写详细，叙事就有了波澜，请你将这些曲折点连缀成文字，不少于200字。

五、课后作业

1. 阅读芦芙荭的《一只鸟》、肖复兴的《少年“护城河”》。阅读之后，请概括出情节发展的跌宕之处，并简析这样安排的好处。

2. 写作：也许你曾经因学习的重压而放弃过；也许你曾经因朋友的误解而苦恼过；也许你曾经因父母的指责而伤心过；也许你曾经因老师的批评而自卑过；也许你因生活的失意而痛哭过……这一切都已过去，这一切都成为你永久的怀念。回首往事，你发现……

请以“从此，我不再________”为题，写一篇不少于600字的作文。

六、板书设计

上课年级：初二

苏州市相城区春申中学　胡　丹

慈母眼中噙着泪

学习目标

1. 依据语境，品读作品中母亲流泪的描写，读懂母亲的性格特点。
2. 比较阅读，理解“泪”在写母亲的传统作品中的文化内涵。
3. 片段微写作，写母亲流泪的片段，加深对传统文化的理解。

学习重难点

重点：品读几篇文章中对母亲流泪的描写，读懂母亲的性格特点。

难点：比较阅读，理解“泪”在写母亲的传统作品中的文化内涵。

教学课时

1 课时。

教学过程

课前任务

再读朱德的《回忆我的母亲》，阅读邹韬奋的《我的母亲》、老舍的《我的母亲》等文章。

一、新授导入

杨绛先生评价朱德的《回忆我的母亲》时说，“母亲的汗水和眼泪，是世界上最名贵的珍珠”。汗水中饱含着母亲的勤劳和聪慧，而这泪水却彰显着母亲的坚贞不屈和对子女的爱与不舍。

朱德写母亲，写到母亲的一次流泪。很多作家写母亲的文字中也写到母亲流泪，这泪水中有哪些情感？母亲之泪又有什么文化内涵？今天，让我们一起走近其他作家笔下的母亲。

二、阅读邹韬奋的《我的母亲》

（一）浏览课文，初识母亲

1. 根据语境，说一说文中写了母亲哪些事。

参考：(1)元宵夜背我巡阅花灯。(2)给妹仔讲故事。(3)因儿子受罚而流泪。(4)灯下熬夜为子女做鞋。

2. 请你说说，在这些事件中，读到了一位________的母亲。

参考：慈爱、美丽；善良多情、有文化；怜惜、疼爱子女(教子有方)；辛苦、勤劳、能干。

（二）细读文本，读懂母亲的眼泪

过渡：这样一位母亲，也曾暗暗流下很多眼泪，我们一起来看一下。

（请同学们浏览课文，快速找出写母亲流泪的语段。）

分析文中母亲几次流泪：

(1) 往往讲到孤女患难，或义妇含冤的凄惨的情形，她两人便都热泪盈眶，泪珠尽往颊上涌流着。

(2) 我自己呜咽着，同时听得见坐在旁边缝纫着的母亲也唏唏嘘嘘地泪如泉涌地哭着。

“母亲含着泪抱我上床，轻轻把被窝盖上，向我额上吻了几吻。”

(3) 母亲死的时候才廿九岁，留下了三男三女。在临终的那一夜，她神志非常清楚，忍泪叫着一个一个子女嘱咐一番。她临去最舍不得的就是她这一群的子女。

请学生分别朗读。

思考：根据事件语境，思考母亲流泪的原因分别是什么。（鼓励学生思考后自由发言，有自己的阅读感受和思考。）

参考：

(1) 学生发言，说一说母亲流泪的原因，交流阅读感受。

“往往”，写母亲常常因为孤女患难而默默流泪。“往颊上涌流”的“涌流”，写母亲的泪水之多，表现母亲对孤女、义妇遭遇的同情，表现母亲的善良。

(2) 学生发言，说一说这一次流泪的原因，交流阅读感受。

“唏唏嘘嘘”“泪如泉涌地哭着”，写母亲看“我”挨打但又不能阻止，但母亲对“我”被打，内心非常难过。母亲一方面期待着父亲以严训使儿子成才，另一方面又十分怜惜孩子，不希望他受皮肉之苦。母亲在矛盾中摇摆不定，陷入深深的痛苦之中。

“母亲含着泪抱我上床”可见这时的母亲只是慈母形象，父亲的功课检查结束，“我”更受了皮肉之苦，母亲对“我”的怜惜还是表现在泪水上。

(3) 阅读第三处描写，你觉得这一次母亲流泪了吗？

(开放性问题，认为母亲含泪离世可以，认为母亲忍着泪离开我们也可以。重点是引导学生思考母亲的坚韧、伟大。)

【小结】邹韬奋的母亲，是一位颇有才华的传统中国女性，几次流泪折射出母亲的崇高。流泪的母亲，却给了“我”无尽的感动和无穷的力量。

三、其他作家笔下的母亲

(一) 慈母眼中更多泪

1. 自行阅读课前下发的老舍的《我的母亲》，并圈画出描写母亲流泪的片段。

(1) 哥哥似乎没有同我玩耍过。有时候，他去读书；有时候，他去学徒；有时候，他也去卖花生或樱桃之类的小东西。<u>母亲含着泪把他送走，不到两天，又含着泪接他回来。</u>

(2) 姑母常闹脾气。她单在鸡蛋里找骨头。她是我家中的阎王。直到我入了中学，她才死去，我可是没有看见母亲反抗过。“没受过婆婆的气，还不受大姑子的吗？命当如此！”母亲在非解释一下不足以平服别人的时候，才这样说。……凡是她能作的，都有求必应。但是吵嘴打架，永远没有她。她宁吃亏，不逗气。当姑母死去的时候，<u>母亲似乎把一世的委屈都哭了出来，一直哭到坟地</u>。不知道哪里来的一位侄子，声称有承继权，母亲便一声不响，教他搬走那些破桌子烂板凳，而且把姑母养的一只肥母鸡也送给他。

(3) 有时候内战了，城门紧闭，铺店关门，昼夜响着枪炮。这惊恐，这紧张，再加上一家饮食的筹划，儿女安全的顾虑，岂是一个软弱的老寡妇所能受得起的？可是，在这种时候，母亲的心横起来，<u>她不慌不哭，要从无办法中想出办法来。她的泪会往心中落</u>！这点软而硬的个性，也传给了我。

(4) 入学，要交十元的保证金。这是一笔巨款！母亲作了半个月的难，把这巨款筹到，而后<u>含泪把我送出门去</u>。她不辞劳苦，只要儿子有出息。当我由师范毕业，而被派为小学校校长，母亲与我都一夜不曾合眼。我只说了句：“以后，您可以歇一歇了！”她的回答只有一串串的眼泪。

(5) 儿女的生命是不依顺着父母所设下的轨道一直前进的，所以老人总免不了伤心。我廿三岁，母亲要我结了婚，我不要。我请来三姐给我说情，母亲含泪点了头。

2. 依次用下列句式说说自己对母亲流泪的理解。

这是母亲__________之泪，我读到了一位__________的母亲。

三、理解“泪水”在文学作品中的内涵

“泪”在传统母亲身上的表现以及文学作品中的意义。母亲眼中噙着泪，正是这一滴滴的眼泪，绘就了中国传统的母亲。请同学们思考一下，这些泪水中，有哪些含义。

参考：泪水，是母亲这一特殊身份，在以前、当今乃至今后社会中留给子女最美的花朵。

这泪水中，我们可以读出慈母的善良、慈母对子女的挚爱、慈母为了儿女生活的奔波和辛酸，也读出了慈母为了家庭和睦的隐忍退让，更读出了慈母的坚韧顽强、刚正不阿。

慈母的泪，在中国传统文化中有着深远的意义，折射出中国传统女性优秀的品质，是母亲一生中耀眼的光。慈母不仅影响着自己的子女，也影响着一代一代的中国读者。

三、微写作

同学们，你们见到过母亲(或父母亲的母亲)流泪吗？她是因为什么流泪的呢？请你们也仿照我们阅读过的几篇文章，写一写母亲眼中的泪水。200 字左右。写完读给自己的家人听一听。

四、拓展阅读，感悟母爱的伟大

贾平凹《写给母亲》　　杨绛《回忆我的母亲》

季羡林《怀念母亲》　　……

上课年级：初二

苏州市相城区蠡口中学　耿庆强

循变化，品语言，塑人物

设计意图

针对初三学生作文中塑造人物形象方法单一这一学情，本设计对已学过的三篇小说进行整合，抓住三篇课文塑造人物形象的共同点，以小说中三个主人公前后不同的语言描写为切入点，教会学生塑造人物形象的具体方法，能在写作中有意识地用人物前后变化，深入人物内心世界，塑造更加丰富、立体的人物形象。为了增强学生的学习兴趣，在教学过程中设计了真实的情境任务，用任务驱动学生，用与课文相关的选文为学生搭建学习场，用导读问题引导学生深入思考，用教师范作增强学生的写作动力，并且注意整个学习活动的教学评一体化。

学习目标

1. 通过整合课文内容，发现并总结于变化中塑造人物形象的方法。
2. 在写作中有意识地用人物变化，深入人物的内心世界，塑造人物形象。

学习重难点

运用恰当的人物描写方法，深入人物的内心世界，塑造人物形象。

教学课时

1 课时。

教学过程

一、情境导入新课

五月即将到来，母亲节和父亲节也会依次到来。学校文学社准备分别出一期关于母亲和父亲与我们相处的那些时光里的故事专刊，现向全校同学征求稿件。如果你要为自己的母亲或者父亲写一篇这样的专稿，你会写什么？又会怎样写？

比如，文中如果写到自己考试失利后，父亲或母亲以前和现在对待自己有明显的变化，对此，你会怎样写？如果仅仅是写父亲或母亲语言上的变化，你会选择哪些典型的语言？又会怎样描写？请你试着写两段。

屏显预习作业一份，请其他同学点评。

屏显链接资料：

古人说，"言为心声"，语言是表达人物思想感情的工具，是展示人物性格特征的镜子，是袒露人物内心世界的窗户。

语言描写是塑造人物形象的重要手段。成功的语言描写总是鲜明地展示人物的性格，生动地表现人物的内心世界，使读者"如闻其声，如见其人"，获得深刻的印象。

语言描写包括人物的独白和对话。独白是反映人物心理活动的重要手段。对话可以是两个人的对话，也可以是几个人的相互交谈。

组织：齐读并让学生指出关键点，教师及时板书关键词。

二、阅读探寻

（一）细读语言描写

品读课文选段，结合文中具体语境思考，这些语言描写分别展现了人物怎样的形象？从中你得到了哪些语言描写方面的技巧点拨？

第一组：曹文轩《孤独之旅》选段（原文第2—3段、第30—31段、第41段、第51段）

明确要点：抓住杜小康在暴风雨来临前后和来临时的语言描写中前后不同的内容、标点符号和句型长短，结合具体情境认识杜小康的形象变化特点。相机板书语言描写技巧。

第二组：鲁迅《故乡》选段（原文第59—71段、第74段）

明确要点：抓住闰土前后语言内容的侧重点和说的语句的多少、句型长短、所用的省略号的用意，把握少年闰土与中年闰土不同的形象特点和表达作用。第74段属于用叙述的方法描写人物语言，明确其作用。相机板书语言描写技巧。

第三组:莫泊桑《我的叔叔于勒》选段(原文第 3—4 段、第 13—14 段、第 25—29 段、第 36—37 段、第 22 段)

明确要点:抓住父亲重复的话和独白以及其表达作用,把握重复语言描写内容,也可传达人物特别的心理和形象以及适时的人物独白,也有突出的表达效果:能清晰地揭示人物最隐秘的内心世界,更加深刻地展现人物的思想性格和精神面貌,还能增强作品的思想性。抓住第 22 段中所表现的父亲的形象,认识到语言描写能推动故事情节的发展。

(二) 细读《故乡》于变化中写闰土的其他描写方法

2 分钟后,小组成员间交流 2 分钟,选出代表发言。注意:其他小组代表说过的内容,不可以重复。

明确要点:通过闰土外貌、神态、动作、心理、待人处世等方面的变化,发现围绕变化,不仅可以描绘人物的外貌、语言、动作、神态、心理这五个方面,也可以通过写其他人,侧面描写,展示主要人物的形象,还可以通过暗写与主要人物相关的事件,展示人物隐秘的内心世界。

教师提醒:一切描写都要围绕文章的中心即作者的写作目的展开。师生补充板书,初步完成一份展评量表(表 1.8)。

表 1.8 人物描写展评量表

人物描写方法	一切描写围绕中心		自评	他评	师评	总评
语言描写(独白+对话)	作用	展性格+表心理;“独白”揭隐秘;推动情节发展				
	内容	展示身份、地位、经历、职业				
		思想感情+心理活动				
		性格变化				
		前后语言不同/同中有异/对比/重复				
	形式	提示语与引语位置多样				
		引语=语言+标点				
		单独成段/段中				
		引用式+叙述式				
……						

三、课堂练笔

1. 写父亲/母亲在我<u>　考试失利　</u>的时候，前后的变化。

2. 依据本节课所学内容，学生修改此前写作内容，小组交流，选出小组代表展示一到两份练笔。接着对照展评表，点评展示。

四、布置作业

选做：精读课内外你喜欢的一篇小说，结合教材中的三篇小说内容，将你所知道的其他人物描写方法（如语言描写）细化到展评量表中，作为下一次课堂点评依据。

必做：完善你的课堂片段写作，形成一篇作文，争取得到文学社的录用。提示：记得对照展评量表，先自评自己的作文，然后在小组中请一名同学为你的作文点评，之后请老师点评。相信，经过三次点评的你一定能够更好地完善你的作文，最后得到文学社编辑的青睐。

五、板书设计

略。

上课年级：初三

苏州市相城中学　李维英

跟着《散步》《秋天的怀念》学记事

设计意图

七年级上册第二单元的写作任务是“学会记事”，写作主题是“亲情”，本单元的写作是七年级学生的第二次作文训练课。本节课的设计是在课文《散步》《秋天的怀念》已经教完的基础上，从写作的角度以课文为写作蓝本，引导学生学记事的方法。在具体的教学过程中，设计了情境任务，在任务的驱动下，学习课文在记事上的写作方法和技巧，并能运用到自己的写作中去，实现“读写融合”，提高学生的写作能力。

教学目标

1. 阅读范文，掌握清楚记叙的要素。
2. 范文引路，将事件的经过写详细。

学习重难点

范文引路，将事件的经过写详细。

教学课时

1 课时。

教学过程

一、新课导入

我校将面向广大在校学生开展“我爱我家”主题征文活动，征文内容：书写自己成长过程中，与家人之间发生的事，展现家庭的温暖、亲情的可贵。现在让我们一起来参加这个活动吧！

同学们，怎么来写好这类叙事文章呢？《散步》《秋天的怀念》就是经典的关于亲情的记事文章。我们不妨跟着课文来学习。

二、重温课文

阅读《散步》《秋天的怀念》后，说说文章主要写了什么内容，表达了什么主旨。

明确：《散步》写了一家人一起散步这件小事，表现家庭成员之间的和睦互爱，也表现中年人的家庭责任感和使命感，体现了中华民族尊老爱幼的传统美德。

《秋天的怀念》叙述了史铁生对已故母亲的回忆，表达了对母亲的怀念，赞美了母爱的伟大，以及自己过去对母亲不理解的悔恨之情。

三、阅读范文，写清要素

记事作文一定要交代清楚事件发生的时间、地点、人物、起因、经过和结果，只有交代清楚了这六个要素，才能使读者了解事件的来龙去脉。

活动一：阅读范文，找出六要素(表 1.9)

表 1.9 《散步》六要素

六要素	《散步》具体内容
时间	初春
地点	田野
人物	我、我的母亲、我的妻子、我的儿子
事件的起因	母亲老了，身体不好
事件的经过	散步过程中出现了分歧，母亲想走大路，儿子想走小路
事件的结果	母亲改变主意要走小路，走不过去的时候我背着母亲，妻子背着儿子，一家人走向那片油菜花小路

请你写一件自己成长过程中与家人之间发生的事来参加这次的征文活动。(学生的预习作业)

投影出示学生习作，让学生评价写得如何。

附：评价量表(一)(表 1.10)

表 1.10 评价量表(一)

内容	标准	得分及理由(满分五颗星)
选材	来自真实的生活，有新意	
立意	与"我爱我家"的主题切合度高	
结构	结构完整，思路清晰，按照一定的顺序	
语言	表达自然、流畅，无语病，无错别字，词句准确、生动	

【小结】写清楚是记事的基本要求，在交代清楚事件的六要素时，事情的经过是记叙的主要内容，是记事成败的关键，要重点写、详细写，事件的起因和结果则略写。我们一起来看看范文是如何将事情的经过写详细的。

四、范文引路，详写经过

活动二：品读《散步》《秋天的怀念》，思考作者详写经过的方法

1. 阅读《散步》的经过部分，说说作者是如何将经过写得具体的。

我和母亲走在前面，我的妻子和儿子走在后面。小家伙突然叫起来："前面也是妈妈和儿子，后面也是妈妈和儿子。"我们都笑了。(一家人散步时走的位置+人物的语言、神态描写)

后来发生了分歧：母亲要走大路，大路平顺；我的儿子要走小路，小路有意思……(散步中出现矛盾：走小路还是走大路)不过，一切都取决于我。我的母亲老了，她早已习惯听从她强壮的儿子；我的儿子还小，他还习惯听从他高大的父亲；妻子呢，在外面，她总是听我的。一霎时我感到了责任的重大，就像民族领袖在严重关头时那样。我想找一个两全的办法，找不出；我想拆散一家人，分成两路，各得其所，终不愿意。我决定委屈儿子，因为我伴同他的时日还长。我说："走大路。"(解决矛盾，写"我"的心理活动+比喻手法)

但是母亲摸摸孙儿的小脑瓜，变了主意："还是走小路吧。"她的眼随小路望去：那里有金色的菜花，两行整齐的桑树，尽头一口水波粼粼的鱼塘。"我走不过去的地方，你就背着我。"母亲对我说。(矛盾解决，母亲竟然改变主意+母亲的动作、语言描写+景物描写)

(2)《秋天的怀念》中心事件是母亲提议推"我"去北海看花，作者是怎样将经过写具体的？

展示《秋天的怀念》的改文：

“听说北海的花都开了，我推着你去走走。”“不，我不去！”我狠命地捶打这两条可恨的腿，喊着，“我可活什么劲儿！”母亲扑过来抓住我的手，忍住哭声说：“咱娘儿俩在一块儿，好好儿活，好好儿活……”（障碍一，第一次“我”拒绝去看花+“我”的语言、动作描写+母亲的语言、动作描写+反复）

那天，我又独自坐在屋里，看着窗外的树叶“唰唰啦啦”地飘落。母亲进来了，挡在窗前：“北海的菊花开了，我推着你去看看吧。”她憔悴的脸上现出央求般的神色。（母亲第二次提出带“我”去看花时的语言、神态等细节描写）

“什么时候？”“你要是愿意，就明天？”她说。我的回答已经让她喜出望外了。“好吧，就明天。”我说。她高兴得一会坐下，一会站起：“那就赶紧准备准备。”“哎呀，烦不烦？几步路，有什么好准备的！”她也笑了，坐在我身边，絮絮叨叨地说着：“看完菊花，咱们就去‘仿膳’，你小时候最爱吃那儿的豌豆黄儿。还记得那回我带你去北海吗？你偏说那杨树花是毛毛虫，跑着，一脚踩扁一个……”她忽然不说了。对于“跑”和“踩”一类的字眼，她比我还敏感。她又悄悄地出去了。（这次“我”同意去看花+母亲的动作、语言等细节）

她出去了，就再也没回来。邻居们把她抬上车时，她还在大口大口地吐着鲜血。我没想到她已经病成那样。看着三轮车远去，也绝没有想到那竟是永远的诀别。邻居的小伙子背着我去看她的时候，她正艰难地呼吸着，像她那一生艰难的生活。别人告诉我，她昏迷前的最后一句话是：“我那个有病的儿子和我那个还未成年的女儿……”（障碍二，母亲病逝，花没看成）

我们要把经过写具体，可以灵活运用动作描写、语言描写、心理描写、神态描写等细节描写刻画。此外，重要的一点就是在事情的发展中能设置矛盾、障碍、误会，重点写矛盾、障碍是如何解决的，或者误会是如何消除的。

五、学以致用

活动三：运用以上所学方法，修改自己习作中的经过部分

修改习作：

____

____

____

附：评价量表(二)(表1.11)

表1.11 评价量表(二)

内容	标准	得分及理由(满分五颗星)
事件的经过	设置矛盾、障碍、误会等方法	
人物	有“我”的心理描写或情感的抒发 有对人物的细节描写 有其他的写法	

六、总结

今天我们跟着课文《散步》和《秋天的怀念》学习了如何记事，我们要把事情写好，首先要把事情写清楚，一般要写出事情的起因、经过和结果。事情的经过是记叙的主要内容，一定要详写，可以设置矛盾、障碍、误会等，还可以运用描写、修辞等手法。

七、课后作业

请运用今天所学方法修改完善好自己的习作，形成一篇不少于500字的文章，参加征文活动吧！

八、板书设计

- 学会记事
  - 写清要素
  - 详写经过
    - 设置矛盾、障碍
    - 运用描写、修辞

上课年级：初一
苏州市相城区蠡口中学 王 沂

巧妙选材筑华章

设计意图

在初一年级，我们学习了不少写人叙事类的散文，学生基本能够梳理文章事件；通过细节，把握人物形象；抓住关键句，理解作者的思想感情。此次"读写融合"设计，借助再读《再塑生命的人》《说和做——记闻一多先生言行片段》《老王》等文章，进一步梳理文章人物、事件，感知人物形象，强化文本分析和解读能力，引导学生学习写人叙事散文(记叙文)的选材方法，掌握选材的要点，让学生学会从生活中选取合适的素材进行写作。在教学过程中，要注意激发学生的兴趣，引导他们观察生活，挖掘素材，培养他们的写作能力。同时，要关注学生的反馈，及时调整教学方法，提高教学效果。

教学目标

1. 学生了解写人叙事散文(记叙文)的特点和选材要点。
2. 引导学生学会从生活中选取合适的素材进行写作。
3. 培养学生观察生活、挖掘素材的能力。

学习重难点

重点：引导学生学会从生活中选取合适的素材进行写作。

难点：写作合理安排材料，紧扣中心。

教学课时

1课时。

教学过程

一、新课导入

俗话说:“巧妇难为无米之炊。”美味佳肴需用材料来烹饪,锦衣绣服需用材料来制作,亭台楼阁需用材料来建造,同样佳作华章需用好的材料构建。好作文需要好材料。

请学生谈谈自己关于写人叙事散文(记叙文)写作中在选材上面的一些不足。

二、温故知新

1. 回顾经典课文所选材料,探寻作文选材的方法和技巧。梳理《再塑生命的人》《说和做——记闻一多先生言行片段》《老王》等内容,完成表1.12。

表1.12 文章选材分析

篇章	《再塑生命的人》	《说和做——记闻一多先生言行片段》	《老王》
人物	莎莉文老师	闻一多	老王
材料一	莎莉文老师初次见面就把“我”紧紧抱在怀中	苦读写作《唐诗杂论》	愿意给我们家带送冰块,车费减半
材料二	送给“我”布娃娃,教“我”拼写“doll”	起草政治传单	送钱先生看病,不要钱
材料三	教“我”认识和理解“杯”和“水”的含义	参加游行示威	去世前拿了香油、鸡蛋给我们
人物形象	耐心、有爱心、循循善诱、教育讲究方法	锲而不舍、沥尽心血、严谨治学、勇敢无畏、不怕牺牲、言行一致	淳朴、善良

2. 思考探究:这三篇写人叙事散文,从选材看,人物丰满传神的秘诀是什么?

课堂预设:选材围绕中心;都通过典型事例塑造人物,选择最能够反映人物个性特点的一组事来表现人物的品质；都是自己的体验发现；选取生活中的点点滴滴；人物内心受到极大触动甚至强烈震撼……

3. 认识结构逻辑：文本选材的几个片段内容之间是怎样的关系？

师生明确：紧紧围绕着一个中心（人物性格或主旨）选材，几件事之间有先后、主次等逻辑关系。

4. 师生归纳写人叙事散文（记叙文）选材要点。

(1) 围绕中心，详略得当。

文章的中心决定了材料的取舍以及详略的安排。对于与文章中心密切相关的部分要作为重点详细地写，对于那些只起衬托作用的情节要简略地写，甚至一笔带过；凡是和中心没有关系的材料，即使非常熟悉、有趣，也不用写。选取最能表现中心的典型材料，才能有利于表达中心思想。

(2) 避生就熟，感情真挚。

选择的材料要以真实为前提，写自己熟悉的内容，可以是自己亲历的事情，也可以是自己有独特感受的事情，而不是道听途说或无中生有编造出来的。可以是亲身经历的校园生活、亲眼所见的家庭生活，也可以是亲耳所闻的社会生活。我们对这些亲历的事情感受最直接、最真切，写起来最得心应手。写人叙事散文应当选取真实感人的材料加以着力描写，日常生活中容易被忽视的小事件或者小人物身上照样有震撼人心的精神力量。文贵真诚，不真不诚，不能动人。

(3) 小处入手，以小见大。

选材的角度要小，可以选择生活中一件小事或几件小事，以小见大，这样更好驾驭材料。小巧的材料往往就是生活中的一次历练、一番拼搏、一点收获、一种体验……就是点点滴滴，只要这些小事有深刻的意义，能反映深刻的主题，经过我们的剪辑加工、精心组合，它们就会变得鲜明而丰厚、灵动而美丽。

(4) 新颖独特，不落俗套。

新颖是指新而别致，与众不同，不落俗套。新颖的材料应该是别人未使用过的，或者虽然已经有人用过，但自己又有新的感悟和体验。如果只是拾人牙慧，搬用老一套的事例、言论等来拼凑应付，写出来的文章必然缺少新意，也不会打动他人。

三、学以致用

1. “母爱温暖”这个主题让你想到哪些写作素材？利用思维导图，尽量拓宽思路，多挖掘素材。

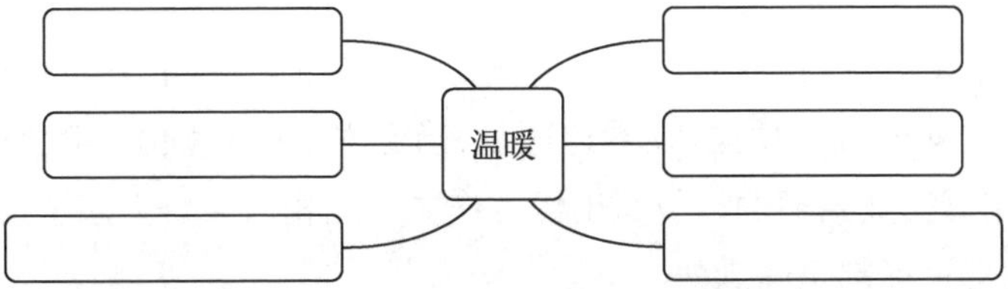

2. 生生互动：这些素材是否都符合选材的原则呢？

选材示例一：我在学校生病了，委屈地跑回家，母亲说："学校条件太差了，就在家治好了再去上学！"

（虽然是母爱，但是母亲的溺爱不是我们应该选的题材，所以不能选。）

选材示例二：我跌倒了，母亲没有扶我起来，却说："你是个勇敢的孩子，自己跌倒自己爬起来！"

（围绕中心，而且深刻。大多数人写的母爱是一种慈爱，而很少有人关注母爱的"硬度"，多下笔墨能成为好的材料。）

选材示例三：下雨了，我没带伞，着急无奈之际，妈妈来给我送伞。

（题材虽然是母爱，但太多人写，写不出自己的特色，不够新颖，不容易出彩。）

选材示例四：母亲在街上看见一个小偷，不顾个人安危，把他扭送到派出所去了。

（与母爱无关的材料，实际该材料是说的母亲的见义勇为。）

选材示例五：母亲从不私拆我的信件，也不干涉我的交往，但却经常注意我与什么样的人往来。

（母爱的一种：既尊重孩子，又关心孩子，很少有人写，较为新颖，可以尝试写作。）

3. 根据收集的人物素材，以"母爱温暖"为题，写一到两个片段。

4. 分组讨论，每组推荐一名同学分享交流。

5. 教师点评。

6. 布置作业。以"母爱温暖"为题，结合作文选材要点，写一篇作文，不少于600字。

四、教师小结

生活中不是缺少材料，而是缺少发现。“读书破万卷，下笔如有神。”我们在平时的写作中就要苦练功夫，在看透题目、确定立意的基础上，学会选择自己身边的素材，用真实又新颖的材料写出优秀作文。我相信只要大家学会选材，写作的“米缸”就会永远都是满满的。

五、板书设计

写人叙事散文(记叙文)选材要点：

(1) 围绕中心，详略得当。

(2) 避生就熟，感情真挚。

(3) 小处入手，以小见大。

(4) 新颖独特，不落俗套。

上课年级：初一

苏州市相城区北桥中学　董　萍

点　评
从整合教学走向读写贯通
——叙事类作品群文读写教学观察与评析

基于学段贯通的群文读写是契合课程标准理念的一种教学策略，它强调在阅读和写作之间建立联系，以促进学生的语言能力、思维能力和创造能力的发展。群文读写在本质上追求的是“读”与“写”的贯通。众所周知，阅读和写作是相互促进的，阅读可以帮助我们获取信息和知识，而写作则可以表达我们的思想和情感，两者相辅相成。群文读写在教学中主要体现为教师引导学生阅读多篇文章，并在此基础上进行写作活动。学生通过阅读多篇文章，可以积累丰富的素材和观点，学习不同的写作技巧和表达方式，为写作提供灵感和依据。而写作则是对阅读内容的理解和消化，通过写作，学生可以更深入地理解作品，发现不同文章之间的联系和区别，进而提升其思维品质。

罗晶老师执教的《用侧面烘托法写出人物精神》一课，引导学生通过阅读课内外名家作品，发现并总结侧面烘托手法对于表现人物精神的意义。针对教材课文《邓稼先》《回忆鲁迅先生》，设置了三个比较性问题，启发学生认识到侧面烘托手法对刻画邓稼先和鲁迅先生形象起到的重要作用。课堂上又引入汪曾祺先生的《日规》以及《闻一多先生上课》，进一步体会侧面描写与正面描写结合的方法对表现人物神韵所具有的独特效果。在此基础上，让学生提炼总结出侧面烘托手法的运用原则，并进行师生共写实践。这是有机整合课内外学习材料，引导学生在群文阅读中发现写作规律，又运用规律写出人物精神的课堂实践，这种教学方式也提升了学生的文学鉴赏能力与写作素养。罗晶老师的另一节课《反复处即关键处》，则围绕七年级下册第三单元“小人物的人性光辉”这一学习主题，通过对《阿长与〈山海经〉》《老王》《台阶》《卖油翁》这四篇课文的学习，在完成单篇教学的基础上，抓住“反复处”进行单元整合教学，让学生发现文章中的“反复处”并探究其效果，并在练笔中运用反复手法，体悟反复之妙。三个学习任务具有内在逻辑关联，指向读与写的融通。如果说前面一节课采用的是主题整合方式，那么本节课则更侧重于技法的整合，这四篇文章文体多样，有散文、小说，还有文言文，但都运用了反复的写法，这样的整合教学，有助于培养学生归纳、类比等逻辑思维能力。

李维英老师执教的《循变化，品语言，塑人物》一课，对《孤独之旅》《故乡》《我的叔叔于勒》三篇小说进行整合，以主人公前后不同的语言描写为切入点，抓住三篇课文塑造人物形象的共同之处，教会学生在写作中有意识地捕捉人物前后变化，深入人物内心世界，塑造更加丰富立体的人物形象。《妙用对比，巧塑人物》一课，整合力度更大，选取了七年级上学期和下学期三篇课文中的片段，引导学生发现并领悟其共同之处——通过对比写出人物特点，然后指导学生进行微写作修改，并选派小组代表展示改文。这种跨度较大的群文读写活动，能够帮助学生丰富阅读体验，提高写作能力。

胡丹老师执教的《关键处驻足，细微处慢绘》创设了“多彩生活志”影像集情境任务，贴近学生生活，充分调动学生观察生活、寻找生活细节的兴趣。课堂活动具有梯度，并且引导学生缘文求法，从《老王》《台阶》《骆驼祥子》中习得写作策略，生成细节评价量表，以此对习作进行升格。在此过程中每个活动都伴随着学习目标的达成，学生的细节描写能力得到提高。《设置曲折点，让行文波澜起伏》对《骆驼祥子》《三调芭蕉扇》《社戏》节选内容进行整合，强调情节的一波三折，引导学生在群文阅读中学习设置波澜的几种方法，进而在经典文本中体悟波澜之处的精彩，鼓励同学们挖掘生活中的故事，尝试设置曲折点，实现“读写融通”。

耿庆强老师执教的《慈母眼中噙着泪》一课，同样选择了一组主题相关的文章，让学生在阅读中发现不同作者对同一主题的不同表达和相同情感。教师抓住朱德的《回忆我的母亲》、邹韬奋的《我的母亲》、老舍的《我的母亲》等文章中母亲的眼泪，由点及面，引导学生理解“慈母之泪”在中国传统文化中的内涵，进而结合自己的生活进行微写作。可见确定合适的阅读主题在群文读写中是一种重要的教学策略。

董萍老师执教的《巧妙选材筑华章》一课，聚焦于一组散文进行读写融通设计，借助再读《秋天的怀念》《再塑生命的人》《说和做——记闻一多先生言行片段》《老王》等文章，引导学生掌握如何围绕中心选材并当堂训练。对于七年级学生来说，这种专项式写作训练具有较好的建模意义，也会为他们提高阅读与写作技能带来实质性帮助。

读写贯通的群文读写，也应尽力设计情境任务。王沂老师执教的《跟着〈散步〉〈秋天的怀念〉学记事》，创设了“我爱我家”主题征文活动的学习情境，指导学生在任务驱动下，学习两篇课文的叙事方法和技巧，并运用到自己的写作中去。这节课还嵌入评价量表，让学生在读与写两方面的发展水平有据可循，也较好地体现了“评价即学习”的理念。

实施基于读写贯通的群文读写教学，应围绕某一主题来拓宽阅读范围，让学生在阅读中发现乐趣，获得心灵的感悟与体验；教师还要通过指导阅读不同文化背景的文本，增进学生对多元文化的理解和尊重。同时，教师要在指导阅读的基础上，安排相关的写作任务，如模仿练习、创意写作、评论分析等，帮助学生建立阅读与写作之间的桥梁，提高他们的语言综合运用能力。教师也要提供及时的反馈，帮助学生了解自己的阅读与写作水平，并给出改进建议，使学生的语文素养真正得到提升。

点评人：钱建江，苏州市初中语文教研员，特级教师，正高级教师。

诗歌

编者按

诗歌类群文教学“读写融合”实践，第一篇从整体上启发学生关注诗歌的意象美、形式美、音乐美、情感美，以期学生能选取生活中常见的意象，用诗歌的形式刻画生活或表达某种思想感情。接下来的课例，或聚焦某一意象，或聚焦某一题材，或聚焦某一诗人，从不同角度、特定主题进行具体集中的读写实践。群文选篇或辐凑、交叉、推进，或串联、迁移，结构、形式多样。注重引领学生们关注共性与个性，在比较、归纳的基础上梳理和整合，既发现诗歌丰厚的内容情感，又发现诗歌富有特色的写法形式。

学写现代诗

设计意图

本设计通过《树》《母亲》《祖国啊,我亲爱的祖国》等群诗学习,引导学生了解现代诗歌的特点,尝试选取生活中常见的意象写一首小诗,学习用现代诗歌来抒发感情、表达哲理,激发学生创作现代诗的兴趣,培养学生的想象力、创造力,丰富学生的审美情趣,为初中的诗歌、散文学习打基础。

学习目标

1. 了解现代诗及其特点,提升审美力。
2. 学习现代诗如何运用意象表情达意。
3. 学会选取生活中的意象,创作现代诗,培养创造力。

学习重难点

重点:如何运用意象表情达意,并学会创作现代诗。

难点:创作能体现“三美”的小诗。

教学课时

1 课时。

教学过程

一、新课导入

今天我们一起学写现代诗。首先请大家欣赏一首现代诗(原文略)。

二、合作探究

(一) 活动一:欣赏现代诗

1. 师生朗诵:请同学们和老师一起朗诵这首小诗。

树

艾青

一棵树,一棵树/彼此孤离地兀立着/风与空气/告诉着它们的距离/但是在泥土的覆盖下/它们的根伸长着/在看不见的深处/它们把根须纠缠在一起。

2. 问题探究:(1) 读了这首小诗,你能说说现代诗和我们经常朗读的古典诗歌,如唐诗有什么不同吗。(PPT:贺知章《咏柳》)

明确:现代诗和古典诗歌相比,语言表达上非常通俗,用白话文创作;形式上更加自由,不讲求格式和韵律。

(2) 读了这首小诗,你看到一幅怎样的画面?

明确:两棵树,笔直地挺立,根须紧紧缠绕在一起。

(3) 这棵树具有怎样的特点?

明确:直立、团结。

3. 师小结:这首小诗创作于 20 世纪 40 年代,正值抗日战争时期。艾青运用象征的手法,借树象征中华民族正在团结并凝聚成坚强力量,热情赞美了中华民族坚强勇敢、团结互助的精神。

4. 师生齐读,感受中华民族坚强勇敢、团结互助的精神。

(二) 活动二:认识现代诗

1. 导入:通过这首小诗的朗读,我们初步认识什么是现代诗。简单来说,凡有情而美的东西便是诗,即“心象(情)+物象(美)=诗”。

2. 师解读:艾青的《树》,物象是树,是根须紧紧缠绕、昂然挺立的两棵树。这两棵树的美在于它们坚强勇敢、团结互助的精神之美。心象是中华民族,表达对中华民族坚强勇敢、团结互助精神的热情赞美。诗人用物象来比喻心象,使情与美巧妙地结合在一起。

3. 品读《母亲》。

母亲

冰心

母亲呵/天上的风雨来了/鸟儿躲到它的巢里/心中的风雨来了/我只躲到你的怀里。

问题:你觉得这首诗的物象是什么,心象又是什么?

明确:物象是自然界的风雨、鸟儿、鸟巢,心象是人生中风雨(困难、挫折)、我、母亲。这样美妙的诗句,是因为诗人被鸟儿躲到鸟巢躲避风雨的场景所感动,从而联想到儿女的心灵(精神和感受)受到打击,总要找母亲倾诉,总会在母爱中得到慰藉。表现了诗人寻求母爱保护的心态,同时也讴歌了母爱的温暖、伟大。

(三) 活动三:了解现代诗

1. 学习运用意象表情达意。

(1) 导入:同学们,通过刚刚几首小诗的学习,我们发现诗歌的一般特点,就是运用意象表情达意。那么,什么叫意象呢?

明确:意象就是思想感情与具体形象的结合,就是心象与物象的结合。诗歌运用意象表情达意,才能避免平铺直叙,没有意象就没有诗歌。如《树》中的树,既是树,又是中华民族;《母亲》中的鸟儿,既是鸟儿,也是儿女。

(2) 讨论:如何运用意象来表情达意呢?我们再来品读《树》。

明确:通过细节,如"彼此孤离地兀立着"中的"兀立",让我们看到了树的挺拔、坚强;"它们把根须纠缠在一起"中的"纠缠",让我们看到了两棵树无法分离,紧密团结。这些有代表性的细节使得意象鲜明突出,也让人自然联想到坚强不屈、团结互助的中华民族。简单地说,找到物象与心象的共同特点,运用细节表现出这样的特点。

(3) 品读小诗。

纸船——寄母亲(冰心)(原文略)

① 冰心借什么意象来表达情感?(明确:纸船。)

② 冰心笔下的纸船有什么样的特点?(明确:孤独无依。)

③ 冰心又是如何表现纸船的特点的?(明确:通过细节,如"有的被天风吹卷到舟中的窗里,有的被海浪打湿,沾在船头上",让我们看到了物象纸船的无依无靠。)

④ 你觉得冰心借纸船表达怎样的情感呢？（明确：在外漂泊的游子的孤独，对母亲、祖国的深切思念。）

PPT 展示背景：1923 年初夏，冰心毕业于燕京大学。同年 8 月 17 日，她由上海乘约克逊号邮船赴美国留学。8 月 19 日抵日本神户，21 日游览了横滨。从写作时间来看，本诗是她于游览横滨之后的第六天，在继续向大洋彼岸进发的海轮上创作的。

(4) 师小结：《树》主要采用的是一个意象来表情达意，我们也可以用一组或一串意象表现丰富的感情。如舒婷《祖国啊，我亲爱的祖国》(节选)。

(5) 品读小诗：《祖国啊，我亲爱的祖国》(节选)。

我是你河边上破旧的老水车/……/——祖国啊！

明确：舒婷采用了“老水车”“矿灯”“稻穗”“路基”“驳船”等一串意象，表达自己对祖国的无比热爱、无限期盼和献身的决心。

(6) 小试牛刀。

① 如果要表现对亲人的思念之情，你会选择怎样的意象来表达呢？

② 如果要表达哀伤之情，你会选择怎样的意象呢？

③ 小练笔：选用一个意象写 2 至 3 行诗表达某种思想感情或反映某种社会生活。

老师示范 1：湖边明晃晃的夕阳/是故乡明晃晃的鸭蛋黄

老师示范 2：月光溅到信笺上/化作清水一汪/模糊了眼房

(7) 师小结：判断诗作有无诗意，关键看有无运用鲜明的意象来表达情意，所以现代诗具有绘画美。

2. 了解“三美”。

现代诗除了运用意象表情达意，体现绘画美，还有以下特点。

(1) 形式美(建筑美)：现代诗虽然不像古典诗歌一样讲究格式，但也要分行分节，可以依句分行分节，也可以依内容分行分节。如：《我不知道风是在哪一个方向吹》依句分行，依内容分段。

我不知道风是在哪一个方向吹(节选)

徐志摩

我不知道风
是在哪一个方向吹
我是在梦中，
在梦的轻波里依洄。

我不知道风
是在哪一个方向吹
我是在梦中，
她的温存，我的迷醉。

(2) 音乐美：现代诗可以押韵，也可以不押韵。

思考：诗歌押韵有什么作用？（音韵和谐，读起来朗朗上口。）我们再读一首徐志摩的《再别康桥》（原文略），感受这种音韵之美。

(3) 情感美（哲思美）：不管是现代诗，还是古典诗，都要有动人的情意。也就是说，要有个人的情感和体会。如艾青的《树》、冰心的《母亲》。

四、深度学习：创作现代诗

（一）方法点拨

我们认识和了解现代诗后，尝试创作现代诗，就要注意三个方面。

1. 内容上：运用意象，发挥美丽的想象，在平凡中看到不平凡。
2. 思想上：要写出动人的情意。就是说，要加入个人的情感和体会。
3. 格式上：要分行，可以依句分行，也可以依内容分行；注意押韵。

（二）仿作写作

仿照下列例子，选取一个意象，写一首三行小诗。

名家作品： 墙角的花/你孤芳自赏时/天地便小了。

同伴习作： 井底的蛙/你奋力一跳时/天空便广了。

崖边的松/你风中挺立时/苍穹便低了。

五、课后作业：创作现代诗

选取生活中常见的意象，写一首小诗，表达某种思想感情或反映社会生活。要求：不超过 20 行；可 4 行一节，也可自由；可押韵，也可不押韵，题目自拟。

六、板书设计

学写现代诗

意象{一个意象（细节）一组或一串意象}情感、哲思

2023 年 4 月 25 日，在苏州市首届“名校长领航”高研班汇报展示，上课年级：初一

苏州市相城区春申中学　刘　明

思乡怀人群诗联读

设计意图

在部编教材中，有多首借明月思乡怀人的古诗词，如《十五夜望月》《夜上受降城闻笛》《月夜忆舍弟》等。“月”作为中国传统文化中的特定意象，因为其阴晴圆缺、普照千里而被游子寄托了丰富而复杂的思乡情。本设计意在整合这些借月思乡怀人的诗歌，教学生抓住特定意象品读诗歌的赏析方法，并能在实践中运用意象传达自己的感情。

学习目标

1. 通过“月”意象探究，感受所寄托的丰富意蕴。
2. 了解古人“寄情山川风物，借诗言志咏怀”的文化传统。
3. 通过思乡怀人主题阅读，形成用意象表达情感的写作意识。

学习重难点

重点：品读思乡群诗中同一意象所寄托的不同情感。

难点：通过主题阅读，形成用核心意象表达情感的写作意识。

教学过程

一、课前复习

回顾七年级语文教材（上册）第16页“积累拓展”第五题：

古诗词中多有借明月抒发思乡怀人之情的诗句。朗读下面诗句，体会诗人的情感。

三五二八时，千里与君同。（鲍照《玩月城西门廨中》）

露从今夜白，月是故乡明。（杜甫《月夜忆舍弟》）

明月不谙离恨苦，斜光到晓穿朱户。（晏殊《蝶恋花》）

但愿人长久，千里共婵娟。（苏轼《水调歌头》）

完成上述要求，同时搜集一些用月亮寄托思乡之情的诗句。

二、初读，感知大意

活动一：自由朗读《峨眉山月歌》《夜上受降城闻笛》两首诗，结合注释，参照示例，说一说这两首诗的诗歌大意

峨眉山月歌

李　白

峨眉山月半轮秋，影入平羌江水流。
夜发清溪向三峡，思君不见下渝州。

夜上受降城闻笛

李　益

回乐烽前沙似雪，受降城外月如霜。
不知何处吹芦管，一夜征人尽望乡。

示例：

十五夜望月

王　建

中庭地白树栖鸦，冷露无声湿桂花。
今夜月明人尽望，不知秋思落谁家。

《十五夜望月》：离乡在外的王建此时正站在庭院中。月光照进庭院，地上像铺了一层霜；树上乌鸦已经栖息，四周静寂无声；夜深露重，打湿了庭中桂花。诗人仰望明月，凝想入神：今夜人人望月思亲，不知秋思会落在谁家？

交流：说一说《峨眉山月歌》《夜上受降城闻笛》的大意。

三、品读，体味不同情感

活动二：参照示例，抓住主要物象，体会思乡群诗中的主要情感

《十五夜望月》示例：

物象：“白地”“冷露”“湿桂花”“明月”等。

明月照进中庭，如积水空明，夜阑人静，冷露润湿桂花，描绘了一幅清幽素洁的望月画面。“月明人尽望”“秋思落谁家”的设问，抒发了诗人深沉的相思之情。

学生讨论、交流展示：

1.《峨眉山月歌》。

物象：“半轮秋山月”“影入江水流”。

高悬山头的半轮皎洁秋月，影子随江水一同流动，诗人从清溪出发前往三峡，“思君”中不觉已到渝州。描绘了一幅秋高气爽、月明江清的千里蜀江行旅图，抒发了少年李白初次离乡之际的依依惜别之情。

2.《夜上受降城闻笛》。

物象：“似雪沙”“如霜月”“芦管声”。

边地烽火台前的沙漠如雪，受降城上方的冷月如霜，加之夜风中送来凄凉幽怨的芦管声，描绘出了一幅边地征人的望乡图，抒发了复杂的思乡之情。

活动三：抓住描绘主要物象“月”的关键字品读，体味三首怀人诗的不同情感

《十五夜望月》“月明”“人尽望”，意境清幽，怀人之情深沉蕴藉。

《峨眉山月歌》“秋山月”“流”，意境清朗，惜别而不哀伤。

《夜上受降城闻笛》“霜”“尽望乡”，意境清冷，不得归而哀愁。

四、联读，了解古人“借月抒怀”的文化传统

活动四：诵读以下诗句，体悟古诗“借月抒怀”的特色

谁家今夜扁舟子，何处相思明月楼。

露从今夜白，月是故乡明。

我寄愁心与明月，随君直到夜郎西。

明月不谙离恨苦，斜光到晓穿朱户。

小楼昨夜又东风，故国不堪回首月明中。

三五二八时，千里与君同。

青山一道同云雨，明月何曾是两乡。

人有悲欢离合，月有阴晴圆缺，此事古难全。但愿人长久，千里共婵娟。

师生交流小结：

“江畔何人初见月？江月何年初照人？”——月，可以是一人凝望，可以是千人同望，更可以是两地之人共享一轮清辉。

它可以是皎洁、清朗的，是作者寄托思乡之情的对象；它可以是孤独、清冷的，是作者感时伤怀、苦于流离的载体；它甚至可以是有情义的或不解人意的，是作者诉说离别之恨的凭借；它其实就是万里同辉、圆缺有常的，是作者抒发人生感悟的参照。

——正所谓："共看明月皆如此"。"借月抒怀"是文化传统。

五、布置作业

1. 联读《望月怀远》《月夜忆舍弟》和《我的思念是圆的》（艾青），说说三首诗所抒发的情感。

2. 主题学习探究"笛里谁知思乡意"。

除月亮外，笛也是思乡怀人诗歌中常见的意象，课外搜集一些诗歌，与同学交流、品读、体会"同中有异"的情感。

示例：谁家玉笛暗飞声，散入春风满洛城。
此夜曲中闻折柳，何人不起故园情？——李白《春夜洛城闻笛》
寒山吹笛唤春归，迁客相看泪满衣。
洞庭一夜无穷雁，不待天明尽北飞。——李益《春夜闻笛》

3. 尝试用典型物象创作现代诗歌。

六、板书设计

物象"月"		情感
"月明"	"人尽望"	深沉的怀人之思
"半轮秋"	"影入江水流"	惜别之情
"月如霜"	"尽望乡"	哀愁思乡

2023 年苏州市语言学会活动上的公开课教案

苏州市相城区蠡口中学　宁建英

秋 思

设计意图

《义务教育语文课程标准(2022年版)》指出,义务教育语文课程培养的核心素养,是学生在积极的语文实践活动中积累、建构并在真实的语言情境中表现出来的,是文化自信和语言运用、思维能力、审美创造的综合体现。基于此,本设计希望通过同一主题作品的群文读写,来提升学生的核心素养。本设计围绕秋思主题的三篇文章,组织学生读"秋思"、画"秋思"、品"秋思"、写"秋思",引导学生了解诗歌的韵脚关系及情感的表达,体会文人喜欢"悲秋"的原因,分析抒发秋思的方法,并能借助秋天有特点的景物书写秋思,同时在读、画、品、写中提高阅读差别感受力,培养想象力、审美力、思维力和创造力。

学习目标

1. 通过品读一组"秋思"主题的文章,学生了解"悲秋"这一文化现象,学习秋思的一般写法,尝试通过景物、人物细节书写秋思。

2. 培养学生的想象力、审美力、思维力和创造力。

3. 提高学生阅读差别感受力。

学习重难点

重点:学习秋思的一般写法,尝试通过景物、人物细节书写秋思。

难点:比较以景起兴、情景交融、化景为情的细微区别。

教学课时

2课时。

教学过程

一、自主预学

查找资料，了解张籍的《秋思》、范仲淹的《渔家傲·秋思》、马致远的《天净沙·秋思》三首诗歌的写作背景。

二、新课导入

1. 成语接龙。春暖花(开)——开门见(山)——山溜穿(石)——石烂海(枯)——枯枝败(叶)——叶落知秋。

2. 联想秋景。叶落知秋，时间总是过得很快，又是一年秋天。同学们，你们看到"秋"会联想到哪些景象呢？

教师示例：萧瑟的秋雨、肃杀的秋风、枯黄的落叶、凋零的残花、高远的天空。

3. 联想诗句。"秋"又让你们联想到哪些诗句呢？

4. 导入：是的，秋雨绵绵、秋风瑟瑟、秋叶飘飘，秋让人感伤，心生悲意，触发人的愁思，今天我们就共同阅读一组关于秋思的文章。

三、合作探究

(一) 活动一：读"秋思"

1. 师生朗读。请同学们和老师一起朗诵这组诗歌，注意每首诗歌的韵脚。

秋　思

(唐)张籍

洛阳城里见秋风，欲作家书意万重。复恐匆匆说不尽，行人临发又开封。

渔家傲·秋思

(宋)范仲淹

塞下秋来风景异，衡阳雁去无留意。四面边声连角起，千嶂里，长烟落日孤城闭。

浊酒一杯家万里，燕然未勒归无计。羌管悠悠霜满地，人不寐，将军白发征夫泪。

天净沙·秋思

(元)马致远

枯藤老树昏鸦，小桥流水人家，古道西风瘦马。夕阳西下，断肠人在天涯。

2. 问题：三首诗歌的韵脚有什么不同？

3. 学生咀味。押的韵脚不同，带给你们的阅读感受有什么不同？

明确：

张籍：ong有尾音，给人情意绵绵之感。范仲淹：i开口小，给人沉重压抑之感。马致远：a开口较大，给人苍凉茫远之感。

4. 师生朗读。请同学们跟着老师再次朗读这三首诗歌。

(二) 活动二：画“秋思”

1. 勾勒“秋思”。现在请同学们拿出一张白纸，选择你们最喜欢的一首《秋思》，用铅笔勾勒出诗歌中的画面。然后告诉老师，从《秋思》中，你们看到了什么，听到了什么。

教师示例：我从范仲淹的《秋思》中看到了南归的大雁、连绵的山峦、迷蒙的长烟、橘黄的夕阳、紧闭的孤城、冰冷的白霜，两鬓白发、满眼泪水的将士；听到了苍茫的号角声、悠悠的羌笛声。

2. 描绘“秋思”。请发挥想象，将你们从诗歌中看到的画面用一段文字生动地描绘出来。

教师示例：深秋时节，青藤枯老，黄叶落尽，乌鸦瑟缩。忽现一架小桥，一弯秀水，几间小屋错落有致，小屋上炊烟袅袅。饱尝乡愁的游子却骑着一匹延滞归期的瘦马，在沉沉的暮色中向着远方踽踽而行。

3. 着色“秋思”。如果让你给勾勒的图画着色，你会以什么色彩为主色调？

教师示例：(1)灰色。诗歌流露出来的都是愁思，是悲伤。(2)暗黄色。秋季，万物肃杀，失去了生机和活力。(3)黑色。诗歌读起来有一种沉重之感。

4. 师小结：三首诗歌都写“秋思”，选择秋这个季节来表达内心的伤感和愁思。所以文人往往喜欢“悲秋”。

(三) 活动三：品“秋思”

1. 小组讨论。三首诗歌都写“秋思”，有何相同和不同之处？(可从内容、情感、手法的角度分析)

2. 师小结：通过分析，不难看出，我们可以借助大自然的景物，如西风、夕阳、老树、归雁、白霜等有季节特点的景物来抒发思乡之情；可以借一个景物来抒发“秋思”，也可以借一组景物来抒发“秋思”；可以借助景物来表达“秋思”，也可以通过人物的细节来表达“秋思”；“秋思”指思念之情，也可以包含欲归不得的惆怅、漂泊天涯的愁苦，包含建功立业的渴望、壮志难酬的悲壮。思是思念，是思绪。

3. 小组讨论。通过这组诗歌的阅读，你们能否说说，如何表达“秋思”？

明确：(1)抓住秋天具有季节特点的景物，如秋风、秋雨、秋月、夕阳、归鸟、黄叶、落花、冷霜、老树、枯草；(2)抓住人物的细节，如外貌、动作、神态、心理等；(3)运用简练的白描，让文章充满画面感；(4)以景起兴、借景抒情、化景为情、情景交融，让情感流淌更加自然。

(四) 活动四：写“秋思”

1. 师导入：通过品读，我们不难发现，不管是唐诗，还是宋词，抑或是元曲，作者表达“秋思”的方式大同小异。同学们也可以化身作家，描写秋天的景色，抒发秋天的情思。

2. 现代诗品读。

秋 思

风，携一丝轻悠/夜，带一缕温柔花开着寂寞/月圆着乡愁/在这迷乱的梦里/谁能照亮我的心/唯有你/那忧伤的眼眸。

(1) 诗中描绘了哪些景？

明确：轻悠的风、寂寞的花、忧愁的月、迷乱的我、忧伤的你。

(2) 你从诗中读出了怎样的情感？

明确：淡淡的寂寞，游子的孤独，对故乡、亲人的思念，对亲人的牵挂。

(3) 师小结：诗人借轻悠的风、寂寞的花、忧愁的月来抒发身在异乡的孤寂以及对亲人、故乡的思念。以秋风起兴，借风、花、月来抒发乡愁，抓住人物忧伤的眼神来表达秋思。

3. 小试牛刀。

(1) 看图写诗。由眼前的这幅图，会引发你怎样的情思。请以“秋思”为题，写几行文字。

教师示例：

秋 思

秋叶/穿破过/夕阳的昏黄/舞着最后的娇俏/化作赭褐色的相思泪/融进老树的斑驳/只留下满地/忧伤的/寂寞

教师自评：以秋叶起兴，借叶落来抒发思念之情、寂寞之情。诗歌体现了“三美”，一是建筑美（结构美），词句错落、匀称、和谐，带给人视觉上的美感；二是音乐美，“过”“俏”“驳”“寞”，诗句朗朗上口；三是绘画美，既有秋叶在夕阳中飘落的动态美，又有落叶静躺在老树根中的静态美。

(2) 学生创作。请选择秋天的一种景物或一组景物，写几行文字来抒发“秋思”。

教师示例：

秋　思

秋夜/湖中明晃晃的月亮/好像/明晃晃的鸭蛋黄/好想/盛在碗里/和母亲一起品尝/伴着葱油饼的清香/飘飞到遥远的故乡/那里/是我魂牵的地方

教师自评：以秋月起兴，借湖中月兴起思乡之情。思念故乡的母亲，思念故乡的美食，思念故乡的一切。

四、课堂小结

略。

五、课后作业：书写“秋思”

现在，姑苏已是深秋，天平山的如火红枫，是否勾起你对范仲淹的追思呢？梦龙村的绚烂菊花，是否引发你对冯梦龙的敬仰呢？寒山寺的千年古刹，是否触动你对张祠部的感伤呢？请同学们利用课后时间，走进姑苏的秋，触摸姑苏的景，聆听姑苏的声音，写一篇美文《秋思》。

六、板书设计

苏州线上教育中心直播课，上课年级：初一

苏州市相城区春申中学　刘　明

《卜算子·咏梅》(两首)

设计意图

在义务教育学段,优秀古典诗词的教学一直是个难点。之所以选陆游的这首《卜算子·咏梅》,一则作为"岁寒三友""四君子"之一的梅,在中国传统文化中有重要的意义与审美价值;二则毛主席也创作了同一词牌的咏梅词,比较阅读,能引导学生掌握咏物词的创作手法,提高对古诗词的鉴赏能力,进而尝试改写成现代诗。本课重涵咏诵读:一读,品读物的形象,去理解它的内在品质;二读,由物及人,研读物象背后所喻之人的精神;三读,通过联读咏梅诗词,了解梅在中国传统文化中的象征意义与审美价值。

教学目标

1. 品读,学会赏析梅的艺术形象。
2. 研读,能够探究词作的内在意蕴。
3. 联读,掌握咏物类诗词的创作方法并尝试改写。

学习重难点

重点:探究词作的内在意蕴。

难点:对比阅读,掌握咏物类诗词的赏析方法。

教学课时

1课时。

教学过程

一、新课导入

“寻常一样窗前月，才有梅花便不同。”同学们，在我国传统文化中，梅与松、竹并称为“岁寒三友”，与兰、竹、菊合为“四君子”，是历代文人墨客歌咏、创作的对象。“墙角数枝梅，凌寒独自开”“疏影横斜水清浅，暗香浮动月黄昏”……在不同的文人笔下，梅神采不同。今天我们一起来学习一组咏梅词。

卜算子·咏梅

陆　游

驿外断桥边，寂寞开无主。已是黄昏独自愁，更着风和雨。

无意苦争春，一任群芳妒。零落成泥碾作尘，只有香如故。

二、初读：读通读顺，读懂大意

1. 结合注解，自由朗读这首词，要求读通读顺。
2. 齐读这首词，逐句说说词作大意。

三、品读：感知梅的艺术形象

陆游笔下的梅是一株怎样的梅？请同学们带着这个问题品读这首词。

活动一：逐句圈画表现梅形象特点的关键词语，然后以“我读出了一株________的梅”为开头，写一段话，简述对梅的理解

参考：

我读到了一株孤独寂寞的梅，她生长在偏僻的驿站外、破败的断桥边（生长之地）；无人照看，无人赏识（孑然一身）；日落黄昏，独自开放（开花之时）；（提示：除了上片，词的下片也有体现梅寂寞的词句吗？）她遭百花嫉妒，不被理解（没有知音）。

我读到了一株愁苦的梅，她身处荒凉之地；开在黄昏日暮之时，无人赏识（环境恶劣）；同时要遭受凄风冷雨的打击、百花的嫉妒（生存艰难）。

我读到了一株顽强、高洁、坚贞的梅，她不畏严寒、风雨绽放（顽强）；她不屑与群芳争春，任凭百花嫉妒（高洁）；即使零落成泥，被车马碾成尘灰，但清香如故（坚贞）。

师生小结：我们读到了这样一株梅，她所在的自然环境恶劣（荒郊野外、凄风苦雨），生存状况艰难（百花嫉妒）。她饱经磨难，但顽强，孤傲高洁，坚贞不屈。

我们从词中读到了她坚贞的气节，读到了她被人格化的精神力量。

四、研读：把握梅形象背后的意蕴

从上述品读可知，词中所咏之梅被赋予了人的品质，“诗言志”，作者创作诗词，原是为寄托、表达感情的。

活动二：结合作者其人，探究作者咏梅的深意

资料链接：陆游，号放翁，南宋伟大的爱国主义诗人。他一生坚决主张抗金、收复中原，但屡遭主和派的打击，受人排挤，结果被罢免，回乡闲居终老。

陆游酷爱梅花，正如他的《梅花绝句》里写的：“何方可化身千亿，一树梅花一放翁。”因为酷爱，所以写有很多歌咏梅花的诗作，歌颂梅花傲霜雪、凌寒风，不畏强暴、不羡富贵的高贵品格。

雪虐风号愈凛然，花中气节最高坚。

过时自会飘零去，耻向东君更乞怜。——陆游《梅花绝句（之三）》

讨论，并说一说这首诗的主旨：

作者以梅花自喻，借梅花高洁、坚贞的品质，来表明自己虽遭排挤、但绝不与世俗为伍的高洁品格和不畏打击、坚贞不屈的气节。

板书：梅——人

五、对比阅读

卜算子·咏梅

毛泽东

小序：读陆游咏梅词，反其意而用之。

风雨送春归，飞雪迎春到。已是悬崖百丈冰，犹有花枝俏。

俏也不争春，只把春来报。待到山花烂漫时，她在丛中笑。

1. 说一说毛泽东词中梅的形象。

参考：

这是一株不畏严寒、坚强美丽的梅，尽管她所在是“悬崖百丈冰”，却迎寒开放，花枝俏丽。

这更是一株无私谦逊、豁达乐观的梅，她“报春不争春”；山花烂漫之时，“她在丛中笑"。

2. 结合创作背景，说说这首词的主旨。

资料链接：毛泽东的《卜算子·咏梅》写于 1961 年 12 月。当时正值三年困难时期，加之国际上反华势力也十分猖獗，新中国面临严峻的考验，在这种历史背景下，毛主席填了这首主题鲜明、意境深远的词。词前小序中说"读陆游咏梅词，反其意而用之"，明确了此词与陆游词意旨相反。

主旨：借梅坚强不屈、谦逊乐观的品质表现革命党人不怕困难、乐观豪迈、积极进取的精神。

活动三：说说两首词中的梅在形象塑造及感情表达上的异同

同：

1. 都写出了梅花不畏严寒、坚强不屈、不与群芳争春的形象，赞颂了梅花高洁的品格。都借梅花来喻人的品质。

2. 写法同："诗言志"——借物喻人、托物言志。

异：

1. 梅的形象有异。陆游词：寂寞愁苦、孤高坚贞。

毛泽东词：傲岸俏丽、豁达乐观。

寒士之梅

战士之梅

2. 词的感情基调有异。陆游词：婉约低沉；毛泽东词：豪放昂扬。

六、课堂小结

同学们，今天我们学习了两首咏物类的诗词，一读：我们品读物的形象，去理解它的内在品质；二读：我们由物及人，研读物象背后所喻之人的精神；三读：我们通过这两首及其他相关的咏梅诗词，了解到梅在中国传统文化中高洁、坚贞的象征意义。"梅花香自苦寒来"的精神，"花中气节最高坚"的节操，也是我们应追求的品性，所谓"穷则独善其身，达则兼济天下"。

七、布置作业

1. 用习得的方法，品读《墨梅》（王冕）、《山园小梅》（林逋）这两首诗词。

2. 尝试将《卜算子·咏梅》（两首）改写成现代诗。

3. 课后查找、摘抄咏菊、兰、竹的诗词各两首，反复诵读，赏析所咏的物象特点；并能知人论世，挖掘诗词内在意蕴。

八、板书设计

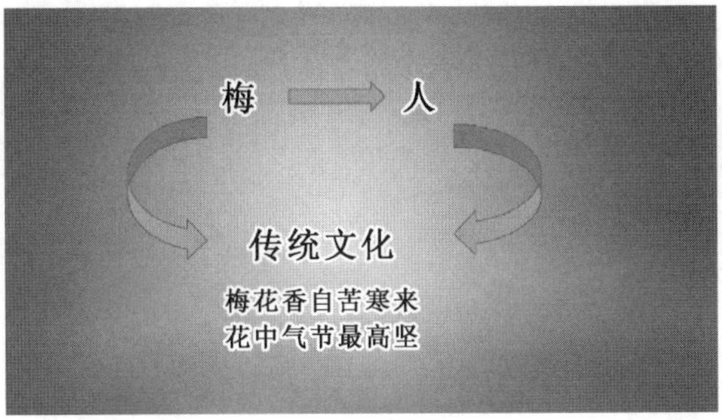

“江苏省教学新时空”开设的省级公开课教案，上课年级：初二

苏州市相城区蠡口中学　宁建英

李白和月

设计意图

《义务教育语文课程标准(2022 年版)》指出,义务教育语文课程培养的核心素养,是学生在积极的语文实践活动中积累、建构并在真实的语言情境中表现出来的,是文化自信和语言运用、思维能力、审美创造的综合体现。基于此,本设计希望通过优秀诗人及其作品的群文读写,来提升学生的核心素养。本主题主要围绕李白诗歌中的意象“月”,组织学生品读《峨眉山月歌》等诗篇,探究“月”意象的内涵,立体化地了解诗仙李白;分析李白钟情于月的原因,学习“以月寄情、以月造境、以月拟人”的表现手法,并进行写作迁移,训练学生的想象力、探究力和表达力。

学习目标

1. 通过探究李白作品中“月”意象的内涵,学生立体化地了解诗仙李白。

2. 通过分析李白钟情于月的原因,学生掌握“以月寄情、以月造境、以月拟人”的表现手法。

3. 尝试将习得的“月”的文化意蕴及表现手法迁移到写作中去。

学习重难点

重点:理解李白诗歌中“月”意象的内涵,分析李白钟情于月的原因。

难点:尝试将习得的“月”的文化意蕴及表现手法迁移到写作中去。

教学课时

2 课时。

教学过程

一、自主预学

1. 上网查阅关于诗仙李白的生平资料，为他设计一张名片卡。

2. 收集李白诗歌中含“月”的诗句。

二、新课导入

1. 由冰心在《彩色插图中国文学史》中的一段话导入：他是中国文学史上少有的天才诗人……具有高山大河般的力量、初日芙蓉般纯粹的美感。

2. 展示学生课前设计的李白名片卡。

3. 吟诵诗句。余光中先生在《寻李白》中说：“酒入豪肠，七分酿成了月光，余下的三分啸成剑气，绣口一吐，就半个盛唐。”我们不难看出，李白与月的关系之深厚。确实，李白对月情有独钟，写了很多含“月”的诗句，请同学们吟诵几句。

4. 师导入：李白写了这么多含“月”的诗句，他为什么会如此钟情于月呢？今天我们就通过赏析李白的一组诗歌，来走进李白和月的情感世界。

三、合作探究

(一) 活动一：探究“月之柔情”

1. 学生低声诵读两首诗。一首诗是七年级上册第一单元第4课《闻王昌龄左迁龙标遥有此寄》，另一首是七年级上册第三单元课外古诗词诵读《峨眉山月歌》。

2. 我给李白画肖像。请选择其中一首诗歌，反复朗读，然后根据对诗歌的理解，勾勒一幅李白肖像画(注意人物的外貌、动作、神态等)。

3. 我来画月亮。在李白肖像画上添加一个月亮，你会如何绘画？并阐述理由。

4. 李白与月对话：给你所绘图画中的李白和月设计一段对话，对话内容符合所选诗歌的意境。

5. 师小结：李白为什么喜欢月？月代表思念、乡愁，他要借月表达自己远离家乡，对家乡、亲友的依依不舍和深切思念，表达自己对被贬远行的朋友的关切与同情。

6. 拓展迁移：其实不仅是李白，很多诗人喜欢借月来抒发思念、牵挂、关切之情。因为“虽分隔两地，但千里共月”。你能列举这样的例子吗？

7. 师小结：通过品读，我们认识了一位对家乡、友人思念和牵挂的柔情的李白，而月就是诗人抒发情感的载体。

（二）活动二：探究“月之豪情”

1. 学生朗读李白的两首诗：《峨眉山月歌》《渡荆门送别》（原文略）。

2. 我来制作微视频。请你选择其中的一首诗，给诗歌制作一段微视频，注意画面、背景音乐，还要配上解说。请同学们大声朗读两首诗，想象诗歌中的画面。

3. 师小结：《峨眉山月歌》中青山吐月、月映清江，《渡荆门送别》中山入平野、江入大荒、月影如镜、海市蜃楼。诗人以月造境，以月来营造开阔高远的意境。

4. 资料助读：结合下面的资料，说一说李白除借月表达对故乡、友人的依恋和思念外，还寄托了怎样的情感？

李白在公元724年辞亲远游。诗人从“五岁诵六甲”起，直至远渡荆门，一向在四川生活，读书于戴天山上，游览峨眉，隐居青城，对蜀中的山水怀有深挚的感情。此次李白离别家乡，发青溪，向三峡，下渝州，渡荆门，轻舟东下，意欲“南穷苍梧，东涉溟海”。这是诗人第一次离开故乡开始漫游全国，准备实现自己的理想抱负。《峨眉山月歌》《渡荆门送别》分别是李白青年时期初离蜀地、出蜀途中写下的诗。

明确：寄托了李白对祖国大好河山的赞美，离开故乡外出闯荡时内心的憧憬和喜悦，以及建功立业的抱负。

5. 问题：透过“月”，你看到了一个怎样的李白？

明确：热爱山河、充满豪情。

6. 师小结：李白为什么喜欢月？月代表山河、理想和永恒，他要借月表达自己对祖国大好河山的热爱，表达对未来的憧憬和高远的志向。我们再来看李白的两句诗“俱怀逸兴壮思飞，欲上青天揽明月”，这两句诗直接抒发了李白的远大理想和抱负。

7. 李白与月对话：请你选择其中一首，发挥想象，面对此情此景，李白又会和明月说些什么？

（三）活动三：探究“月之孤独”

1. 师导入：李白如此喜欢月，就是以月寄情、以月造境吗？我们再来品读一首《月下独酌》(原文略)。

2. 我来演李白。

(1) 请你化身李白,用现代汉语表述《月下独酌》。

(2) 请你化身李白,演读《月下独酌》。

3. 我来析李白。你觉得诗人在诗歌中主要想表达一种怎样的心情?从诗歌哪些字、词、句品味到诗人的这种心情?请作简要品析。

4. 师小结:今夜花好月圆,良辰美景,却无人和诗人一起赏月饮酒,陪伴诗人的只有那一轮清冷的明月,那一抹孤独的清影,诗人的内心是何其的孤独寂寞啊!

5. 资料助读:结合资料,说一说是什么让豪迈的李白如此孤独。

知人论世:李白少时才情横溢,有建功立业的抱负。然而其性格桀骜不驯,志向始终无法实现。因不能忍受"摧眉折腰事权贵"的生活,遭谗毁,离开长安。他终日游山访仙,痛饮狂歌,以排遣怀才不遇的忧愤。但他没有放弃成为非凡人物的理想,可惜一生未能实现报国之志。本诗就写于李白被谗,离开长安之时。

明确:来自他的桀骜不驯,不愿阿谀奉承、同流合污;来自他的怀才不遇,报国无门,一生的理想和抱负无法实现。

6. 师小结:李白借月来表达内心的孤独,此刻,你们觉得月仅仅是月吗?孤独的李白就如那一轮高挂在空中的孤月,或者说无穷宇宙中孤独的月就是茫茫人世中孤独的李白,诗人以月喻人,以月拟人。

7. 拓展迁移:

孤灯不明思欲绝,卷帷望月空长叹。《长相思·其一》

白兔捣药秋复春,嫦娥孤栖与谁邻?《把酒问月》

(四) 活动四:探究"月之孤傲"

1. 头脑风暴:从《月下独酌》中你品悟到的仅仅是李白的孤独吗?我们能不能看到那个豪迈洒脱的李白呢?

2. 师小结:诗人在无边的寂寥中,宁愿与月为友,与影为伴,也不愿阿谀奉承、同流合污,坚守自己的孤独,这是何等的豪迈、何等的高洁。此刻,月还仅仅是月吗?高洁的月就是高洁的李白、孤傲的李白,月就是李白的化身。

3. 拓展迁移:

安能摧眉折腰事权贵,使我不得开心颜!《梦游天姥吟留别》

仰天大笑出门去,我辈岂是蓬蒿人。《南陵别儿童入京》

4. 李白与月对话：请你发挥想象，说说独酌的李白会和明月说些什么。

四、深度学习

1. 小组讨论：李白为什么对月情有独钟？

明确：以月寄情，抒发漂泊在外对家乡、友人的思念和牵挂，表达对祖国山河的热爱及高远的理想；以月造境，营造或优美朦胧的气氛，或阔大磅礴之境；以月拟人，用月比喻自己的孤独和清高。其实李白钟情月，不仅仅在于“月”这一个特殊的物象，还在于李白漂泊羁旅的一生，坎坷的仕途遭遇，以及他的遗世独立的精神品质，与“月”这一个物象深度契合，这些成就了李白的“月”之情结。

2.《月下独酌》中李白“独”与“不独”的矛盾，实际上也折射出李白“入世”与“出世”的矛盾思想。请结合下面的资料，说一说李白“入世”与“出世”的思想矛盾的根源。

穷则独善其身，达则兼济天下。——孟子

是以圣人无为故无败，无执故无失。——老子

明确：儒家思想与道家思想的冲突。

五、课后作业

从两道题中任选一道题完成。

1. 以“月”为题，选择以月寄情、以月造境、以月拟人中一至两种手法，尝试写一篇200字左右的小散文。

2. 以“月亮升起，我在树下”为开头写一篇文章。

六、板书设计

李白与月

柔情	以月寄情	思念、乡愁
豪情	以月造境	希望、未来
孤独 孤傲	以月拟人	高洁、诗人

苏州线上教育中心直播课，上课年级：初一

苏州市相城区春申中学　刘　明

苏轼“黄州三篇”群文阅读

设计意图

统编初中语文教材选取了苏轼在黄州时期的三篇作品，其中《记承天寺夜游》和《卜算子·黄州定慧院寓居作》在八年级进行学习，《定风波·莫听穿林打叶声》为九年级下册课外古诗词诵读篇目。这三篇诗文各具特色，而整体上表现出苏轼贬谪黄州后心境变化、思想成熟的完整过程。因此在九年级学习《定风波》这首词时，整体设计群文阅读：联系生活与教材资源，实现情境导入；梳理三篇诗文内容，探究写作顺序；改写原文，描绘出行意境，体悟苏轼的心境波澜；聆听脚步别音，理解苏轼从消极封闭走向积极悦纳的突围历程；拓展课外阅读，品味苏轼词作的不同风格。本设计旨在通过对苏轼“黄州三篇”的群文阅读，让九年级学生对苏轼其文、其人有更为深入的了解。

教学目标

1. 探究“黄州三篇”表现的不同景象，体会诗文中蕴含的情思和心境。
2. 通过对原文的改写，体会苏轼在黄州时期心境的变化。
3. 领会苏轼的精神品质和人格魅力，学习苏轼面对逆境的乐观旷达。

学习重难点

重点：通过对原文的改写，体会苏轼在黄州时期心境的变化。

难点：领会苏轼的精神品质和人格魅力，学习苏轼面对逆境的乐观旷达。

教学课时

1课时。

教学过程

一、新课导入

从视频号“意公子说苏轼”热说起，就苏轼坎坷浮沉的一生，有人曾总结为“八三四一”，即曾任包括密州、杭州等八州的知州，担任过吏部、兵部和礼部三部的尚书；四次遭贬谪，先后被贬到黄州、汝州、惠州、儋州；曾一任“皇帝秘书”。然苏轼自述平生功业，却说：

问汝平生功业，黄州惠州儋州。——苏轼《自题金山画像》

统编初中语文教材选取了苏轼贬谪黄州时期三篇作品：一篇短文《记承天寺夜游》（八上），两首词《卜算子·黄州定慧院寓居作》（八下）、《定风波·莫听穿林打叶声》（九下），简称“黄州三篇”。

课前下发学习任务单，本课就围绕任务，品其文，读其人。

二、温故知新，苏轼其文我来读

记承天寺夜游

元丰六年十月十二日夜，解衣欲睡，月色入户，欣然起行。念无与为乐者，遂至承天寺寻张怀民。怀民亦未寝，相与步于中庭。庭下如积水空明，水中藻、荇交横，盖竹柏影也。何夜无月？何处无竹柏？但少闲人如吾两人者耳。

卜算子·黄州定慧院寓居作

缺月挂疏桐，漏断人初静。谁见幽人独往来，缥缈孤鸿影。

惊起却回头，有恨无人省。拣尽寒枝不肯栖，寂寞沙洲冷。

定风波·莫听穿林打叶声

三月七日，沙湖道中遇雨。雨具先去，同行皆狼狈，余独不觉。已而遂晴，故作此词。

莫听穿林打叶声，何妨吟啸且徐行。竹杖芒鞋轻胜马，谁怕？一蓑烟雨任平生。

料峭春风吹酒醒，微冷，山头斜照却相迎。回首向来萧瑟处，归去，也无风雨也无晴。

1. 再读这三篇诗文,完成下面表格(表 1.13)。

表 1.13 诗文内容归纳

题目	时间、地点	场景	形象	情感(心境)
记承天寺夜游	元丰六年深秋夜 承天寺庭院	月色入户 如积水空明	明月下与友人 信步中庭	闲适之乐
卜算子·黄州定慧院寓居作	元丰三年二月至五月间深夜 定慧院附近	缺月疏桐 孤鸿影只	漏断时幽 人独徘徊	幽独凄清 孤高有恨
定风波·莫听穿林打叶声	元丰五年三月 黄州城东沙湖	风雨袭来 雨散云收	吟啸徐行	镇定从容 乐观旷达

《卜算子》创作时间推测:现有文献资料有两种记载——元丰三年、元丰五年。你倾向于哪一年?为什么?

问题提示:苏轼初到黄州时处境如何?

出示链接:“得罪以来,深自闭塞,扁舟草履,放浪山水间,与樵渔杂处,往往为醉人所推骂。辄自喜渐不为人识,平生亲友,无一字见及,有书与之亦不答,自幸庶几免矣。”

明确:经济困难,精神苦闷,孤独寂寞。

2. 品读:情境再现,体味心境波澜。

将《卜算子》改写成一篇小散文。

资料链接:九上《学习改写》中的《枫桥夜泊》改写。

学生改写习作并展示交流。

教师示例:半轮残月挂在稀疏的梧桐树梢,滴漏声渐断;定惠院内,幽寂悄然无声;夜阑珊,幽居之人独自徘徊,茕茕孑立之影,谁又曾见?恍惚间,孤鸿缥缈而过,哦,它也失伴了么?蓦地受惊,栖栖遑遑回头四顾,却只闻风吹叶落;心里有恨,却无人能懂。寒枝拣尽,非良巢,不愿栖息;只愿蜷曲在荒冷沙洲,任寂寞无边。

3. 将《定风波》改写成现代诗或为之创作一幅题诗画。

出示链接:古代诗歌一向追求诗情画意,苏轼评价王维的诗与画是“诗中有画,画中有诗”。确实,诗歌与很多艺术方式都有相通之处,可以借助其他艺术方式来表现,譬如绘画、音乐、戏剧。改写创作方法可阅读九下《山水画的意境》等一组文章。

展示交流：学生的插画设计和现代诗；教师相机点评。

三、诗文联读，东坡心路我来探

贬谪黄州是苏轼政治生涯的低谷，也是他人生的至暗时刻之一。三首诗文联读，可以感知其不同的心境，甚至这种心境的变化从脚步声中也可体会一二。

学生小结：在__________的脚步中，我读出苏轼______________。

然而，苏轼以其坚强乐观、洒脱真诚，让黄州之行从凄凉的贬谪变成激越的“突围”。黄州时期，他“重新思索自己的安身立命之计”，实现了“思想的成熟”，也迎来了文学创作的高峰。

思考：为学习任务单取个标题。

范例：“脚步声中的突围”。

学生交流：说说苏轼其人，领会苏轼的精神品质和人格魅力。

四、拓展阅读，苏词风格我来品

南宋俞文豹《吹剑录》中载：东坡在玉堂日，有幕士善歌，因问：“我词何如柳七？”对曰：“柳郎中词，只合十七八女郎，执红牙板，歌‘杨柳岸，晓风残月’。学士词，须关西大汉，铜琵琶，铁绰板，唱‘大江东去’。”东坡为之绝倒。

念奴娇·赤壁怀古

大江东去，浪淘尽，千古风流人物。故垒西边，人道是，三国周郎赤壁。乱石穿空，惊涛拍岸，卷起千堆雪。江山如画，一时多少豪杰。

遥想公瑾当年，小乔初嫁了，雄姿英发。羽扇纶巾，谈笑间，樯橹灰飞烟灭。故国神游，多情应笑我，早生华发。人生如梦，一尊还酹江月。

临江仙·夜饮东坡醒复醉

夜饮东坡醒复醉，归来仿佛三更。家童鼻息已雷鸣。敲门都不应，倚杖听江声。

长恨此身非我有，何时忘却营营？夜阑风静縠(hú)纹平。小舟从此逝，江海寄余生。

师生交流：体会卓越作家的作品风格。

五、课后作业

苏轼贬谪黄州前后的词作在整体风格与情调上都有明显差别，任选一个角度，比较阅读《念奴娇·赤壁怀古》和《临江仙·夜饮东坡醒复醉》两首词，写一篇不少于300字的文章。

六、板书设计

无常如风起，人生不可弃

——苏轼“黄州三篇”群文阅读

《卜算子》	《定风波》	《记承天寺夜游》
元丰三年二月至五月间	元丰五年三月	元丰六年十月

幽独有恨　　　　乐观旷达

上课年级：初三

苏州市相城区漕湖学校　吴　青

《己亥杂诗》群诗教学“读写融合”设计

设计意图

为提升学生的古诗词鉴赏能力，本教学设计以推进学生的行动学习为实践载体，以教会学生用“未知结构鉴赏法”赏析古诗为突破口，以“写我所读”为落脚点，在“写我所读”的过程中，鉴赏式阅读为写作提供内容和动机，写作又帮助学生更深入地理解古诗，读写相互促进。在“写我所读”的过程中，阅读不再是简单的接受信息和诠释意义，而是通过分析、比较、评价、批判建构意义的过程；写作也不再是简单的复述内容和重组信息，而是在阅读的基础上阐释观点、创意表达的过程。因此，本教学设计致力于追求“写我所读”的效能，使深度阅读和深度写作真实发生，促进学生读写能力的发展。

学习目标

1. 了解“未知结构鉴赏法”的由来及特征。
2. 学习运用“未知结构鉴赏法”赏读古诗。
3. 掌握古诗鉴赏类作文的写作技巧。
4. 感受古典诗歌与传统文化的影响力。

学习方法

“未知结构鉴赏法”、行动学习法。

教学课时

1 课时。

教学过程

一、新课导入

释题——《己亥杂诗》中的“己亥”属于中国传统文化中的干支纪年法。教师简单介绍十天干、十二地支，指出干支纪年法以六十年作为一个轮回的特点。今年是 2019 年，又是农历己亥年，也是龚自珍《己亥杂诗》成书 180 周年。学习《己亥杂诗》很有纪念意义。引出《己亥杂诗》的成书背景。

二、创作背景介绍

龚自珍(1792—1841)，字瑟(sè)人，号定庵，清代思想家、文学家。汉族，浙江仁和(今浙江杭州)人。出身于世代官宦家庭。道光九年，他第六次参加会试才中进士，时年 38 岁。任内阁中书，后迁宗人府主事，改礼部主事。这类官职都很卑微，龚自珍虽沉沦闲曹，仍多次上书，指斥时弊，但都未被朝廷采纳，反为同僚所恨。于是他在 48 岁时辞官南归，同年开始创作《己亥杂诗》315 首。50 岁暴卒于丹阳云阳书院。

龚自珍从青年时起，就深刻意识到国家的严重危机。道光三年，他深刻认识到外国侵略造成的严重民族危机，指出“近惟英夷，实乃巨诈，拒之则叩关，狎之则蠹国”(《阮尚书年谱第一序》)。他对时代的危机，不只是感觉敏锐，而且也积极建议挽救；他肯定未来时代的必然变化，并寄以热情的幻想和希望。《己亥杂诗》反映了这一心路历程。

学生自由朗读创作背景，领会龚自珍的担当精神与爱国情怀。读完后，教师引导学生学习运用“未知结构鉴赏法”来鉴赏《己亥杂诗》。

三、初识“未知结构鉴赏法”

教师通过 PPT 展示“未知结构鉴赏法”的由来及其特征。“未知结构”这一概念的首创人是著名作家郁达夫。郁达夫在其名著《论诗》中说：“我觉得有一种法子，最为巧妙。其一是辞断意连，其二是粗细对称。近代诗人中，唯有龚定庵最擅于用这秘诀。”辞断意连就是诗中既写人事，又写自然，人事与自然貌似不相关，但有情感线索相贯通。粗细对称是指在诗中粗犷豪放的“英雄气”与温柔细腻的“爱国情”并存。“未知结构”的三大特征是：(1)人事与自然貌似不相关。(2)人事与自然均呈画面感。(3)情感为线索体验却两难。

教师以《己亥杂诗(其二)》为例，引导学生初步认知古诗中的“未知结构”。

己亥杂诗(其二)

我马玄黄盼日曛，关河不窘故将军。

百年心事归平淡，删尽蛾眉惜誓文。

注释：①玄黄，疲劳。②故将军，汉朝飞将军李广。③蛾眉，美人。④惜誓，即《惜誓》，屈原离开国都时所作。

学生判断先写自然，再写人事。同时发现古道瘦马与历史人物李广、屈原貌似不相关。

教师指出这正是“未知结构”的典型特征：人事与自然之间关系未知，诗人深藏的情感未知。写李广就是要表现李广般追求自由的豪情。因为朝廷埋没人才，束缚人才，所以不如辞官而去。写屈原就是表达屈原般温柔细腻的爱国情，身处江湖，心怀社稷。这就是一种复杂的两难情绪。这种情绪贯穿《己亥杂诗》中许多诗句。

四、运用“未知结构鉴赏法”赏读《己亥杂诗(其五)》

教师过渡语：了解了“未知结构鉴赏法”之后，我们一起通过对《己亥杂诗(其五)》的赏析，学会用“未知结构鉴赏法”来鉴赏古诗。

学生在教师指点下朗读《己亥杂诗(其五)》多遍。

PPT 出示本课主问题：(1)判断诗中哪些句子写自然，哪些句子写人事，概述写了什么事件，呈现出怎样的景观。(2)用生动的语言描述诗中的画面，发掘自然与人事间存在怎样的内在关系。(3)诗人的两难情绪具体表现在哪些方面？诗人生发出怎样的情感来贯穿全诗？

教师指出主问题就是鉴赏古诗“未知结构”的必经路径，解决了这三个主问题，也就掌握了“未知结构鉴赏法”的运用技巧。

学生独立探究主问题，并交流心得。

解决主问题(1)：本诗前两句写自然，后两句写人事。写了诗人被迫离京返回江南的事件。后两句呈现出落红纷纷飘落(实景)，来年滋养花株(虚景)的画面感。

解决主问题(2):全诗呈现出这样的画面——白日西斜之时,“我”离开京城,“我”的离愁就像黄昏的雾气一样浩荡在天地之间。顺势用马鞭遥指东方,那里就是“我”日思夜想的、自由自在的天涯。望着纷纷飘飞的落红,“我”觉得它不是无情物,因为它早晚会化作春泥,心甘情愿地滋养花株。诗中自然与人事的关系表现为:诗人把自身比作落红,把朝廷比作枝头,落花离开枝头仍然会滋养花株,预示身体离开朝廷,心中仍思报国。

解决主问题(3):诗人的两难情绪表现在——化作春泥的愿望与现实坎坷的无奈,厌恶官场的黑暗与珍惜报国的机会形成的两难。诗人的情感线索是想要离开又难舍朝廷的困惑。

教师小结:正因为拥有人生使命的自觉,所以诗人渴望为国奉献自己的全部力量,所以他希望自己是落花,纵然离开了枝头,依然想化作养分呵护花株。但朝廷根本不给他为国效力的机会,诗人心中又涌出无限的悲凉,这就是人生使命自觉与无缘驰骋的困惑,这一困惑贯穿全诗。

学生总结“未知结构鉴赏法”的操作步骤:(1)判断诗中哪些是人事句,哪些是自然句。(2)挖掘人事句中的本体与自然句中的喻体之间的内在联系,解决“关系未知”问题。(3)深入理解诗人的两难体验,解决“情感未知”问题。

五、巩固“未知结构鉴赏法”并完成鉴赏类作文的写作

PPT 展示:

己亥杂诗(其四)

此去东山又北山,
镜中强半尚红颜。
白云出处从无例,
独往人间竟独还。

学生运用已经初步掌握的“未知结构鉴赏法”操作步骤赏读这首诗,采取的学习方式为行动学习。行动学习中有一种“鱼缸会议”学习法,所谓“鱼缸”,就是随机抽出一个学习小组,作为被其他小组观察及评价的对象,就像鱼缸中游动的鱼,被人观赏评价一样。具体操作流程为:全班 48 人,4 人一组,分成 12 个学习小组。然后随机抽出 1 组,成为 Y 组(被观察组),其余 11 组成为 G 组(观察组)。12 组同时开展行动学习,解决相同问题。Y 组通过希沃白板互动教学系

统公布本组探究收获，供众多G组点评。G组每发现Y组1个不足，则全组学生均获1分，满分为5分。Y组则每暴露一个不足，则全组学生都被扣1分。若G组不能发现Y组的不足，则Y组的每位学生均获5分。

Y组与众多G组一起通过行动学习，集合小组智慧，通过上述三个操作步骤，在A4纸上解决三个主问题：(1)判断诗中哪些句子写自然，哪些句子写人事，概述写了什么事件，呈现出怎样的景观。(2)用生动的语言描述诗中的画面，发掘自然与人事间存在怎样的内在关系。(3)诗人的两难情绪具体表现在哪些方面？诗人生发出怎样的情感来贯穿全诗？运用"未知结构鉴赏法"实现对《己亥杂诗(其四)》的赏读。之后Y组通过希沃白板软件互动教学系统中的拍照功能，上传本组的学习成果——鉴赏《己亥杂诗(其四)》的作文(解决三个问题)。Y组的作文在主显示屏上放大，G1组、G2组等观察组既宣读己方的鉴赏类作文，又对Y组展开点评。教师作为裁判，当场给各组打分并记录在册。

通过行动学习"鱼缸会议"学习法，学生互相取长补短，巩固"未知结构鉴赏法"的运用诀窍，提升自身鉴赏类作文的写作水平。

六、揭示龚自珍运用"未知结构"来创作《己亥杂诗》的文化动因

儒、道是中华传统文化的两大源流，儒家倡导入世成就大事业，道家主张独善其身，寄情山水，出世逍遥。古代许多文人都会站在出世与入世的十字路口张望，如陶渊明、柳宗元、苏轼等，他们怀揣社会理想积极投身政治体制中，又不愿同流合污危害社会，只好远离体制。这揭示了封建专制中君子无路的现象。从个人性情来说，文人们比较倾向于隐逸；但由于深受儒家思想影响，他们又无法放弃自己的社会责任。于是就以个人行为——创作或教育来影响周围的人，从而间接实现自己的社会理想，这是他们在两难中找到的平衡点。

七、结束语

学生齐读：龚自珍本来不愿意做落花，无奈之下成为落花，但他的精神追求与人生理想始终萦绕在心头，化作欲去仍留的依恋、已落仍护的执着。《己亥杂诗》中的"未知结构"渗透着他的困惑与不得已。

八、布置作业

运用"未知结构鉴赏法"分析《己亥杂诗(其五)》，写一段赏析文字，不少于

300字。

九、板书设计

“未知结构鉴赏法”→《己亥杂诗》群诗

人事(被迫离京)+自然(落花护株)

关系未知——以落花自喻

情感未知——离与守两难

上课年级:初三

苏州市相城实验中学　王克强

杜甫群诗教学“读写融合”设计

设计意图

为指导学生学会鉴赏杜甫创作的诗歌，并完成鉴赏类短文的写作，本教学设计拟以领悟杜甫“家国一体”的理念与情怀及赏析杜诗“起承转合”之美为突破口，以问题驱动学生开展阅读、写作、讲解等语言实践活动。让学生先读后写，为写再读，先写后讲，为讲再读，读、写、讲交织缠绕，在完成任务的过程中语言输入和语言输出融为一体。确保在真实的任务情境下，学生能真切体验阅读和写作的意义，进而更积极主动地投入读写活动，发展读写能力。

学习目标

1. 研读群诗，感知杜甫诗作的整体内涵。
2. 领悟杜甫家国一体的理念与情怀。
3. 学会鉴赏杜诗起承转合之美并完成鉴赏类作文。

学习重难点

重点：感悟杜甫家国一体的理念与情怀。

难点：杜甫诗歌起承转合之美的鉴赏及写作。

教学课时

1 课时。

教学过程

一、新课导入

近来，在多个网络平台上，流传一首据称是唐朝诗人杜甫的作品《暮年》，该作品被冠以“最美最甜”“惊艳了大唐”的美称:“你我暮年,闲坐庭院。云卷云舒听雨声,星密星稀赏月影,花开花落忆江南。你话往时,我画往事。愿有岁月可回首,且以深情共白头。”

学生讨论:这首诗是否为杜甫的作品?

PPT 展示四川省杜甫研究中心徐希平的观点:杜甫长于律诗,起承转合的技巧炉火纯青。晚年杜甫的心境是忧国忧民,国事、家事是联系在一起的。反观这首《暮年》,像是网络上常见的心灵鸡汤一类的文章,与杜甫诗歌的境界差远了。

提问学生:徐希平的观点中彰显了杜甫诗歌的哪两大特色?

明确:起承转合的技巧、家国一体的理念。从而过渡到对《春望》的赏析,并明确本次学习的重点与难点。

二、了解创作背景

PPT 呈现:唐天宝十四年(公元 755 年)11 月,安史之乱爆发。叛军一路西进,攻陷洛阳、长安,唐玄宗逃往成都,太子李亨在甘肃灵武即皇帝位,史称唐肃宗。杜甫一家躲避战乱流亡至鄜州,听说肃宗已经登基,准备去投奔,不料途中被叛军逮捕,押解到长安,因为官职太小,并未引起叛军特别关注,故能在长安城里走动。至德二年(公元 757 年)3 月,杜甫来到长安胜地——曲江。此处虽细柳吐绿,春意盎然,可旧日亭台化为荒芜,杜甫感慨良多,写下《春望》一诗。

板书明确四个时间节点:755 年 11 月战乱发生,756 年 6 月长安沦陷,756 年 8 月诗人被捕,757 年 3 月诗人写作本诗。留下悬念:为何要明确这四个时间节点?

三、研读全诗

1. 研读首联,通过合作学习解决两个问题:“国破”如何理解?有人认为“国”指国家,有人认为国指国土,还有人认为国指国都长安。“破”指什么?有人说是破碎,有人说是沦陷,还有人说是分裂。你认为哪个观点更好?为什么?(提示:古人写诗有个原则——意义不重复。国、山河、城同时出现,意味着什么?)司马光《温公续诗话》:“山河在,明无余物矣;草木深,明无人矣。”这句话启示了什么?

明确:“城”指长安城,为避免重复,“国”之意肯定不是国都,由于山河属于国土，所以“国”指国家，而国家还没有破碎成大小军阀割据的局面，也没有完全沦陷，所以“破”理解成“分裂”更好。“山河在，明无余物矣”，说明山河虽在，但大唐繁华烟消云散；“草木深，明无人矣”，说明春天的草木虽欣欣向荣，但叛乱造成的人烟绝迹之惨景令人伤怀。本联以写景为主，乐景中隐含哀情。

2. 研读颔联，通过合作学习解决问题。诗歌评论界有两种理解，一种认为：杜甫看到花开，感慨时局混乱，因此悲伤落泪；看到鸟回巢，想起久别的亲人身处危难而心生惊惧，这是触物伤情，以乐景写哀情。另一种认为：有感于动乱的时局，花都溅泪；因为恨别，鸟也惊心。运用了拟人手法。你认为哪种理解更好？为什么？

明确：颔联重在抒情，故第二种观点不太好，这种理解使花鸟这样的外物暂时充当了抒情主体，相对于作者这个主体来说，有喧宾夺主之势。而作者直接抒发哀情，与上联隐含的哀情，一隐一显，上下呼应，相得益彰。

3. 研读颈联，通过合作学习解决问题。“烽火”指战火、战事，但“连三月”的释义引起了争论。有人认为“三”是实指，即战争连续打了三个月；有人认为“三”是虚指，即战争延续了很长时间。你认为哪个观点更合理？为什么？“家书抵万金”运用了哪种修辞手法？为何“抵万金”？“烽火连三月”表忧国，“家书抵万金”表思家，二者在杜甫心中孰轻孰重？还是同样重要？为什么？

学生依据板书中的时间节点，明确：“三”是虚指，即战争延续了很长时间。正因为战争持续时间长，邮路阻隔，家信不通，所以用“抵万金”来夸张，表示家书对世人而言弥足珍贵。“烽火”对“家书”，“连”对“抵”，“三月”对“万金”，都深深浸润着杜甫此时家国一体的情怀以及命运相连的感受，“感时”“恨别”句也表明：战乱中的任何人，都不可能把国和家分隔，国乱则家乱，国破则家破。

首联写景，颔联触景生情，颈联则记事——以“烽火连三月”之国事揭示上二联“景情生发”的原因，以“家书抵万金”完成从国事到家事的转换，实现“家国一体”理念的彰显。

4. 研读尾联，通过合作学习解决问题。诗人特写“白头”与“搔”，分别寄寓了怎样的情感？李白写自己“白发三千丈，缘愁似个长”，同样是写愁，杜甫突出白发短，李白突出白发长，为何截然相反？

明确：杜甫此时四十多岁，他在其他诗中也写到自己的白头，所以白头是实写，突出愁苦。“搔”字和“浑欲不胜簪”，更从细节处写出了苦闷和焦急的心态。杜甫写实突出白发短，李白夸张突出白发长，这是现实主义与浪漫主义两种不同创作风格的直观体现。

5. 学生鉴赏杜诗的起承转合之美并完成鉴赏作文。

学生小组合作学习，探究杜诗起承转合之美的具体表现：

起之美(写景)：春景与衰景相互映衬。

承之美(抒情)：忧国与思亲水乳交融。

转之美(记事)：由国转家，家国一体。

合之美(见旨)：特写头部，彰显感受，引发主旨——望。

学生将探究收获写成作文，并推选小组代表参与全班交流。

6. 主旨阐发：问——标题"春望"之"望"仅仅是在眺望长安春景吗？

望战乱早日平息(爱国)

望家人早得平安(爱家)

家国一体的理念与情怀

四、研读杜甫的《登岳阳楼》，进一步鉴赏杜诗的起承转合之美，并将收获写成作文

教师引领学生研读，明确：杜甫运用起承转合技巧，并不采取固定套路。他会根据不同情况有所变化，出新见巧。《春望》以写景起，以抒情承，以记事转，以特写合。《登岳阳楼》则以记事起，以写景承，以抒情转，以想象及特写合。不管技巧如何变，爱国情怀永不变。

学生依据鉴赏所得，完成鉴赏《登岳阳楼》的作文。

五、总结：杜诗何以成为爱国者的精神家园？

杜甫之后的爱国志士通过阅读杜甫的诗作，从杜甫家国一体的理念中汲取精神生活的养料，学习杜甫起承转合的技巧外显自己的精神价值。

六、板书设计

"家国一体"理念→爱国情怀

"起承转合"技巧→爱国行动

上课年级：初三

苏州市相城实验中学　王克强

点　评
美课配美诗，鉴赏与创造

宁建英名师工作室承担了一项课题:“初中阶段群文教学‘读写融合’实践研究”,我曾观摩了在这个课题视域下的几次研究课,也曾参与过相关活动的研讨、交流。直接的感受:这是有现实意义,有很强的针对性,是有较高站位的人才能做出的课题。具有前瞻性,既属于当下,也属于未来,体现了当下课改的方向。

这个课题的成果将结集成册,其中有一个板块是“诗歌教学”,我一口气读完:说是教案、教学设计,既是教案、教学设计,又不像。说它们是,指的是合乎这类写作的规范,程式对、程序对;说不像,指的是它们的“超越”,超越了这类写作的规范,成了“美文”,文字美、情感美、思想美,教案、教学设计能散发这样迷人的美感是不多的。我再细细品味,不仅具有感性的美,还具有理性的“磁力”,教案、教学设计,能写得如此具有学术性也是不多的。我以为这部分诗歌教学的许多篇目,可以作为诗歌教学的教案与教学设计的典型案例,可以作为写作样板。

我以为课堂呈现新课改的气象,也有程度上的不同,分初级阶段与高级阶段。显然,这个“初中群文教学‘读写融合’实践”,是高位的、高层次的。打个比方,是站在山顶上看风光、看世界的高位和高层次。诗歌与其他文体还不一样,她更具审美性、崇高性,在课程标准视域下,更要求能够凸显“审美鉴赏与创造”。诗歌的群文阅读,显然就是群诗阅读,仅仅群诗阅读,在群诗中分析、比较,还不够,还要“鉴赏与创造”相结合,即读了诗,还要写诗。

诗言志,一部中华的历史,就是一部诗歌史,这是个高要求,没有一定的文化自觉,诗歌群文阅读与写作是做不起来的,做不成的,或者说不可能获得重大成果。因为在一个高考“排斥”诗歌,作文“诗歌除外”的时代,考什么重视什么、考什么教什么,这是常态,而课题组的老师在这么前瞻性的课题研究中,用力用心用情,专注诗歌教学,并获得如此成就是难能可贵的。

刘明老师自己写诗，我看过她的诗，有清新而又深刻的意蕴。她日常鼓励学生写诗，我曾两次去她的班级，给学生讲诗歌鉴赏。让我兴奋与感动的是：孩子们的诗歌原创作品由我来鉴赏，他们是一群习惯了以诗表达的初中生，意象丰满，遣词用字具有古典诗词的韵味，稚气又似乎成熟。此刻，阅读完刘明老师的诗歌教案，我找到了答案，她平时就是这样上课、教学生的，课堂的常态，耳濡目染，以她自己的诗意感染了孩子们，师生一起诗意澎湃了。

刘明老师的《李白和月》，课堂直接创设情境，每一个细节都是美，以审美统领，文化自信和语言运用、思维能力得到了综合体现。围绕李白诗歌中的意象"月"，群诗鉴赏，探究"月"的意象内涵，让学生真实地感知什么叫"以月寄情、以月造境、以月拟人"。鉴赏是第一步，创造是第二步，写作迁移，让学生的想象力、探究力和表达力得到充分的发挥。

宁建英老师是课题组主持人，课题研究的核心。她视野广阔，做过区域的语文教研员，她的探究意识、课改意识很强，组织能力、带动能力也很强。在群诗教学中，她的《思乡怀人群诗联读》，选择多首明月"思乡怀人"的古诗词，知识迁移，全面指向语文学科素养。"月"作为中国传统文化中的特定意象，是一种文化现象。她整合那些借月思乡怀人的诗歌，指导、启发学生去抓特定意象品读诗歌，教赏析方法，授人以渔。

宁老师的课柔美，配之以缠绵的诗歌、恼人的月，创设的教学情境有月下清晖之魅力。她的课有新课改要求的明显特征，采取项目化学习，以任务驱动，有思维的台阶，有审美鉴赏的路径。

所谓初中群文教学"读写融合"，必须基于初中阶段的学情，必须追求读与写之"共生"，以读促写，以写再来进行新一轮的"品读""深读"。阅读这些诗歌教案、教学设计，有置身课堂情景之感受，什么是初中群诗教学"读写融合"？如何实践？这里的文字几乎可以作为"教材"或"辅导资料"。本辑中有一篇王克强老师的《〈己亥杂诗〉群诗教学'读写融合'设计》，学术性很强，用"未知结构"的知识来组织、展开教学，我的阅读感受是：这是一位有底蕴的老师的课，老师对古典诗歌以及理论非常了解、熟悉，驾轻就熟，因而教学思路新颖而开阔。

吴青老师有一篇《苏轼"黄州三篇"群文阅读》，她整体设计，联系生活与教材资源，实现情境导入；有趣的是通过学生对原文的改写描绘出行意境，让他们体悟苏轼的心境波澜；更有亮点的是从课内拓展到课外，设置"轨道"，引导学生品味苏轼词作的不同风格。课堂生动，从视频号"意公子说苏轼"热说起，活跃了气氛，激活了课堂。尤其要指出的是：力图建立“阅读”“欣赏模型”，举一反三，实现知识迁移。

我是一位语文老师，我也是一位诗人、作家，我对语文课，尤其是诗歌教学，有自己的想法。我追求语文课的“审美性”，曾提出了“审美课堂”的概念，课堂的美，美在自然，美在课堂具有太湖石“皱、漏、瘦、透”的审美属性。如今语文课改提出了一些新理念、新的实现途径。语文课要指向学科素养：语言、思维、审美、文化四个方面，其体现不是分割的，而是融合的。要有大视野，包括跨界的视野，要有整体意识，包括师生一个整体、课内与课外一个整体、读与写一个整体。欣喜地看到这组教案、教学设计，完美而又完全地体现了新课改的要求，也与我的“审美课堂”的追求某种程度的吻合，能够共鸣是一件十分愉快的事。

点评人：柳袁照，中国作家协会会员，诗人、作家；教授级中学高级教师，江苏省语文特级教师、特级校长（原苏州第十中学校长）。

议论文

编者按

议论文群文教学“读写融合”实践，旨在帮助学生理解文本观点及其说理思路，在学习议论文“劝读”“说理”艺术的基础上，尝试有理有据、逻辑清晰地表达，坚持“有用”的原则。本部分案例，前几篇以读为主，从同类文本中探究议论文如何表达观点，论证观点；后几篇重在写，引导学生们用方法解决现实中的问题，如用一定的论证方法使复杂的道理浅显易懂，使行文活泼，使道理深刻；又如把握劝说立场、听众立场等有理有据地撰写辩论稿、演讲稿。

好的议论文：整理思路，言之有序

设计意图

部编版初中语文教材选了梁启超先生两篇议论性散文，一篇为七年级下册的《最苦与最乐》，一篇为九年级下册的《敬业与乐业》。两篇文章不仅在内容、精神上一脉相承，在写法上也相似，具有很大的可比性。本设计意在整合两篇文章，并增加一些课外资料，以期让学生们对梁启超的精神有一定的了解，并对议论文如何确立观点，如何围绕观点收集论据，并展开详细论证有一定的把握，从而能尝试写作议论文表达自己的观点和态度。

教学目标

1. 明确作者观点，厘清文章脉络，分析论证效果，培养学生思维的严密性。
2. 品味梁启超朴实而厚重的语言，树立对自己、对他人、对社会的责任感。
3. 尝试议论文写作，表达自己观点，并进行有理有据的论证。

学习重难点

重点：厘清文章脉络，分析论证效果，培养学生思维的严密性。

难点：尝试议论文写作，表达自己观点，并进行有理有据的论证。

教学课时

2 课时。

教学过程

一、课前预习资料

1. 梁启超，早年号任公，世称“梁任公”。典出《庄子·外物》，说的是古代有一个叫任公的渔夫善钓大鱼，其钓鱼场面惊心动魄。梁启超取“任公”这样有气势的号，含勇于战斗，有担当大任的远大抱负。

2. 梁启超《少年中国说》(节选)。

故今日之责，不在他人，而全在我少年。少年智则国智，少年富则国富，少年强则国强，少年独立则国独立，少年自由则国自由，少年进步则国进步，少年胜于欧洲则国胜于欧洲，少年雄于地球则国雄于地球。

3. 电影《无负今日》梁启超演讲词(节选)。

无今日之涓滴，则无将来之汪洋；无今日之册页，则无将来之典章；无今日之苞蕾，则无将来之繁花；无今日之土石，则无将来之重嶂。识今日之有限，追将来之无穷；驰今日之白驹，御将来之腾龙；汇今日之小我，成将来之大公。今日之重，譬犹泰山，万仞登临，踊跃跻攀，一寸一进，一步一前，巍哉其势，我为峰巅。今日之美，譬犹阳春，新笋初发，雨露氤氲，万物喷薄，时序更新，昔时勉励，岁不待人。今日之华，譬犹年少。宝剑锋铓，青春乐好。死生亦大，忽然将老，有花堪折，莫待枯槁。

今日之实，譬犹开卷，革旧兴智，求索修远，学为人师，行为世范，在明明德，止于至善。一朝一夕，即日即逝，一时一刻，今日须惜，今有一语赠诸君，何惧流年匆匆，但求无负今日。

4. 梁实秋《记梁任公先生的一次演讲》(节选)。

我记得清清楚楚，在一个风和日丽的下午，高等科楼上大教堂里坐满了听众，随后走进了一位短小精悍秃头顶宽下巴的人物，穿着肥大的长袍，步履稳健，风神潇洒，左右顾盼，光芒四射，这就是梁任公先生。

他走上讲台，打开他的讲稿，眼光向下面一扫，然后是他的极简短的开场白，一共只有两句，头一句是：“启超没有什么学问——，”眼睛向上一翻，轻轻点一下头：“可是也有一点喽！”这样谦逊同时又这样自负的话是很难得听到的。他的广东官话是很够标准的，距离国语甚远，但是他的声音沉着而有力，有时又是宏亮而激亢，所以我们还是能听懂他的每一字，我们甚至想如果他说标准国语其效果可能反要差一些。

我记得他开头讲一首古诗,《箜篌引》:

公无渡河。

公竟渡河!

渡河而死;

其奈公何!

这四句十六字,经他一朗诵,再经他一解释,活画出一出悲剧,其中有起承转合,有情节,有背景,有人物,有情感。我在听先生这篇讲演后约二十余年,偶然获得机缘在茅津渡候船渡河。但见黄沙弥漫,黄流滚滚,景象苍茫,不禁哀从中来,顿时忆起先生讲的这首古诗。

二、初读:知作者观点

先请咱们班的孩子们给老师解个疑惑。罗老师教两个班语文,还当班主任和年级备课组长,今天来咱们北城中学上课,真是压力很大。请同学们用梁启超的《最苦与最乐》中最有道理、最有说服力的句子来劝慰罗老师。罗老师是最讲道理、最听人劝的。

罗老师,梁启超说:______________,所以____________,您________。

三、再读:对文章发问

我们的同学善解人意,很会安慰人。但罗老师想问问你们,你们有没有发现梁启超是怎么说服你同意他的观点的?他用了什么方法?看看大家除了善解人意,是否也有慧眼慧心和敏捷的思维。

文章开头,用一系列的设问和排比句引起读者阅读兴趣和阅读思考,接下来一一否定,引出自己的观点,非常巧妙,引人注意。

第二段,作者论证原因,还用了“几千斤重的担压在肩头”这样形象生动的比喻,写出了担负责任的苦,有力地论证了“最苦的是担负责任”这个观点。

第三段,作者列举了生活中一系列的事情,让大家深刻地感受到责任在肩的苦,让读者容易理解与接受,也增强了文章的说服力。

第四段,作者引用古语、俗语来讲道理,告诉读者“责任完了是人生的最乐”。

第五段,从正面论证君子、圣贤豪杰责任越大,日子越苦,尽责后享受的快乐就越多。所以,君子有终身之忧,其实是君子有终身之乐。

第六段,用一句反对的观点,从反面论证没有人能像三岁小孩不负责任,如果躲避责任，是自投苦海。

四、细读：解同学疑惑

我们一起梳理了文章的论证思路，发现梁启超先生的表达很清晰。罗老师的学生听说罗老师有来北城中学学习的机会，让罗老师帮忙请教兄弟姐妹们几个问题。(没办法，罗老师推卸不了，这是责任所在。请各位与我一起承担，谢谢。)

1. “但是他(仁人志士、诸圣诸佛)日日在那里尽责任，便日日在那里得苦中真乐，所以他到底还是乐不是苦呀！”何以见得？能举一两个例子证明吗？

范仲淹：先天下之忧而忧，后天下之乐而乐。

鲁迅：担负起唤醒民众、教育青年之职责，通宵工作，不以为苦，俯首甘为孺子牛。

邓稼先：在茫茫戈壁滩研究原子弹，冲在最前面，说：“我不能走。”

2. “责任是要解除了才没有，并不是卸了就没有。”解除和卸了有什么区别？能否举例证明？

解除是把这件事情办完了，它没有了；卸了责任，责任还在，只是你自己选择了逃避而已。比方说，罗老师的学生让罗老师来请教孩子们这几个问题，解除是罗老师把你们的答案带回去和他们分享了，让他们知道我们北城中学的孩子们有多么爱思考爱学习了；而卸了是指罗老师回去，两手一摊，说：“对不起，我忘了，没干。”这没法向学生交代，我也没法向自己交代。

3. 担负责任和卸了责任，哪个更苦？

“担负责任”和“卸了责任”哪个更苦？这个问题很有思辨意味。按梁启超的说法，担负责任是最苦的，应该到了最高级，但是担负责任如果想办法去解除，又是最乐的；而“卸了责任”在梁启超看来会自投苦海，永远不能解除了，那肯定是最苦了。因此，梁启超的表述有逻辑漏洞。这也启发孩子们，我们对他人的观点，哪怕是名家的观点，也应该保留自己的思考与判断。

4. 能否让我们欣赏一下我们班同学的文采？就仿写《最苦与最乐》的1、2两段，写写学生学习的最苦或最乐。

苏州市相城实验中学初一3班某同学是这样写的：

学习什么事最苦呢？作业多吗？不是。成绩不理想吗？不是。父母期望大，要求高吗？都不是。我说学习最苦的事，莫过于相信自己有实力，可以做得更好，却做不到。

人若能勤奋，虽作业多不苦；若能心境平和，虽成绩不理想不苦；父母期望大，要求高，都是外界的束缚，有自我调节能力的人看得平常，也不算什么苦。独是作为学生，在校学习一天，便有自己该做到的，该实现的目标。随随便便一天就过去了，而自我没长进，再苦是没有了。为什么呢？因为我应该成为更好的我自己啊！

五、悟读：向作者致敬

真好。我们通过思考和探究发现梁启超这篇文字真是朴实而严谨生动。再请同学们看看，梁启超在句子中多用什么词语，这有什么效果。如果，现在让你们再来画梁启超先生，你们想展现他什么特点呢？

文章中多“吗”“呢”“呀”“哩”等语气词，非常朴实亲切，没有架子，与读者的距离很近，同时，他的语言又充满了文学气、书卷气，如古语名言的引用。整篇文章展现出一个以天下家国为己任，有大格局、大情怀的君子形象。

微笑的亲切的梁任公；温和而坚定的梁任公；慷慨激昂的，对民众充满了期待的梁任公。

这个社会尊重那些为它尽到责任的人。孩子们，我们任重而道远；担责最苦，责任解除了最乐，让我们苦乐作伴。

六、作业：学为我所用

读梁启超《敬业与乐业》(原文略)。

1.《最苦与最乐》《敬业与乐业》这两篇演讲稿在思想内容、论证方式和语言特色上有何相似和不同？

2. 学了梁启超先生的两篇文章，我们对如何表达观点、论证观点有了一定的把握。最近，初一年级组在展开“人生必修课”的讨论，你能否以“________是人生的必修课”为题发表自己的见解？试一试吧。

七、板书设计

最苦与最乐　梁启超

天平图(责任—苦乐　最苦—最乐)

鱼骨图(论证思路　论证方法)

此课例在江苏省初中语文名师工作室活动中实践，上课年级：初一

苏州市相城实验中学　罗　晶

品读古代名篇，学习劝说艺术

设计意图

《曹刿论战》《邹忌讽齐王纳谏》《出师表》是九年级下册第六单元的课文，根据本单元的单元导语，可以将单元目标之一定位为学习古人高超的劝说、讽谏艺术。本设计是在完成《曹刿论战》《邹忌讽齐王纳谏》《出师表》三篇课文的文言教学，以及感受人物的形象特点和美好精神的教学任务基础上，从学习劝说这个角度，设置情境任务，在任务的驱动下，比对分析三篇课文的劝说技巧，从而能学以致用，恰当地运用劝说技巧，得体地劝说他人。

教学目标

1. 通过比读分析，体会不同的劝说艺术。
2. 能恰当地运用劝说技巧，得体地劝说他人。

学习重难点

重点：通过比读分析，体会不同的劝说艺术。

难点：能恰当地运用劝说技巧，得体地劝说他人。

教学课时

1 课时。

教学过程

一、新课导入

小亮的表哥重点大学毕业后，应聘到一家金融企业工作。他经历了不断重复的加班和错综复杂的人际关系后，内心觉得挺累，于是选择“逃离”，辞职后回家“躺平”，每天除了吃饭、睡觉，就是刷手机，什么事也不关心。

你觉得小亮劝说表哥时应该注意些什么呢？

今天就让我们一起来跟着课文学习如何劝说他人。

二、劝说要有针对性

劝说他人时，既要把自己的想法告诉对方，又要使对方愉快地接受，因此要明确劝说对象，恰当使用称呼语；还要明确劝说目的，找到劝说的切入点，从而让交流对象能够接受你的观点。根据表1.14，回顾课文内容。

表1.14　回顾课文内容

课文	劝说原因	劝说对象	劝说目的	劝说的切入点
《曹刿论战》	齐师伐我，公将战	鲁庄公	在军事上做好准备，最终取得战争胜利	作战的条件
《邹忌讽齐王纳谏》	齐威王因一国之君的地位深受蒙蔽	齐威王	广开言路，善于纳谏，使齐国强大起来	从生活小事切入
《出师表》	出师北伐前，对刘禅不放心	刘禅	广开言路、赏罚分明、亲贤远佞，在自己出师北伐时，没有后顾之忧	当下严峻的形势

小亮劝说的对象是__________，劝说的目的是__________，劝说的切入点是____________。

三、劝说要有技巧

俗话说，语言是一门艺术。我们在劝说他人时，要讲究一定的方法、技巧，才能收到良好的效果。那么曹刿、邹忌、诸葛亮是怎么来劝说的呢？

1. 同学们，请快速跳读3篇文章，圈画出相关谏言，并完成表1.15。

表 1.15 课文中的谏言及劝说方式与技巧

课文	谏言	劝说方式	劝说技巧
《曹刿论战》	战前:小惠未遍,民弗从也。 小信未孚,神弗福也。 忠之属也。可以一战。战则请从。 战中:未可。未可。可矣。	直谏	步步引导 循循善诱
《邹忌讽齐王纳谏》	臣诚知不如徐公美……宫妇左右莫不私王,朝廷之臣莫不畏王,四境之内莫不有求于王,由此观之,王之蔽甚矣。	讽谏	以自身经历设喻,再类比国事,以小见大,推己及人
《出师表》	诚宜开张圣听,以光先帝遗德,恢弘志士之气,不宜妄自菲薄…… 陟罚臧否,不宜异同……不宜偏私,使内外异法也…… 愿陛下亲之信之……	直谏	动之以情、晓之以理、对比

2. 读谏言,说说你比较欣赏谁的劝谏技巧,结合文章内容,说出你的理由。

我比较欣赏________________的劝谏技巧,因为________________。

明确:

曹刿:他没有训诫庄公“得民心者得天下”的大道理,没有直接告诉庄公要在政治上取信于民,而是步步引导,循循善诱,让庄公自己去找到问题的答案。这让庄公有一种极大的成就感和自豪感,拥有被尊重的感受。曹刿在劝谏时多用否定词,短句较多,简洁明了,正面劝说,直陈道理。

邹忌:用“与徐公比美受蒙蔽”的亲身经历这件家庭小事、闺阁趣事引到国事上来,借助类比,“宫妇左右”就像“臣之妻”,会偏爱大王您。“朝廷之臣”就像“臣之妾”,会害怕大王您。而“四境之内”的百姓就好比“臣之客”,是想要有求于大王您,从而指出齐威王受蒙蔽的事实。通过类比设喻,推己及人,委婉含蓄规劝齐王要广开言路不受蒙蔽。多用排比句,双重否定句,语气委婉平和。

诸葛亮:以恳切的言辞直言进谏,劝说后主刘禅要继承先帝刘备的遗志,完成兴复汉室的大业。一开始诸葛亮分析形势的不利与有利条件,然后提出自己具体可行的建议,可谓言之有理,具有说服力。文中反复提及先帝,对先帝的感激之情、对刘禅的效忠之意,可谓是动之以情,非常有感染力。

【小结】劝说他人,要想取得良好的效果,那么劝说的语言要得体,要尊重对方。正面劝说,直陈道理,循循善诱,步步引导,使对方顺理成章地接受自己的观点。结合自己的亲身经历即现身说法,委婉劝说对方,使对方容易接受。引用权威的话或代表性的例子，晓之以理、动之以情，使对方心服口服。

四、学以致用

请你以小亮的身份，劝说表哥，写一段文字，字数 200 字左右。完成后，可根据评价量表(表 1.16)进行打分。

表 1.16　评价量表

内容	标准	分值/分	打分/分
劝说的针对性	劝说对象、劝说目的明确	20	
劝说的理由	充分、符合实际	30	
劝说的技巧	态度诚恳、语气委婉 现身说法、循循善诱 类比设喻、以小见大 具有说服力或感染力	30	
劝说的语言	得体，表达简洁、清楚	20	

五、布置作业

运用今天所学方法，完善习作，以“给表哥的一封信”为题，写一封信，字数 600 字左右，注意书信体格式。

六、板书设计

- 劝说
  - 针对性
    - 劝说对象
    - 劝说目的
  - 技巧
    - 语言得体　尊重对方
    - 正面劝说　循循善诱
    - 亲身经历　委婉规劝
    - 动之以情　晓之以理

上课年级：初三

苏州市相城区蠡口中学　王　沂

情节寓意，形影不离

设计意图

在已经学习联想和想象手法的基础上，结合教材编者意图和学生对寓言阅读的成长需求，筛选和整合学生在导学案上提出的问题，设计四个教学活动板块：一读寓言，初明文体；品读情节，理解寓意；自读寓言，领悟寓意与情节关系密切；改写、续写寓言，明白寓意与情节关系密切。读品写三级，层层递进，以读促悟，读写结合，引导学生通过多个角度理解寓言，并展开合理的想象，学写寓言，尽量表达出寓言在当下的存在意义。

学习目标

1. 读文本，借助教材助读资料，明晰寓言文体特点。
2. 品读寓言，读懂寓言故事的情节与寓意之间的关系。
3. 展开想象，学写寓言，积极探究寓言在当下的意义。

学习重难点

重点：读懂寓言故事情节设计与寓意之间的密切关系，尝试写作寓言。

难点：从探究寓言故事情节与寓意之间的密切关系中学会改写寓言故事，表达出不一样的寓意。

教学课时

1课时。

教学过程

一、直接导入新课

今天我们来学习寓言！

二、一读寓言，初明文体

1. 读书上的预习提示，明确：寓言一般比较短小，常常用假托的故事寄寓意味深长的道理，给人以启示。故事的主人公可以是人，也可以是人格化的动植物或其他事物。

小结：寓言由两部分构成：故事+道理。

2. 从寓言《乌鸦喝水》中得到的启发是：遇到困难应认真思考，积极想办法解决。

三、品读情节，理解寓意

梳理导学案上学生提出的问题，采用与本节课学习目标一致的问题组织课堂学习活动。

屏显1：赫耳墨斯作为商人的庇护神，为什么他的雕像只是个“添头”？

明确要点：抓住“添头”的意思，把握赫耳墨斯并未真正为商人服务，为商人付出。所以，不被商人重视。启示：①一个人若要被人重视，就要有才能，能为他人付出，让别人看到你的价值。②你的价值由他人的需求决定。

屏显2：赫耳墨斯一进店，为什么不直接问自己雕像的价格？这启示我们什么？

明确要点：赫耳墨斯的行动目的和心理期望，抓住其心理期望中的“更”字含义，把握其有意与最高的神一较高下，并且相信自己的雕像对比其他两位神有更高的价值，由此可见他的内心期望很高，可现实是一文不值，鲜明的对比，突出赫耳墨斯狂妄自大、爱慕虚荣。启示：①不要做爱慕虚荣之人，不要做狂妄自大者，而要有自知之明。②爱慕虚荣的人不被人重视。

屏显3:宙斯、赫拉同样是神,为什么赫拉的雕像价钱比较贵?这启示我们什么?

屏显链接资料:

宙斯是统治世间万物至高无上的天神,奥林匹斯十二主神之首,是希腊神话中最伟大的神。但他婚后经常背着妻子,对凡人或半神的女人滥施爱情,私生子众多。

赫拉是掌管婚姻与家庭的女神,是自然力量的女性化身。因宙斯的风流成性变得多疑善妒。她的嫉妒与争吵,常常给众神和人类带来巨大的灾难。

宙斯家族高高在上,忙于寻欢作乐,争权夺利,他们对地上的人们并不怎么关心,严惩盗火给人类的普罗米修斯案就是明证之一。

明确要点:宙斯虽然是世间万物至高无上的天神,是奥林匹斯十二主神之首,但他只重视发泄个人私欲,不懂得为百姓付出,自然得不到人们更多的重视。赫拉的雕像价值只是贵一点,原因是赫拉掌管的是婚姻与家庭,这是人们需要的女神,自然,赫拉在人间的地位相比宙斯略高些。启示:作为管理者或当权者,应该为民做主,为民服务,否则,就得不到人民的尊敬,甚至在人民心中一文不值。

【小结】"温故而知新,可以为师矣。"由人物的言行和心理分析,可知作者的目的即寓意是讽刺爱慕虚荣者,启示人们要有自知之明。这是作者角度的理解。联系故事情节和生活体验,得到了更多的道理和启发,这就是读者角度的理解。两个角度相互配合,就能让寓言的生命力长长久久。

四、自读寓言,领悟寓意与情节关系密切

(一)运用所学知识,先从作者的角度理解《蚊子与狮子》中的问题

组织:小组讨论,完成两篇寓言的阅读。选派代表发言。

屏显1:为什么蚊子能够战胜狮子却败于蜘蛛?

明确要点:引导学生用句式"从(　　)中可见,蚊子是(　　)的形象",细读文章,把握以下内容:

① 从蚊子对狮子说的话、第一次动作描写内容可见蚊子自信,自恋,明白自己的长处和对方的短处,讲究策略,嘲笑狮子,步步紧逼,咄咄逼人,敢于奚落大人物等形象。启示:知己知彼,百战百胜;挑战强大的敌人不能用蛮力,而要注意观察,讲究智谋,勇敢面对。

② 从蚊子的第二次动作描写内容可见蚊子骄傲自满的形象。启示:要战胜

对方必须知己知彼，善于以己之长攻敌所短；面对强手和困难，应毫不退缩，勇往直前。但是胜利之后，也不能放松警惕，骄傲自满……

这些都是从蚊子的角度思考的。

屏显 2：这件事给狮子带去了哪些启发？

明确：再强大的人也有弱点，每个人都要坚持学习，不断提升自己各方面的能力。

小结：从不同的角度读寓言，我们就能从中得到不同的启发，收获不同的智慧。

（二）《乌鸦喝水》

再读《乌鸦喝水》这则寓言，从以下几个角度思考，可以得到哪些启发？

明确：①从乌鸦遇见喝不到水的困难能够静下心来仔细观察、认真思考方面得到启发：遇到困难应该沉着冷静，留心探索、发现，用智慧的眼光去发现问题的本质，千万不要被事物的表面所迷惑，不要受固定思维限制。②从乌鸦把小石子一个又一个地放进瓶子里，得到启发：只有坚持不懈，不断尝试，才能换来意外的收获……

五、改写、续写寓言，明白寓意与情节关切密切

借用学生的问题，尝试改写或续写寓言。

屏显改写或续写角度。

1. 改写：(1)如果蚊子没有撞上蜘蛛网，这个寓言寄寓的道理会是什么？(2)蜘蛛会说些什么？(3)如果赫耳墨斯来到人间之前就认清了自己，会怎么样？……

2. 续写：(1)赫耳墨斯最后的反应会如何？(2)雕像者如果知道他眼前的凡人是赫耳墨斯，会怎么做？(3)乌鸦来到了一个深井边，它怎样才能喝到水？……

组织：各人在上面的任务中任选一个，写写思路和关键词，然后各小组进行筛选，补充，准备五分钟之后推荐一名代表上台，分享小组的创作，说明创作意图。

【小结】寓言的寓意往往和情节的设计有密切的关系。

六、布置作业

阅读推荐:《伊索寓言》、钱钟书的《读伊索寓言》、《克雷洛夫寓言》等。

要求:结合当下生活和自己的身份,从经典寓言中读出至少一则新的寓意;从所读寓言中改写或续写一则寓言故事。

七、板书设计

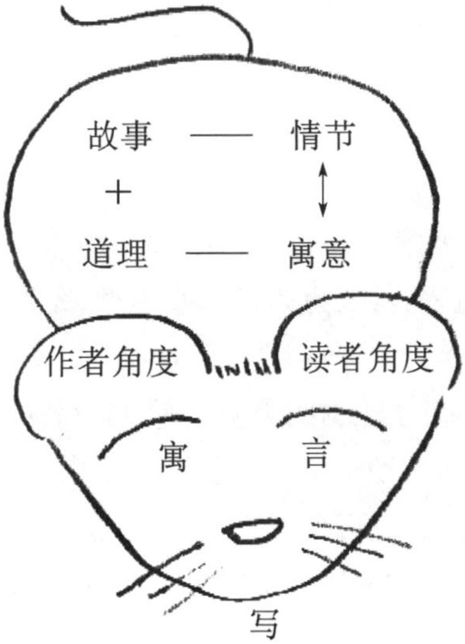

2022年苏州市相城区区级公开课,上课年级:初一

苏州市相城中学　李维英

论据的选择和使用

设计意图

论据是议论文的三要素之一，是作者立论的根据，是用来证明作者的观点的。选择、使用论据的过程，其实也是进一步思考、完善论点的过程。在九年级上册的第二单元和第五单元中，我们已经学过议论文的相关知识点，但当时对论据的讲解比较简单，只讲解了论据的类型。所以在后期的议论文写作中，学生经常会出现选错论据的现象，比如不合主题、随意堆砌、欠缺分析……针对这一现象，此次“读写融合”设计，通过再次分析《敬业与乐业》《怀疑与学问》两篇文章中的论据，归纳总结正确选择和使用论据的方法，从而培养学生议论文写作中正确选择和使用论据的能力。

学习目标

1. 通过对两篇议论文中论据的分析，明确正确选择论据的方法。
2. 活学活用，能够运用方法，围绕论点写论据。

学习重难点

重点：总结正确选择论据的方法。

难点：使用论据时，要学会适当分析。

教学课时

1课时。

教学过程

一、新课导入

师：《三国演义》中，有一个很精彩的情节，就是诸葛亮舌战群儒。面对当时江东诸多发难的儒生，面对他们滔滔雄辩的口才，诸葛亮一一把他们驳倒。如果我们把诸葛亮舌战群儒的过程形象地理解为是一篇口头议论文，同学们觉得，诸葛亮这篇议论文在体现议论文三要素上哪一要素最值得称道？

生：论据。

师：不错，我也这样认为。那么今天这节课我们就结合之前学过的《敬业与乐业》《怀疑与学问》这两篇议论文中的论据，来谈谈如何正确选择和使用论据，才能更好地说服别人。

二、情境设计

任务一：请同学们采用默读的方法再次阅读两篇文章，将证明两篇文章的中心论点或分论点的论据找出，完成表1.17

表1.17　课文中的论点与论据

篇目	中心论点/分论点	论据
《敬业与乐业》	敬业乐业四个字，是人类生活的不二法门	
	有业之必要	
	敬业之重要	
	乐业之重要	
《怀疑与学问》	治学必须有怀疑精神	
	怀疑是从消极方面辨伪去妄的必要步骤	
	怀疑是从积极方面建设新学说、启迪新发明的基本条件	

任务二：根据你所完成的表格，关于论据的选择，你归纳出怎样的方法？

示例一：不管选择什么论据，都要紧扣论点，与论点一致。

示例二：选择的论据要具有真实性，无论是事实论据，还是道理论据。

根据表格，同学们发现了选择论据的一些基本方法，即一致性、真实性。除了这两种方法，还有什么方法呢？请同学们齐读老师所选择的论据，然后结合画线句子进行归纳总结。

怎样才能把一种劳作做到圆满呢？唯一的秘诀就是忠实，忠实从心理上发出来的便是敬。《庄子》记佝偻丈人承蜩的故事，说道：“虽天地之大，万物之多，而唯吾蜩翼之知。”凡做一件事，便把这件事看作我的生命，无论别的什么好处，到底不肯牺牲我现做的事来和他交换。我信得过我当木匠的做成一张好桌子，和你们当政治家的建设成一个共和国家同一价值；我信得过我当挑粪的把马桶收拾得干净，和你们当军人的打胜一支压境的敌军同一价值。大家同是替社会做事，你不必羡慕我，我不必羡慕你。怕的是我这件事做得不妥当，便对不起这一天里头所吃的饭。所以我做这事的时候，丝毫不肯分心到事外。曾文正说：“坐这山，望那山，一事无成。”……一个人对于自己的职业不敬，从学理方面说，便是亵渎职业之神圣；从事实方面说，一定把事情做糟了，结果自己害自己。所以敬业主义，于人生最为必要，又于人生最为有利。庄子说：“用志不分，乃凝于神。”孔子说：“素其位而行，不愿乎其外。”我说的敬业，不外这些道理。

示例一：选择的论据要有典型性，即具有代表性的人、代表性的事，比如，这里引用庄子的“用志不分，乃凝于神”作为道理论据，具有普遍意义，能够恰如其分地与论点结合。

示例二：段落里的道理论据都是引用名人的话，比较具有权威性。

示例三：段落里的论据，有正面的，有反面的。比如引用曾文正的“坐这山，望那山，一事无成”与孔子的“素其位而行，不愿乎其外”形成了对比，从不同的方面，充分证明了论点，这告诉我们，论据选择的角度要多元化，要有多样性。比如，可以有不同领域的（政治、经济、军事、思想、文化等）；可以有不同时间（古代、近代、现当代）等。

方法总结：

一致性　真实性　典型性　权威性　多样性

思考：选择论据的方法总结归纳之后，在使用时有没有具体的要求呢？

怎样才能把一种劳作做到圆满呢？唯一的秘诀就是忠实，忠实从心理上发出来的便是敬。《庄子》记佝偻丈人承蜩的故事，说道：“虽天地之大，万物之多，而唯吾蜩翼之知。”凡做一件事，便把这件事看作我的生命，无论别的什么好处，到底不肯牺牲我现做的事来和他交换。（《敬业与乐业》）

示例：刚刚老师提供的选段中，不仅仅举了佝偻丈人承蜩的故事，并且对其进行了分析。这就告诉我们，在使用论据的时候，要对其进行阐述，如果阐述不充分，会使得论点和论据油水分离，当然也不能长篇大论进行分析，适当即可。

任务三：苏州市相城区东桥中学腾龙辩论社拟于 2024 年 6 月上旬开展关于“自强不息方能成功”的主题辩论赛，正方辩手在准备资料时遇到了一些困难，请你运用我们所学的选择论据的方法帮忙一起解决难题

难题一：正方辩手小东和小桥在选择论据时发生了分歧，小东认为以下两个素材都可以作为支撑观点的论据，小桥却认为素材一可以，素材二不可以，到底谁对谁错呢？请你来帮他们辨析一下。

素材一：

俄国杰出的化学家门捷列夫，一生从事化学研究，勤奋不息，硕果累累。由于生活清苦和过于用功，门捷列夫在大学时期身体累垮了，住进了医院。他偷偷地把书本、纸和笔带进了病房，一天也没有停止过学习。临终前三个星期，他还参加了关于乘飞艇到北极探险的计划的讨论。门捷列夫就是以这样不断奋斗的精神，发现了元素周期律，发表了 500 多篇科学成果，其中包括篇幅达数千页的著作。

素材二：

勾践回国后，时刻不忘受辱的情景。勾践在自己的屋里挂了一只苦胆，每顿饭都要尝尝苦味，提醒自己：不能忘了在吴国的苦难和耻辱经历！他身着粗布，顿顿粝食，跟百姓一起耕田播种。勾践夫人带领妇女养蚕织布，发展生产。

示例：小桥的观点正确。素材一讲门捷列夫，一生从事化学研究，勤奋不息，发表了 500 多篇科学成果，获得了成功，符合辩论赛的正方观点；材料二讲越王勾践卧薪尝胆，并没有讲后来卷土重来，获得成功，不符合辩论赛正方观点。

难题二：在搜集资料的过程中，正方发现，他们所搜集的资料比较少，请你帮助他们搜集资料，并将资料整理成论据，支撑他们的观点。注意选择论据的方法，并对选择的论据适当分析。

示例一：立志多在少年，但宋朝文学家苏洵 27 岁开始发奋，立志就读，昼夜不息，结果大器晚成，终于成为唐宋八大家之一。其实人不管什么时候努力都不晚，只要努力，并能持之以恒，终能有所收获。

示例二：汉朝司马迁继承父业，立志著述史书。他游历各地，阅读了大量书籍。不料正在他着手编写《史记》时，遭到了李陵之祸的株连。但他矢志不渝，忍辱负重，身受腐刑，幽而发愤，经过十余年的艰苦奋斗，终于写成了鸿篇巨著——《史记》。困难并不可怕，可怕的是面对困难，我们畏惧、退缩，只要坚定信念，勇往直前，定能“直挂云帆济沧海”。

三、布置作业

阅读九年级上册的《谈创造性思维》一文，明确中心论点之后，采用本节课所学的方法，为中心论点补充两个以上的论据。

四、板书设计

选择论据的方法
一致性
真实性
典型性
权威性
多样性
使用论据要适当分析

上课年级：初三

苏州市相城区东桥中学　秦婷婷

比喻论证群文读写教学

设计意图

在初三议论文论证方法的教学中，学生基本掌握了比喻论证的概念，但对于运用比喻论证的思维过程比较陌生。此次读写融通设计，借助再读《敬业与乐业》《创造宣言》《谈读书》《鱼我所欲也》等经典比喻论证的段落，进一步梳理运用比喻论证的方法。通过读写，帮助学生掌握比喻论证的思维过程、具体方法和注意事项，引导学生尝试进行比喻论证片段写作，提高学生围绕中心合理论证的能力，进一步锻炼学生的逻辑思维能力和语言表达能力。

学习目标

1. 把握比喻论证的概念，体会比喻论证的魅力。
2. 通过群文阅读，梳理运用比喻论证的方法。
3. 运用比喻论证进行片段写作，提高围绕中心合理论证的能力。

学习重难点

重点：在群文阅读中探究比喻论证的方法。

难点：运用比喻论证进行片段写作，论证一个抽象的道理。

教学课时

1 课时。

教学过程

一、新课导入

同学们，著名美学家朱光潜先生曾说：“说理文要写好，也还是要动一点感情，要用一点形象思维。”下面，请大家先来比较阅读两个文段，感受文字中运用的形象思维。

1. 趣味比较。

（1）说“深度阅读”。

A. 深度阅读在我们人生中起着主要作用，可以在人们迷茫时指引方向，在人们遭遇挫折时给予力量。

B. 深度阅读如灯塔，指引我们在人生的航行中寻到前进的方向；更如坚实牢固的船身，在我们遭受生活的暴雨时，为我们保驾护航，为我们的内心带来力量，让我们更加坚定地朝着目标前进。

（2）说“面对人生风雨”。

A. 以豁达心，面对人生风雨。唯有不断调整心态，勇敢面对人生的坎坷，才能品尝到人生的苦涩与甘甜。

B. 以豁达心，面对人生风雨。人生犹如一杯茶，先品尝苦涩，方能品味甘甜。总有人对茶敬而远之，认为其入口苦涩。他们疑惑不解，为何有人会钟情于苦味之物。然而，人生亦如茶般，充满了艰辛与磨难。纵使百般不愿，我们也无法对生活说不。唯有不断调整心态，勇敢面对人生的坎坷。人生如海，即便选择了阳光明媚的日子出海，也难免遭遇突如其来的暴风雨。心之所向，人之所望，皆非易得之物。唯有历经风雨，尝尽酸甜，方能领略成功的甘美。

2. 明确概念。

比喻论证是一种用具体、生动、形象的事物作比喻，来证明较抽象道理的论证方法。

小结：两个文段都运用了比喻论证，这种论证方法，在论证过程中使复杂的道理浅显易懂，使行文的语言生动活泼，使论证的道理深刻有力。

那么，如何借助比喻论证来进行合理论证呢？老师这里提供了一份“喻巧而理至”的进阶之路指南，第一步明晰比喻论证步骤，第二步探寻比喻论证的方法，第三步巧妙运用比喻论证。

二、活动一:初级阶段——范例引领知步骤

1. 范例展示。

谈读书(节选)

弗朗西斯·培根

读书足以怡情,足以博彩,足以长才……读书补天然之不足,经验又补读书之不足,盖天生才干犹如自然花草,读书然后知如何修剪移接。而书中所示,如不以经验范之,则又大而无当。狡黠者鄙读书,无知者慕读书,唯明智之士用读书,然读书并不以用处告人,用书之智不在书中,而在书外,全凭观察得之。读书时不可存心诘难作者,不可尽信书上所言,亦不可只为寻章摘句,而应推敲细思。书有可浅尝者,有可吞食者,少数则须咀嚼消化。

鱼我所欲也

鱼,我所欲也;熊掌,亦我所欲也。二者不可得兼,舍鱼而取熊掌者也。生,亦我所欲也;义,亦我所欲也。二者不可得兼,舍生而取义者也。

2. 明确基本步骤。

基本步骤为:明确观点—建立比喻—分析印证。

三、活动二:中级阶段——群文阅读探方法

阅读选文,请思考经典作品是怎么运用比喻论证进行说理的。可以从本体、喻体的特点,喻体是怎么安排的等角度分析。学生先自主思考,后小组合作,完成表1.18。

敬业与乐业(节选)

梁启超

我征引儒门、佛门这两段话,不外证明人人都要有正当职业,人人都要不断地劳作。倘若有人问我:“百行什么为先?万恶什么为首?”我便一点不迟疑答道:“百行业为先;万恶懒为首。”没有职业的懒人,简直是社会上的蛀米虫,简直是“掠夺别人勤劳结果”的盗贼。

创造宣言(节选)

陶行知

所以处处是创造之地,天天是创造之时,人人是创造之人,让我们至少走两

步退一步，向着创造之路迈进吧。

…………

东山的樵夫把东山的茅草割光了，上泰山割茅草……茅草是平凡之草，而泰山所可给他的又只有这平凡之草，而且没有东山多，所以他断定泰山是一座平凡之山，而且从割草的观点看，比东山还平凡，便说了一声：“泰山没有东山好。”茅草中有一棵好像是先知先觉的树苗，听他说：“泰山没有东山好”，想到自己老是站在寸土之中，终年被茅草包围着，陡然觉得平凡、单调、烦闷、动摇，幻想换换环境……樵夫总是随手一拔，把它们一根一根地和茅草捆在一起，挑到东山给他的老太婆烧锅去了。我们只能在樵夫的茅草房的烟囱，偶尔看见冒出几缕黑烟，谁能分得出哪一缕是树苗的，哪一缕是茅草的化身？

表 1.18　群文阅读探方法

选段篇目	论点	本体	喻体	相似点	比喻的形式	注意点
《敬业与乐业》					单/多个比喻	如：比喻是手段，说理才是目的。 __________ __________
《创造宣言》						

生生互动，小组代表分享成果。

(1) 精选喻体，相似点准确，喻体通常是生活中常见的事物。(2) 比喻后要有论证，强化“扣喻”意识，重在说理。(3) 可以单个设喻，也可以多个比喻连用。(4) 比喻论证中也可以有其他修辞，灵活运用。(5) 紧扣论点，论证过程要有逻辑性。

四、活动三：高级阶段——联系生活巧运用

欣赏名家的比喻论证，学习了方法之后，我们要学以致用，写一写。请你借助表 1.19，围绕“经典文化源远流长”写一个比喻论证文段。

提示：本体是什么—本体的特征是什么—寻找恰当的喻体—写出相似点—扣理论证，写成一个运用比喻论证的议论性文段。

表 1.19　经典文化比喻论证

	喻体	相似点
经典文化源远流长	示例：长河	长河活水源头，滋养生命

自主创作—小组交流—精品展示。结合表 1.20 加以评价。

表 1.20 评价标准

	☆☆☆	☆☆	☆
论点(观点)	透彻深刻	明白清楚	基本清楚
比喻论证	层级展开	有展开	没有展开
语言表达	形象生动	通顺流畅	不够贴切

【小结】议论文要写得明亮深刻、形象生动,比喻论证法是常用之法,用得恰当,能使观点鲜明清晰,内容具体、形象、富有感染力。

五、作业设计

请你针对考试过程中部分同学“因为别人交卷了,就乱选答案”的现象,以“坚守自我,不盲从”为话题写一个比喻论证文段,字数不限。

六、板书设计

喻巧而理至

——比喻论证群文读写教学

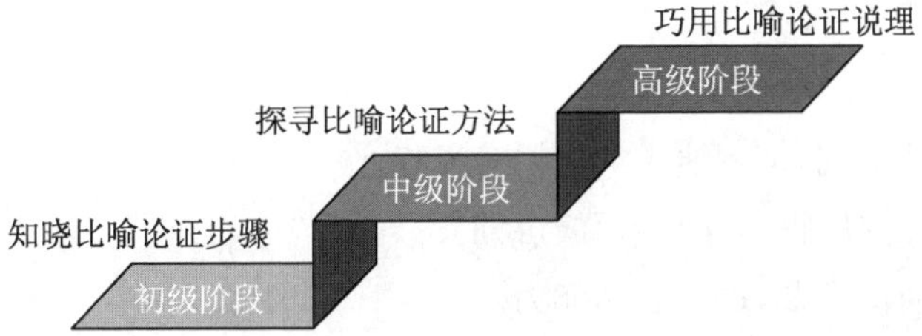

上课年级:初三

苏州市相城区春中中学　陈　红

做演讲达人

设计意图

八年级下册第四单元是活动探究单元，编者给我们呈现了四篇风格各异的演讲词，在之前的学习中，我们已经对四篇演讲词的主要内容、思想观点以及演讲思路进行了探究学习，初步把握了演讲词的特点。本节课是在前期学习基础上的单元整合活动教学，通过回顾，对四篇演讲词的语言风格做进一步的探究，感受演讲表达的个性特征，进而归纳出演讲表达的共性特征，以帮助学生掌握演讲的语言表达，提升学生的演讲表达能力。

学习目标

1. 回顾演讲词，把握演讲词的语言风格。
2. 运用探究所得，学习撰写演讲词。
3. 进行演讲实践，提高表达能力。

学习重难点

重点：探究、把握演讲词不同的语言风格及共性特点。

难点：学习撰写演讲词，并进行演讲实践，提高表达能力。

教学过程

一、情境导入

同学们，初二年级下周将开展以“青春·成长”为主题的演讲比赛，优胜者将代表学校参加区级演讲比赛。为此,我们今天就结合之前学过的几篇演讲词,来进一步研读和感受演讲的魅力,为比赛做好充分的准备。

播放演讲视频片段,学生欣赏后交流:这个片段是哪篇课文中的,是谁在演讲?给你印象最深的是什么?(可结合演讲词内容举例来谈)

二、教学实施

任务一:回顾演讲单元

1. 通读四篇演讲词,根据演讲词内容,完成表1.21。

表1.21 演讲词分析

	《最后一次讲演》(闻一多)	《应有格物致知精神》(丁肇中)	《我一生中的重要抉择》(王选)	《庆祝奥林匹克运动复兴25周年》(顾拜旦)
演讲对象	青年学生、李公朴家属、特务	人民大会堂颁奖大会	北京大学学生	国际奥委会全体委员
内容	哀悼李先生,动员青年学生和昆明人反抗压迫	中国学生要有格物致知的精神	大力扶植年轻人	庆祝奥林匹克运动复兴25周年
风格	动员型(激情澎湃)	哲理性(清晰、严密)	幽默型(坦诚、幽默)	庆祝型(庄重、典雅)

四位大师的演讲堪称经典,尤其是语言风格各具特色,那么如何写出一篇富有感染力的演讲词呢?下面我们就这四篇演讲词的语言风格探究,通过小组合作来整理出几点"演讲表达小妙招"。

任务二:品析演讲语言

1. 分组讨论:请各组选择一篇说说演讲词语言有哪些个性特点。

示例1:我们组讨论和分享的是演讲词《最后一次讲演》,因为它交替使用大量的感叹句、设问句、反问句等,表达强烈的思想感情。

(1) 感叹句。

[例]"李先生在昆明被暗杀,是李先生留给昆明的光荣,也是昆明人的光荣!"

"云南有光荣的历史,远的如护国,这不用说了,近的如'一二·一',都是属于云南人民的,我们要发扬云南光荣的历史!"

"在昆明出现了历史上最卑劣最无耻的事情!"

“现在李先生倒下了，他的血要换取政协会议的重开！我们有这个信心！”

（感叹号的大量运用，充分表达了闻一多先生的爱憎之情，具有强烈的感召力和战斗力。）

（2）设问句、反问句。

［例］“李先生究竟犯了什么罪，竟遭此毒手？他只不过用笔写写文章，用嘴说说话，而他所写的，所说的，都无非是一个没有失掉良心的中国人的话！”

“今天，这里有没有特务？你站出来！”

“凭什么要杀死李先生？”

（设问句、反问句的运用，能引起听众的注意和思考，使听众产生情感上的共鸣，表达情感更强烈！）

（3）人称变换。

［例］“我们”是指演讲者和广大人民（在鼓舞人们团结斗争时用）；“你们”是指国民党反动派及帮凶（对敌人正面指斥、揭露时用）。

（把“我们”与“你们”相连相对地使用时，更表达出演讲者感情的鲜明、立场的坚定。）

示例2：我们组讨论和分享的是演讲词《应有格物致知精神》，因为这篇演讲词语言表达理性、合乎逻辑。

（1）“不”字句。

［例］但是传统的中国教育并不重视真正的格物和致知。这可能是因为传统教育的目的并不是寻求新知识，而是适应一个固定的社会制度。

所以经书上的道理是可“推之于四海，传之于万世”的。经验告诉我们，这种观点是不适用于现在的世界的。

科学发展的历史告诉我们，新的知识只能通过实地实验而得到，不是由自我检讨或哲理的清谈就可求到的。

实验的过程不是消极的观察，而是积极的探测……绝不是袖手旁观就可以得到知识的。

实验不是毫无选择地测量，它需要有细致具体的计划。

（“不”字句，明确地表达反对什么，发表看法立场鲜明、毫不含糊。）

（2）举例印证。

［例］提出观点1：但是传统的中国教育并不重视真正的格物和致知。

举例印证1：王阳明“格”院子里的竹子失败，他把探察外界误认为探讨自己。

提出观点2：时至今天，王阳明的思想还在继续支配着一些中国读书人的头脑。

举例印证2：作者受传统教育的影响，误以为靠埋头读书能应付一切，结果对于实际的需要却毫无帮助。

（提出观点之后，举例印证，可以把道理形象化、具体化，听众容易接受。）

（3）语言理性。

这可能是因为传统教育的目的并不是寻求新知识，而是适应一个固定的社会制度。

时至今天，王阳明的思想还在继续地支配着一些中国读书人的头脑。

中国学生往往念功课成绩很好，考试都得近一百分，但是在研究工作中需要拿主意时，就常常不知所措了。

我觉得真正的格物致知精神，不但研究学术不可缺少，而且对应付今天的世界环境也是不可少的。

（语言负责任、有理性，不绝对化，说话留有余地。）

教师补充：

例如：（1）举例论证，有说服力。

（2）语言理性，留有余地。

（3）句式变化，感情强烈。

四篇演讲词表达的个性特点有目共睹，那么，这四篇演讲词在语言表达上有没有共性的地方呢？

分组交流，教师补充：语言有针对性；多用提示性、过渡性语言；口语化、大众化表达；多用短句，少用长句；多用修辞增强感染力……

2. 分组讨论：归纳“演讲表达小妙招”。

请各组讨论并提炼出3条小妙招，各派一位代表写在黑板上，注意用简洁的语言概括。

组内交流后，代表上台书写：(1)表达观点明确；(2)表达逻辑清晰；(3)表达语言有力。

三、教学评价与总结

任务三：撰写演讲文稿

活动一：请同学们对照上面的“演讲表达小妙招”，对自己的演讲词《顺境还是逆境更有利于人的成长》进行修改。

活动二：组内交流，推荐一名代表上台交流，其他同学点评和打分。最终评选出一名演讲达人代表班级参加校演讲比赛。

课堂小结：同学们，通过这节课的学习，你们对演讲是不是有了一定的认识与了解？我们再次总结一下：演讲要观点明确、思路清晰，材料有针对性，语言口语化，表达有感染力。大家知道了这些方法还需要自我揣摩、不断训练，在不断的实践训练中提升自己的演讲水平，最终形成自己的演讲风格。

上课年级：初二
苏州市相城区蠡口中学　马　誉

点　评
“群文读写”让议论文教学不再枯燥

“把多个文本按照一个或多个的议题逻辑建构成为一个阅读整体，让学生围绕着其中的议题对之进行阅读建构”，这便是“群文阅读”。本课题研究的是在群文阅读的基础上再融入相类似的写作训练，形成一个“群文读写”的框架体系，这无疑是语文教学的一个新的途径。本单元展示的6篇教案就是老师们在议论文“群文读写”方面探索的成果。

一、教学内容的合理性

好的选题是“群文读写”教学的起点。对初中学生来说，议论文读写是他们的短板。因此，选题要在遵循语文课程标准相关要求的前提下，贴近学生的生活实际和认知水平，也要兼顾学生的兴趣爱好，同时还要突出最关键的学习内容。陈红老师选择了“比喻论证群文读写教学”这个课题，把《敬业与乐业》《创造宣言》《谈读书》《鱼我所欲也》这些课文组合在一起，聚焦比喻论证这个重点，展开与教材不同步的学习，这样就可以最大限度地缩小学生与教材之间的距离，让他们真正学有所得。这6篇教案中有一篇其实不属于议论文教学的范畴，即《情节寓意，形影不离》，但是用假托的故事寄寓意味深长的道理，这也可以算是初一学生学习议论文的导引。李老师的意图很清楚，即让学生在轻轻松松的学习中初步了解“说理”的另一种方式。这也是一种新的尝试。

“群文读写”还可以把原先枯燥的课文，通过一个有趣的专题，使它们变得趣味十足。王沂老师的《品读古代名篇，学习劝说艺术》就是这样一种尝试。《曹刿论战》《邹忌讽齐王纳谏》《出师表》这三篇课文在“学劝说”这样一个课题中，走进了学生的生活，课文也变得亲切起来了，这些不同的文章在这一专题中产生了全新的学习效应。

在“群文读写”的教学中，教师往往要设置一个真实的、有一定挑战性的问题，给学生留以学习和思考的空间，引导他们在已有知识的基础上去探索更加多元的解决问题的方案。在这6篇教案中，老师们善于设置情境化任务，将任务作为学习活动的中心，在任务的导向下，指导学生展开学习和探究，这样的设计有助于训练他们在实际应用过程中学习知识，运用知识解决实际问题的能力。比如，“做演讲达人”就是一个情境化的课题。马誉老师设置了一个“青春·成长”演讲比赛的大情境，这个情境与学生的学习和生活紧密相关，是一个真实的情境，学生肯定会感兴趣。课上再播放演讲的视频片段，让学生身临其境，以尽快进入情境之中，这多元化的情境也会激发学生的学习欲望。在这样的情境中，学生阅读课文也就有兴趣了。秦婷婷老师设计的一个任务也是一个真实的情境：苏州市相城区东桥中学腾龙辩论社拟于2024年6月上旬开展关于“自强不息方能成功”的主题辩论赛，正方辩手在准备资料时遇到了一些困难，请你运用我们所学的选择论据的方法帮忙一起解决难题。这一情境留给学生的空间很大，可以让学生从多种角度去解决眼前的问题，这是一种能力的训练，也是一种思维的训练。

二、教材的组合与单篇阅读

教材的组合是“群文读写”的关键，单篇课文的阅读则是“群文读写”的基础。课题组的老师们有着对教材重新组合的自觉，他们善于把教材内各种文本按照一定的教学目标进行重新整合，甚至把课外相关联的经典文本与课内的整合在一起，以新的视角聚焦文本的核心价值，聚焦作品的语言的建构，促进学生思维的提升。我们看到这6个教案在文本的组合上都有着明显的特色。同时，我们也关注到，老师们对单篇课文的教学十分重视，在综合比较分析之前，往往都安排了相应的课时去学习单篇课文，学生从论证思路、论点和论据等多个方面对文章做深入的分析和研讨，因而他们对课文论证特点的把握是完整而深入的。比如，《好的议论文：整理思路，言之有序》整合了七年级下册的《最苦与最乐》和九年级下册的《敬业与乐业》这两篇文章，罗晶老师让学生先读《最苦与最乐》，在梳理了文章的论证思路之后，再组织他们细读课文，并以几个关键的语句为抓手，引导学生设疑解疑。这样，文本的阅读就落到了实处。罗老师的精读之法也值得提倡，在“群文读写”专题中的文本学习，不必对文本做面面俱到的解析，而是有选择、有重点地对那些最能够体现专题核心内容的部分进行精读，在此基础之上进行的文本之间的比较与分析，以及读与写的融合也就能够更加深入有效。

阅读是学生积累语言、训练思维、形成语文素养的主要方式。而不同的文体决定了阅读活动有着不同的方式，议论文的教学也有着独特的打开方式。说理是一门艺术，它与思维逻辑能力有关，也与语言表达能力有关，因此，教学中除了关注议论文的论证思路外，还要关注文章在说理过程中的语言表达形式，尤其是文本中一些重要的语言片段更是学生们学习语言的典范。因此，老师们在重新组合文本之后，还对各篇文章内的经典文段加以重新组合，形成一组新的学习范文，而这些语段在新的教学情境中又产生了新的意义。教学时，教师从具体的文本及语段入手，引导学生分析其论证思路和语言特色，探究语言所蕴含的潜在意义，这样的学习也就更加实在了。陈红老师就是这样展开教学的。最后一课时，她让学生再读《敬业与乐业》《创造宣言》《谈读书》《鱼我所欲也》等经典比喻论证的段落，关注议论文的"话语"系统（这是学生最薄弱的地方），进而梳理出比喻论证的思维特征、论证方法和话语特色。这样的整合可以聚焦并串联起比喻论证的整个知识链和话语系统，让学生更好地掌握一类知识，并形成相关的语言表达能力。

三、师生之间高质量的互动

"群文读写"讲究师生之间高质量的互动。群文阅读比起单篇文本的阅读有着更明确的指向，对学生的综合分析与探究能力的训练要求更高，而"群文读写"又是在这一基础上的拓展训练，这就成了一种更为深入的思维训练和语文能力训练。如果没有师生之间有效的互动，就不会产生好的教学效果。陈红老师在课上设置了三个阶梯，每一个阶梯的学习过程都是在生生、师生之间的互动间完成的。比如，第二个阶段学生阅读了《敬业与乐业》《创造宣言》《谈读书》《鱼我所欲也》等经典比喻论证的段落之后，小组讨论非常热烈，每个学生都充分发表意见，有不同意见也毫不避讳地表达出来，这样的讨论就十分有效，讨论完了之后他们对运用比喻论证的方法有了感性而又理性的理解。之后，第三阶段要求学生围绕"经典文化源远流长"这一观点写一个比喻论证文段，学生的表现更为活跃。课堂上，发现、比较、辨析、指谬，学生的思维得到了充分的展开。同样，在秦婷婷老师的课上，学生的互动也很有效，他们为《谈创造性思维》一文所补充的论点竟超出了老师的想象。有了这样高质量的师生互动，读与写才能够灵活迁移，学习目标也能够落到实处。

这几篇教案是原生态的，真实地展现了课题组的教师们专业发展的足迹，这是最难能可贵的。当然，这几篇教案并不完美，他们的课堂教学也都留下各种各样的问题，然而这并不影响他们对语文课堂教学探索的热情。我们也期待着老师们能够在新的研究过程中取得更丰硕的成果。

点评人：傅嘉德，江苏省特级教师，正高级语文教师，原苏州市教育科学研究院副院长。

下篇

群文教学“读写融合”师生作品集

论文

意象贯通：群诗阅读教学的路径探索

在当前中小学群诗阅读教学实践的过程中，有些语文教师注重单元内群诗的整合教学；有的则以一首课内诗歌为主，结合多首课外诗歌来开展群诗阅读教学；有的更将范围扩大到群书阅读，开展唐诗鉴赏类书籍与其他朝代诗歌鉴赏类书籍的共读活动。在群诗组合的方式上也各具特色：有的基于同一主题来贯通群诗，有的用同一作家的不同诗作来组合群诗，有的基于同一写作技巧来贯通群诗……不管选择何种贯通方式，参与群诗阅读教学实践的教师，均做到了遵循课程标准并结合具体的学情来制定教学目标。基于目标的群诗组合方式既呈现出多样性，也兼顾了群诗之间的逻辑性，避免了随意堆砌诗歌开展阅读教学的现象。

在借鉴上述教学经验的基础上，笔者尝试用“意象”来贯通群诗，引导学生紧扣“意象”研读群诗，探究诗歌创作之道，以期探索出一条群诗阅读教学的新路径。

一、选择典型意象，理顺贯通群诗的逻辑

意象，由诗人对外在世界中的“象”进行陈述、重组或再造，之后将自身的“认识、理解与评价”——“意”融入“象”中而产生，进而得到其他诗人的认可，形成一种诗歌创作中的共识。因此语文教师选择“意象”这一凝聚着集体共识的审美性语言表征，遵循一定的逻辑整合群诗，进而组织学生开展与该意象相关的群诗阅读活动，就能提升学生的审美能力，培养学生的审美心理，进而完成传承传统文化的使命。

譬如，可以选择“笛”意象来组诗，开展“指向唐代诗歌”的群诗阅读活动。因为在唐代，不管是贵族诗人，还是布衣诗人，大多喜欢在创作诗歌时运用“笛”意

象，当时的礼仪宴会，乡间月下，娱乐场所，笛无处不在，它与诗歌一起，渗透进了唐人生活的点点滴滴中。因此在唐代诗人的每一个情感角落里，只要有诗歌可以创作，就会有“笛”意象如影随形。令人可以想见唐代诗人有的吹笛，有的以诗唱和的情境：时而委婉，时而悠扬……

确定了通过“笛”意象来组诗，随即就要重视贯通群诗时的逻辑问题。因为“笛”意象对于不同的诗人而言，可以寄托不同的情感，表达不同的心声。因此只要分类组诗，分类鉴赏，就能促进学生认知并理解“典型意象”的内涵丰富，提升其审美能力。

（一）以“‘笛’意象蕴含建功立业的愿望”为逻辑原点来组诗

笔者研读盛唐诗歌后发现：盛唐诗人尤其喜欢通过“笛”意象，来彰显自己那种济苍生、报社稷的雄心壮志。因此语文教师可以从“‘笛’意象蕴含建功立业的愿望”这一逻辑原点出发，来整合群诗。

比如，可以将李白《塞下曲（其一）》、《相和歌辞·从军行》以及陈羽《从军行》这三首诗组合在一起，因为上述诗歌均在“笛”意象中蕴含了“建功沙场，报效国家”的志向。

李白《塞下曲（其一）》：“五月天山雪，无花只有寒。笛中闻折柳，春色未曾看。晓战随金鼓，宵眠抱玉鞍。愿将腰下剑，直为斩楼兰。”五月的天山，积雪尚未消融。战士们冒着严寒，听着《折杨柳》那首悠扬的笛曲，尽管心中会泛起思乡情，但对国家的忠以及建功立业的强烈渴望，激发了将士们克服困难、奋勇杀敌的力量。

李白的《相和歌辞·从军行》：“从军玉门道，逐虏金微山。笛奏梅花曲，刀开明月环。”本诗先写将士参加卫国战争的场面，后将笛与刀对举，笛是将士思乡时的必备物件，刀是军人建功立业的武器。以此盛赞军人克服乡情羁绊、锐意进取、卫边拓土的精神。盛唐的人们渴望在这个时代崭露头角、有所作为。戍边将士齐心协力，将热血洒向边塞，力争建功立业。诗人则为时代的奋进精神所感染，以其雄浑壮烈的豪情，谱写了恢宏磅礴、慷慨激昂的诗篇。

陈羽的《从军行》：“海畔风吹冻泥裂，枯桐叶落枝梢折。横笛闻声不见人，红旗直上天山雪。”天山脚下寒风劲吹，海畔冻泥裂纹纵横，树叶满天飞舞，折断的枝梢在风中颤抖。严酷的环境中传来高亢嘹亮的笛声。循声望去，在天山皑皑白雪的映衬下，一面红旗直上峰巅。风雪中红旗不倒，已足见将士的顽强意志。“直上”更见军人们建功立业的雄心和一往无前的精神。诗人将“‘笛’意象”融入建功立业的诗章，将边塞苦难与崇高理想融为一体，为"'笛'意象"注入了更多慷慨激昂的美感。

从"建功立业的豪情"这一逻辑原点出发，赏读上述三首诗，遵循的是由浅入深的逻辑顺序：从借笛声表达思乡情，用实际行动排遣思乡情以求战功，到借笛声彰显锐意进取的时代雄心，再到笛声中洋溢着的强大劲健的崇高美学气息，此种贯通方式有利于学生循序渐进地感受并体验"笛"意象于高昂时豪情万丈、意气风发之美，感受盛唐美学的力量。

（二）以"'笛'意象表达离别及思乡情"为逻辑原点来组诗

在唐诗中，诗人经常通过"笛"意象来表达离别与思乡情。于是，江岸码头、十里长亭、南谪伶仃、北漂寂清的景象中无不充斥着笛与诗。因此，语文教师还可以从"'笛'意象表达离别及思乡情"这一逻辑原点出发，来整合群诗。

比如可以将李白的《春夜洛城闻笛》、李益的《春夜闻笛》、刘长卿的《听笛歌留别郑协律》这三首诗组合在一起，因为上述诗歌均通过"笛"意象表达了"浓郁的思乡情结"。

李白的《春夜洛城闻笛》："谁家玉笛暗飞声，散入春风满洛城。此夜曲中闻折柳，何人不起故园情？"未曾露面的吹笛人只管吹笛抒情，不经意间打动了无数听众。笛声由春风吹散，传遍了洛阳。这是诗人的想象，也是艺术的夸张。那春风送来的笛声，分明是寄寓离情别绪的《折杨柳》曲，末句通过反问，彰显了盛唐那种绵长又高亢的思乡氛围。

李益的《春夜闻笛》："寒山吹笛唤春归，迁客相看泪满衣。洞庭一夜无穷雁，不待天明尽北飞。"春方至，夜犹寒，此刻有人夜不能寐，坐起吹笛，这笛声恍如在呼唤春归大地，这笛声让迁客泪洒衣衫，渴望回到位于北方的家乡。诗人极其羡慕大雁一到春天就能北返的自由，因为自己被贬仍不能北归。全诗多怨叹之情而少豪迈之气，然其委婉曲折之情，也别有趣味。这正是中唐诗歌的时代特点。

刘长卿的《听笛歌留别郑协律》："旧游怜我长沙谪，载酒沙头送迁客。天涯望月自沾衣，江上何人复吹笛。横笛能令孤客愁，绿波淡淡如不流。商声寥亮羽声苦，江天寂历江枫秋。静听关山闻一叫，三湘月色悲猿啸。又吹杨柳激繁音，千里春色伤人心。随风飘向何处落，唯见曲尽平湖深。明发与君离别后，马上一声堪白首。"诗人仕途郁郁不得志，颠沛流离中乡愁难遣，加之与好友离别，自然愁上添愁，江上笛声，让他觉得宫商角羽无不凄苦，嘹亮的笛曲《关山月》与清幽的笛曲《折杨柳》，都充满了苍凉悲伤的味道，全诗洋溢着晚唐诗歌那种"日薄西山”的气息。

从“离别及思乡情”这一逻辑原点出发，赏读上述三首诗，遵循的是唐王朝由盛转衰的逻辑顺序：李白的思乡浪漫单纯，笛声中洋溢着盛唐诗歌“直率真挚、雄浑悠长”之气；李益的思乡情结中融入了迁客骚人“怀才不遇”的郁闷，笛声里流露出中唐诗歌“于委婉曲折中怨叹时运”之味；刘长卿的思乡情怀中不仅掺入了“怀才不遇”的苦闷，而且添加了国运衰颓的怅惘，纵然笛曲变换，愁苦依然不改。学生依次读之，能通过笛声领略唐王朝的兴衰，欣赏美之形态的嬗变：从盛唐想象瑰丽的壮美，到中唐情思落寞的弱美，再到晚唐无法挽回的衰美。学生的审美比较能力得以提升。

二、构建问题链，感悟贯通群诗的文化

在以某意象的特定内涵为逻辑原点，完成群诗的整合之后，就迈进了引领学生深入赏读群诗、感悟诗中传统文化的新阶段。如果对诗歌创作背景知之甚少，学生就难以理解群诗。因此在此阶段，教师要继续依托群诗中的相同意象，把该意象作为共振点，构建问题链，引导学生通过探究问题，逐步感知并体验意象中内蕴的、可促成审美共振的心理机制，从而为学生感悟诗歌意象中蕴藏的传统文化奠定基础。

构建“问题链”，还是要着眼于意象，依据意象发掘诗人的情感脉络，在此基础上设计有逻辑联系的一连串问题。问题链有利于层层推进群诗阅读教学，引领学生感悟意象中蕴蓄的传统文化。

譬如着眼于“笛”意象，即可探究贯通于大量唐诗之中的思乡文化。针对上文的两组诗歌，可构建问题链：

一轮明月、幽幽笛声是游子永恒的情结，思乡文化是中国古典诗歌永恒的主题，思乡诗凝聚着诗人对家乡的真挚感情，具有强大的表现力。

1. 请问上述两组唐诗中，哪些思乡诗节奏轻快、基调昂扬，排遣思乡之悲表现出明朗奔放的一面？

2. 哪些思乡诗的情感基调以悲情为主，表现归乡的心切和无奈，反映思念亲友的孤独与凄凉？

3. 为什么同为思乡诗反差如此之大？

4. 魏晋时期，诗人们就常常感慨鸟兽尚有家可归，自己却无法返回故乡，代表作如王粲《七哀诗》“狐狸驰赴穴，飞鸟翔故林”，与上面两组唐诗比较，可以发

现传统思乡文化发展到唐朝出现了哪些变化?

学生通过合作探究,明确了盛唐思乡文化偏重明朗奔放的一面,而中晚唐思乡文化则以凄切悲壮为主基调。他们发现了盛唐与中晚唐思乡诗反差如此之大的原因:盛唐作为当时世界上最强盛的帝国,声名远扬。于是盛唐诗人受此影响,多有建功立业的雄心壮志。他们因此挥别亲友,背井离乡,希望干出一番大事业,因此在创作时自然会淡化思乡诗中的愁苦之情,增添明朗奔放、积极进取的亮丽色彩。中晚唐国运衰颓,政治黑暗,官吏腐败,正直的人往往遭到贬斥,颠沛流离;百姓饱受兵役徭役之苦,四处奔波;军人戍边多数会被强制延期。生存艰难叠加旅途险阻,平安归乡的人极少,因此这个时期的思乡诗往往凄切悲壮。这样就导致了唐代思乡诗文化风格前后反差大的现象。

通过对比魏晋思乡诗与唐代思乡诗,学生们还发现,魏晋思乡诗如王粲的《七哀诗》"狐狸驰赴穴,飞鸟翔故林",曹植的《杂诗》"浮云翳日光,悲风动地起",范围局限于个人、家人、故乡,诗人作诗的目的是单纯地"为己""为情"而作,选择的意象多为动植物、风云等自然意象。而到了唐代,思乡文化所涉及的范围渐渐扩展到国家社稷、天下苍生,诗人作诗的目的也在"为己""为情"的基础上增加了"为国""为君""为民""为事"而作,同时在自然意象的基础上增加了"笛子"等人文意象的运用。如李白的"笛中闻折柳,春色未曾看。晓战随金鼓,宵眠抱玉鞍"就通过"笛"意象淡化乡愁突出"为国"奋战的豪情;而"从军玉门道,逐虏金微山。笛奏梅花曲,刀开明月环"则通过"笛"意象写追歼穷寇的胜利场面,彰显"为民"创造和平安宁生活的壮志。

通过对上述两组唐代思乡诗实施文化审美,学生深刻感悟了贯通群诗的"传统思乡文化":思乡是一种人类普遍存在的感情。离开故乡后,乡情就会油然而生。特别是当遭遇旅途困顿、仕途蹭蹬、战乱频仍等不如意事件时,故乡作为精神上的避风港便成为诗人的心灵支柱,诗人通过寄托于意象的思乡情,来表达对现实的不满和对美好生活的憧憬。因此笛声中的故乡,不仅是指诗人出生及成长的地方,还指美好宁静、使人轻松自在的精神家园。李益在《春夜闻笛》中所向往的美好故土,在当时那个黑暗的社会中并不存在,这故土其实是支撑他顽强生存的精神家园。

能分辨原初故乡与精神故乡,并阐述其意义,可见学生通过群诗阅读活动提升了文化判断与整合能力。

三、写作反哺阅读，追求读写贯通的境界

基于意象的群诗阅读教学，还需要通过写作来促进阅读理解的进一步深入。写作会倒逼学习者深入探究典型意象在群诗中的意义与价值，使其贯通性认知进一步明晰化、深刻化，大大提升阅读教学的效能。以写作反哺阅读，可以使学习者读出深度、读出个性、学以致用，从而激发其感悟力、想象力与创造力，达成读写贯通的实效。

譬如，可以依托典型意象，弘扬传统思乡精神，传承唐诗之“融意象入歌性传统”以及“自然人文互现之生命实践”的创作原则，在研读群诗之后，教师即引导学生尝试创作短诗，在意象选择上延续唐代思乡意象那种自然平易、朴素清新的特点。

（一）学唐人用朴素意象抒情，深入体验思乡文化

在诗歌创作前，教师首先要引领学生学习唐代诗人组建意象群、委婉抒情的方法，群中意象须体现出朴素清新等特点，如“春光”“红日”“青山”等自然意象，又如“笛”“炊烟”等人文意象，还可以包含“微信”“网游”“元宇宙”等鲜明时代特征的意象。

通过这种先组建意象群后委婉抒情的方法，可以让思乡情的诗意表达更立体，脉络更清晰。如某学生的诗作：手指在笛管上跳跃/晨雾撩动着低徊的鸽哨/红日播撒下悠远的音符/请听我胸中涌动的心潮//东风来了，东风来了/生命在元宇宙的旷野里奔跑/微信绽放着故土的花苞/芳香已融入我焦渴的怀抱。这首短诗选取“笛”“晨雾”“鸽哨”“红日”等意象，表达了殷切的思乡情愫以及对美好安宁生活的热爱，传承了唐诗中“笛”意象“渴望归乡，期冀祥和”的文化精神。同时又选取“东风”“生命”等意象，表达青少年虽然随父母背井离乡也想要在新环境中有所作为的决心；而“元宇宙”“微信”等时代气息浓郁的意象，则彰显了青少年与时俱进的情怀。这些意象均为大众化朴素意象，大众化并不意味着选取意象是“随便”的，本诗中随处可见“朴素清新”气息，如“笛”意象与鸽哨意象结合，初见觉得平淡，但联系唐诗“笛”意象的文化内涵就不禁会心一笑，顿悟作者之情感所系、阅读收获所在。

这说明群诗阅读所积淀的“依托意象进行诗意表达”学养，已融入学生的写作中，并通过写作，滋养其更深入地阅读，促进其文化体验，读与写因此得以融会贯通。

（二）依托意象，用歌性特征展现内涵美

在群诗阅读教学中，教师还要引领学生关注唐代诗人在意象的选取和运用上兼顾音乐性的优点，指导学生在短诗创作时学习唐代诗人“以句式回环、复沓等形式，结合意象照应的手法，来音乐化地表现诗歌内涵美”的写作技巧。

如某学生的作品：远远地离去了，笛声的悠扬/渐渐地走近了，青春的昂扬/晨曦初露时奔跑在操场/晚霞满天时折一朵时光/你在吹奏，我在歌唱/你吹横笛玉树临风，我吟诗句风流倜傥/一起勾画蓝色的梦想/温润而不躁，坚定而坦荡/远远地离去了，笛声的悠扬/渐渐地走近了，青春的昂扬。本诗之起始和结尾完全相同，均突出“笛”意象，表达乡情无碍青春求索之念，构成呼应结构，中间部分作者抒写昂扬的青春如何追求美好的梦想，其句式对称、回环、复沓，继承了唐诗节奏性强、朗读性高的“歌性特征”。其中“晨曦”“晚霞”“时光”等意象均带有积极感，传承了盛唐诗歌内容明朗奔放的一面，在这种积极化意象下感悟作者的生命实践，其在思乡的不舍和求索的坚毅之间的转换也构成了音乐的节奏性。诗中句式之复沓美与意象之照应美，既表达了“笛”意象的传统意蕴，又表现出鲜明的时代内涵，流露出作者精神世界的丰富性。

这种丰富性源自唐代思乡诗表达样态的丰富性。这说明学生已经进入了“读→写→读→写……”的状态中，形成了健康蓬勃的言语生命状态，“依托意象，贯通读写”的精神动力源源不断。

总之，基于意象的群诗阅读教学，以意象的特定内涵为逻辑原点来组诗，以问题链引导学生深入赏读群诗，体验诗中传统文化，又以学生运用意象试写诗歌来反哺阅读。这一实践路径，不仅满足了新课标对学生阅读量的要求，而且提升了学生的系统性、探索性阅读能力以及批判性思维能力；在读写贯通的过程中涵育了学生的诗化语言素养，提高了学生的写作能力。可见群诗阅读教学新路径的优越性，在于满足学生“抓住典型意象、学会鉴赏群诗”的心理需求，充分调动学生的学习和生活经验，提高其创造性阅读的能力；并促使学生在多文本的对照阅读中习得写作技巧，助力他们拓宽思维和表达空间。

（此文发表于《中学语文教学参考》2023 年第 30 期，收入本书时有改动）

苏州市相城实验中学　王克强

单元整体教学：瑞士的中学群文教学之样态

瑞士位于欧洲中部，是全世界最富裕的国家之一，享有“欧洲心脏”“世界花园”“钟表王国”等美誉，是许多国际组织的总部所在地。在世界知识产权组织(World Intellectual Property Organization，WIPO)发布的《2022 年全球创新指数报告》中位列年度全球创新指数第 ，已连续十二年蝉联榜首。这一成就的取得，与瑞士人重视教育有关。瑞士教师通过阅读教学培养学生的创新意识、能力和精神，并引导其养成阅读习惯，终于使阅读成为国家创新体系的重要组成部分。

瑞士的中学阅读教学是“单元整体教学思想”统领下的教学。他们的所谓“单元”，实际上是根据课程标准和具体学情等要素构建起来的“学习单元”。在确定“学习单元”时，教师能遵循一定的规律与体例，根据学生的学习需求灵活选取并组合文本，在此基础上推进单元整体教学实践。教师会基于对单元的整体观照，引导学生挖掘单篇文本的创新元素与核心价值，将单篇教学与单元教学之间的张力转化为合力，促进学生创新能力的提升。

教育家卢梭的自然主义教育理念，对瑞士教师建构“学习单元”影响甚深。卢梭出生于日内瓦(瑞士第二大城市)，他主张只有自由的教育，才能培养自然的人。须依照儿童的自然本性进行教育，使儿童得到自由的发展。因此教师有依据课程标准及学生需求构建“学习单元”的自由。如发现学生喜读本土小说，教师就运用“意象组元”“主题组元”等方式来组建“学习单元”，之后的单元教学力求循序渐进地促进学生的自由发展。在教学中给予学生充分的思想自由与表达自由，就为创新意识的生成提供了有利条件。

一、“意象组元”后的单元整体教学

意象蕴含着作家的写作意图，是作者思想感情的载体。文学作品常通过意象来隐喻某种象征意味，这种意味如果得到广泛认可，就会成为创作中的共识。因此，教师如果选择“意象”这一凝聚着集体共识的审美性语言表征，遵循一定的逻辑来选择多个文本建构“学习单元”，组织学生开展与该意象相关的群文阅读活动，就能提升学生的阅读能力。

如伯尔尼国立中学的霍夫曼老师以象征“美好事物”的意象来组元，选取三部瑞士小说组成了学习单元。这三部小说是彼得·施塔姆的《阿格尼丝》、帕斯卡尔·梅西埃的《勒亚》、库尔特·马蒂的《望见那不勒斯》。《阿格尼丝》中的“窗户”意象，隐喻主人公对外在美好的渴求；《勒亚》中的“小提琴”意象，寄托主人公用艺术点亮人生的希冀；《望见那不勒斯》中的“那不勒斯”意象，源自盲人荷马的名言：望见那不勒斯后瞑目，从此“那不勒斯”被喻为美到极致之地及值得追求的境界。

“意象组元”完成后，霍夫曼老师主要通过问题引导、自由研讨、奖励非预期学习成果的方式开展单元整体教学。

（一）问题引导

教师在单元整体教学中用“有层次、结构化、可扩展、能持续”的问题链来贯穿整个教学过程，在解决问题的过程中引导学生深入思考，理解单元之中单篇文本的价值，感悟单元整体的价值内涵与精神本质，进而培养学生的批判性思维与创新素养。

霍夫曼老师设计的问题链：(1)《阿格尼丝》《勒亚》《望见那不勒斯》中的主要意象分别是什么？这些意象有何共同意义？(2)这些意象与小说主人公的形象塑造有何关系？主人公的哪些细节让你对意象的象征意义有了深入理解？(3)透过三部小说中的主要意象与关键情节，你发现了怎样的价值观？上述问题链从教学立意出发，从教学逻辑和学生的学习需求出发，循序渐进地发掘三部小说的价值，拨动学生的思维之弦。

（二）自由研讨

瑞士教师推崇研讨式教学。研讨前，学生先尝试自主解决问题，然后带着学习成果参与集体研讨；研讨中，教师鼓励学生从不同角度展示成果。学生在自由的氛围中取长补短，发表创见。

学生通过研讨，发现了三部小说的主要意象均指向一种意义：人人都向往美好事物，并愿意为之努力。“窗户”作为传递人物情感的意象，凝聚了阿格尼丝不懈追寻幸福之情。当她发现情人自我封闭时，就打开窗户，表达对外在美好的渴求，然而情人的冷漠毁灭了她。“小提琴”作为预示人物命运的意象，铺陈出勒亚起伏的命运轨迹。勒亚因丧母而情绪低落，后来一位小提琴手唤醒了她对未来的憧憬，她开始练琴，想用艺术点亮生活，但小提琴被毁，让她决然弃世。“那不勒斯”作为凸显人物形象的意象，展现了一个普通工人追寻美好生活的形象。然而功利社会的枷锁，让他至死都没有抵达心中的那不勒斯。对于上述悲剧，有学生从社会批判角度解读，认为底层人物的社会边缘化是导致悲剧的原因，他们在追求美好事物和寻求外界支持时面临困难，常常孤立无援，因此要建立保护弱者的社会机制。有学生从心理建设角度解读，认为当追求美好受阻时，有人会感到无奈，甚至失去生活的勇气。此刻要缓解焦虑，承认理想与现实的差距，调整自身需求……可见，自由研讨展示了学生分析问题的不同角度，涵养了学生全面思考问题的能力及尊重学伴见解的素养，也孕育了创新意识。

（三）奖励非预期学习成果

当然，瑞士教师对学生阅读成果的评价，不会拘泥于自认为重要的范围内，他们对非预期的学习成果持大力褒奖的态度。

如霍夫曼老师发现有学生基于“死亡美学”视角解读三部小说：小说主人公在社会与个人、生与死中挣扎，抗争不公平的命运，展现了超越生命的精神力量。小说对生命意义与死亡意义的反思，彰显了人追求美好时应把重点放在精神的自由实现上之主张。老师肯定了这个非预期学习成果，给该生颁奖，评价说：精神超越生命，精神自由的境界，就是美好之所在。

可见，瑞士教师在评价中大力激励有创意的、非预期的学习成果，以确保学习兴趣被最大限度地激发，确保创新精神的弘扬。这正是瑞士各州教育部门乃至联邦政府所期待的。

二、“主题组元”后的单元整体教学

所谓“主题组元”，就是根据某一主题来选择多个文本建构“学习单元”。在此基础上开展的单元整体教学呈现出主题鲜明、任务驱动、教学评一体的特征。

如霍夫曼老师基于“扬善抑恶”主题，选取了三篇小说建构学习单元。这三篇小说是罗道尔夫·托卜菲尔的《昂特山口》、雅克·谢那维的《奥罗尔姑妈的原则》、雷蒙·法尔盖的《修缮》。《昂特山口》描写一对英国父女到阿尔卑斯山旅游，雇了一名瑞士猎人当向导。那对父女傲慢且固执，不听猎人劝告，结果在山口遇险。猎人以沉着与智慧解救了他们。《奥罗尔姑妈的原则》描述一位老姑娘为反抗父亲的专横，誓言不嫁，却成全一对恋人。《修缮》讲述山民罗登贿赂官员，骗取房屋修缮补助金的故事。

“主题组元”完成后，霍夫曼老师主要通过教师引入任务、任务循环、成果展示及表现性评价的方式开展单元整体教学。

（一）教师引入任务

任务型教学的首要环节是呈现任务，让学生在任务的驱动下循序渐进地学习。设计巧妙的学习任务能激发学生的学习兴趣，增强其学习动力，点燃其创新热情。

基于任务型教学理念以及本小说单元“扬善抑恶”主题，霍夫曼老师设计了五个学习任务：

（1）问题研讨：①《昂特山口》中的猎人受到了英国父女的无礼对待，他为何还要相救？②《奥罗尔姑妈的原则》中的作家如果让主人公为爱离家出走，会不会有损其人设？为什么？③《昂特山口》中的猎人与《修缮》中的罗登都是阿尔卑斯山山民，二人的人品差距为何这么大？④猎人和奥罗尔姑妈战胜困难的方式有何异同？⑤学习了本单元的三篇小说，你对“善与恶”有了哪些新的理解？

（2）书面表达：写一封信。英国父女回国后想写一封信给猎人。请你代他们写信，表达此刻的心情，并讲述思想的转变。要求运用英国绅士的专用书信格式。

（3）社会学习：草拟奖状。假如你是当地行政官员，要给猎人或奥罗尔姑妈颁发奖状，你会怎么草拟奖状内容？你身边也有经常帮助别人的同学，请你也为他或她制作奖状。

（4）视读互参：比较动画片与文本。比较动画片《昂特山口》与小说原作，说出其中的不同点并分析原因。

（5）网络分享：发表评论。①向组内学伴讲述你学完本单元之后的感悟。②写成单元文本整体评论，并分享于网络。

分析上述五项学习任务，“问题研讨”部分紧扣单元主题开展概括理解、推断阐释、比较分析、创意感悟等学习活动，注重培养学生批判性思考能力和问题解决能力。“书面表达”则要求学生以写信的方式回望并梳理故事情节，表达思想情感，侧重含义提取并整合文本关键信息的能力以及创作媒介作品的能力。“社会学习”部分培养学生依据主题概括人物精神的能力以及课内知识的迁移运用能力。“视读互参”部分引导学生比较分析影片与原作的差异，揣摩导演改编的意图，展开变与不变孰优孰劣的思考，提升学生的思辨性阅读与表达的能力。“网络分享部分”倡导学生表达个性化观点，写出基于单元主题的整体阅读评论文章，通过网络与他人分享，以提升学生实践创新能力以及高效运用信息技术的能力。

（二）任务循环

任务循环是实施任务型课堂教学的重要环节。学生依次完成解决问题的任务、集体做决定的任务、观点交换的任务，凝聚集体智慧，收获学习成果，进而开发新的学习任务，开启新循环。

“解决问题”的任务由学生独立完成，学生自主探究并解决问题，后将成果提交小组，小组集体选择最优成果，完成“集体做决定”的任务。之后班内各小组交流各自成果，完成观点交换的任务。其过程具有合作探究性和成果多元性特征，学生通过完成任务，相互取长补短，提升阅读素养。

（三）成果展示及表现性评价

展示学习成果，能产生成就感，能加深对学习过程和结果的记忆。成果展示的“最佳搭档”就是表现性评价。表现性评价是一种通过客观测验以外的行动、表演、展示、操作、写作等表现来评价学生表达能力、思维能力、创新能力的方法。

如霍夫曼老师组织学生展示“单元文本整体评论”成果时，就布置了表现性任务。不仅要朗读作文，还要分享写作心得：如何确定写作思路，如何选择评论的角度与技巧等。教师会对学生的整体写作水平作出评价，还会对学生所基于的价值观、所设计的思路框架、所运用的评论技巧等作出评价。可见其推进的表现性评价既指向学习结果，又注重学习过程。

学生卢卡从瑞士传统文化的角度审视本单元的小说，他从瑞士卢塞恩地标性雕刻作品——《悲伤的狮子》纪念碑说起，该碑用来纪念大革命期间为保卫法国王室而献身的786名瑞士雇佣兵，这些士兵明知法国王室大势已去，但为了履行合同宁愿牺牲，这就是瑞士人的价值观：履行契约，诚信至上。然后议猎人之善——受雇于人，坚守契约，以德报怨，救人救彻；再议奥罗尔姑妈之善——真诚恋爱，信守誓言，助人为乐；转而批判罗登之恶——违背修缮契约，骗取政府补助，进而剖析公民守约扬善对瑞士联邦的意义，最后阐明观点：要弘扬瑞士文化传统，扬守约之善，抑毁约之恶，做合格公民。霍夫曼老师肯定了卢卡基于传统文化的论述角度，肯定了卢卡“引论、本论、结论”的论述思路，并激励卢卡去研读卢梭的《社会契约论》，进一步探索并破解瑞士文化的深层密码，然后再推出创见。可见教师的评价为学生的进步明确了方向。斯蒂金斯说：“表现性评价就是让学生参与一些活动，要求他们实际表现出某种特定的表现性技能，或创建出符合某种特定标准的成果或作品。简而言之，就是我们在学生执行具体操作时直接观察和评价他们的表现。”霍夫曼老师在其教学评价环节践行了这一理念，成功促进了学生的创新发展。

综上，瑞士教师以“意象组元”“主题组元”等方式来组建“学习单元”，推进单元整体教学。在组元时，教师能站在哲学高度选取文本，无论是意象，还是主题，都涉及生与死、善与恶等哲学问题。在教师引导下，学生致敬追求精神自由的意志。在自主学习中，感受善与恶的激烈碰撞，从传统文化中汲取营养。在评价激励下，通过弘扬美德来摒弃人性阴暗面，追求良善创新之路。可见瑞士的中学阅读教学是教学评一体化的教学，也是强调整体性与有序化的教学。

（此文发表于《中学语文教学》2024 年第 1 期，收入本书时有改动）

苏州市相城实验中学　王克强

新课标背景下初中语文活动教学构建探究

——以诗歌主题式阅读教学为例

《义务教育语文课程标准(2022年版)》颁布,意味着初中语文课堂教学必须加大改革的力度和深度,变"课堂"为"学堂",从学生和儿童立场出发,以学习活动为中心,以教师变革优化的教学行为,来引发和助推学生学习真正发生。笔者认为,新课标背景下的初中语文活动教学构建,需要突出学科性、综合性、情境性三个特性,注意课前活动难易适中、课堂活动动静相宜、课后活动长短相济三个方面。下面以诗歌主题式阅读教学为例,进行具体阐述。

一、初中语文活动教学要突出三个特性

新课标在"课程理念"中指出,"以识字与写字、阅读与鉴赏、表达与交流、梳理与探究等语文实践活动为主线,综合构建素养型课程目标体系"。"注重课程内容与生活、与其他学科的联系,注重听说读写的整合,促进知识与能力、过程与方法、情感态度与价值观的整体发展。""增强课程实施的情境性和实践性,促进学习方式变革。"这一课程理念明确告诉我们,初中语文活动教学中活动设计需要突出学科性、综合性和情境性,笔者结合课例《主题阅读:秋思》活动设计片段进行阐述。

(一)导入新课

师:春暖花开,叶落知秋,时间总是过得很快,又是一年秋天。同学们,你们看到"秋"会联想到哪些景象呢?(根据学生的回答,用课件呈现秋景图片)

师:是的,秋雨绵绵,秋风瑟瑟,秋叶飘飘,秋让人感伤,让人心生悲意,触发人的愁思。今天我们就共同阅读一组关于秋思的诗歌。

(二)合作探究

活动一:读"秋思"

1. 朗读张籍的《秋思》、范仲淹的《渔家傲·秋思》、马致远的《天净沙·秋思》。

2. 学生交流:(1)三首诗歌的韵脚有什么不同?(2)押韵不同,带给你的阅读感受有什么不同?

活动二:画“秋思”

1. 请选择自己最喜欢的一首《秋思》,用铅笔勾勒出诗歌中的画面,然后说说从中看到了什么,听到了什么。

2. 发挥想象,用一段文字将诗歌中的画面生动地描写出来。

3. 如果为图画着色,你会以什么颜色为主色调,为什么?

活动三:品“秋思”

1. 小组辩论:三首诗歌都写“秋思”,它们有何相同和不同之处。(可从内容、情感、手法等角度思考)

2. 自主思考:学完这组诗歌,你觉得应该如何表达秋思。

活动四:写“秋思”

1. 看图写诗:请以“秋思”为题,写几行文字。

2. 仿作写诗;请选择秋天里的一种景物或一组景物,写几行文字来抒发秋思。

第一,学科性。语文核心素养包含文化自信、语言运用、思维能力和审美创造四个方面。学生文化自信、思维能力和审美创造都是以语言文字的运用为基础的,离开了语言运用,语文就不是语文。换言之,其他学科的学习也可以培养学生的思维能力、审美创造和文化自信。语文活动教学要体现语文的学科性。笔者在《主题阅读:秋思》中设计读“秋思”、画“秋思”、品“秋思”、写“秋思”四个学习活动,在读“秋思”学习活动中,让学生注意张籍、范仲淹、马致远的《秋思》中的韵脚字,并通过反复朗读感受不同韵脚带来的不同阅读感受,如张籍诗韵脚 ong 有尾音,给人情意绵绵之感;范仲淹诗韵脚 i 开口小,给人沉重压抑之感;马致远诗韵脚 a 开口较大,给人苍凉茫远之感。这样的学习活动就抓住了语文的学科性,有利于培养学生良好的语感,提高语言差别感受性。语文教学的核心任务就是培养学生良好的语感,语感能力的强弱直接影响学生听、说、读、写水平的高低,影响学生语言文字运用的能力。所以语文活动教学必须要围绕语文教学的核心任务、根本问题。

第二,综合性。语文活动教学不等于简单的语文活动课,如组织一次辩论赛，或组织一次主题演讲。需要在一节课中综合运用多种活动方式，既要调动学生眼、口、手的身体活动，更要调动学生脑的思维活动；既要培养学生听、说、读、写能力，还要提高学生的文化自信、思维能力和审美创造。笔者选取的张籍、范仲淹、马致远的《秋思》，分别为唐诗、宋词、元曲的经典作品，是中华优秀传统文化。三首诗歌综合在一起，设计读、画、品、写四个学习活动，其中有朗读、辩论、绘画、配乐欣赏、看图写诗、仿作写诗等多项学习活动，让学生在听、说、读、写的实践中感受中国古诗词之美、辨析同一主题诗词的异同、尝试创作诗歌，学生在活动过程中联想想象、分析比较、归纳判断，其语文素养在综合实践活动中得到提升。

第三，情境性。本课例以学习活动“让学生由‘秋’字联想秋天的景象”导入，并出示“萧瑟的秋雨、枯黄的落叶、凋零的残花、昏黄的夕阳、南飞的大雁”等景象图片，带着学生进入秋思的情境之中，学生很容易深入感受三位诗人在《秋思》语言文字中蕴含的情感，将古诗词学习化难为易，也培养学生的想象力。而想象力是语文学习重要的能力之一，没有想象力就没有创造力。情境性的语文学习活动，不只是将活动放在具体的情境之中，更应该是让活动带给学生情境中的真实语言对话、情感体验和思想共振。学生欣赏完秋思的图片，秋景的悲凉之感萦绕学生心头，这种情绪下对《秋思》的情感体验必然深刻，对诗人的思想理解必然到位。

二、初中语文活动教学要打造的三种课堂类型

基于上述课堂活动设计的三个特性，我们可以打造体验型、辨析型和综合型课堂。

1. 体验型课堂。

“体验是学生对客观事物的感知，对于培养他们的情感、意志、态度和价值观具有奠基和积累的作用。”①语文活动教学就是通过学习活动的设计，让学生在实践中体验感知语文知识，熏陶感染思想情感，形成正确的价值取向。一般的体验型语文课堂主要包括“课前体验—课中体验—课后体验”三个环节。笔者课例《主题阅读：杜甫和舟》，主要开展体验型活动。课前体验主要将学习前置，让学生在实践体验中获得铺垫性知识，梳理困惑。

---

① 潘庆容. 初中语文活动教学的设计与实施[J]. 广西教育，2016，(29)：60.

【自主预学】(1)让学生上网查阅关于诗圣杜甫的生平资料，为他设计一张名片卡。(2)搜集杜甫诗歌中含“舟”的诗句。示例：亲朋无一字，老病有孤舟。

课前让学生设计名片卡和收集诗句的过程就是学生走近杜甫的过程，为课堂探究杜甫和舟之情结做好知识储备。

课堂围绕学生的主要困惑在体验活动中解困释疑，获得生成性知识，丰富生成性的情感体验。课例活动设计如下：

活动一：回忆万里船

(1) 吟诵诗歌：刚刚设计的名片卡中提到了杜甫的代表作《绝句》，这是大家非常熟悉的一首七言绝句，有同学能吟诵出来吗？

(2) 情境体验：拥有这样的心情，置身于这样的美景中，让你登上这艘万里船，你会做些什么？

(3) 换位思考：你觉得当时的杜甫会这么做吗？说说你的理由。(课件呈现背景资料)

活动二：品味孤独舟

(1) 吟诵诗歌：下面老师和你们一起品读杜甫的《秋兴八首·其一》，我们更直接、深刻地感受杜甫的孤独。

(2) 情境体验：请再次轻声朗读这首诗，说说你眼前浮现出来的是怎样的诗人形象，能不能用一个完整的句子来描述？

(3) 品味孤舟：你觉得孤舟有怎样的象征意义？

(4) 探究孤独：杜甫为什么会如此孤独呢？我们再来读一首杜甫同时期的诗作《登岳阳楼》。

活动三：感受自由舟

(1) 吟诵诗歌：我们再来读一首杜甫早期(公元 736 年)的作品《夜宴左氏庄》。

(2) 情境体验：在这样一个透着生机和野趣的夜晚，诗人在做什么？请描绘此刻你脑海中浮现的杜甫形象。

(3) 学生思考：扁舟寄托了杜甫怎样的情感？杜甫为什么被称为诗圣？

笔者引导学生发挥想象，描绘杜甫形象，反复体验不同诗歌中杜甫的不同境遇、情感和追求，深入理解杜甫的孤寂、孤高，深刻分析杜甫被称为“诗圣”的原因，在活动中浸润家国情怀。

课后体验是对课堂学习的拓展和延伸，进一步内化语文知识和能力。课后学生查阅资料，以舟为线索，设计一幅杜甫的人生经历图。这样的课后体验活动既能巩固和内化本课语文知识，又能提升学生资料收集能力、分析推理能力和操作能力，提高学生语文学习兴趣。

2. 辨析型课堂。

下面以笔者设计的课例《主题阅读：李白和月》为例，具体阐述辨析型课堂的组织。

活动一：探究月之柔情

学生辨读：同学们，你们觉得《峨眉山月歌》中的“月”蕴含的是李白的柔情还是豪情？

活动二：探究月之豪情

学生辨读：朗读《峨眉山月歌》《渡荆门送别》，你们觉得两首诗歌中“月”蕴含的情感有什么异同？

活动三：探究月之孤独

(1) 你们觉得诗人在《月下独酌》中主要想表达一种怎样的心情？你是从哪些字、词、句品味到这种心情的？请做简要品析。

(2) 小组讨论：结合资料说一说是什么让豪迈的李白如此孤独。（课件呈现背景资料）

活动四：探究月之孤傲

(1) 学生辨读：从《月下独酌》中你只品悟到了李白的孤独吗？你是否看到了那个豪迈洒脱的李白？

(2) 学生讨论：李白为什么对月情有独钟？

围绕《峨眉山月歌》，学生辨析意象“月”蕴含的是李白的柔情还是豪情。围绕组诗《峨眉山月歌》《渡荆门送别》，让学生辨析两首诗歌中意象“月”蕴含的情感之异同。围绕《月下独酌》，让学生辨析意象“月”蕴含的是诗人的孤独还是孤傲，剖析李白“独”与“不独”的矛盾之因。在这一辨析型学习活动中，学生细读文本、深入思考、多角度剖析、积极表达，发表具有创造性的观点。新课程目标中要求学生思维“具有一定的敏捷性、灵活性、深刻性、独创性、批判性”，实现这样的课程目标，就要多设计辨析型活动课堂，让学生在同中求异、异中求同中进行思辨性阅读、思考、讨论和交流，启发学生运用新视角、多视角、反视角来分析问题，尊重学生的多元理解、个性解读，让语文课堂更具有思辨性、开放性。

3. 综合型课堂。

综合型活动课堂就是在语文实践活动中，综合运用多科知识发现、分析和解决语文问题，提升语言文字运用能力。这种课堂类型体现了新课标跨学科学习的要求。教师可以组织学生结合生物、地理、物理或化学等学科学习，撰写研究型学习报告；结合音乐学科学习，为诗歌配乐；结合美术学科学习，设计招聘海报等。需要注意的是，在开展综合型语文教学活动中，必须以语文学科学习为中心，以提升语文素养为旨归，不能将语文课堂异化为非语文课。笔者在教学《主题阅读：杜甫和舟》时，也是结合多学科学习。如“设计名片卡”活动结合美术学科学习，“回忆万里船”“品味孤独舟”活动又结合历史学科学习，“设计杜甫人生经历图”活动则结合历史、地理、美术三科学习。但不管是结合什么学科学习，活动目的都是从杜甫诗歌学习中提升语文素养，也就是说，课堂活动设计必须突出学科特性。

三、初中语文活动教学要注意三个方面

第一，课前活动要难易适中。课前自主学习活动有效性是课堂学习活动有效性的重要保障。课前学得充分，课堂活动才有施展的空间，否则课堂学习活动易浮于表面。课前自主学习活动内容要难易适中，符合学生学科学段特点和心智发展规律。若太容易，不利于学生展开思维活动，提升思维能力；若太难，就不能面向群体学生，容易扼杀学生对语文学科学习的兴趣，更影响课堂学习活动的深入开展。因此，课前自主学习活动建议以学生查阅资料、收集整理、背诵积累、疏通文意等活动为主。笔者在教学《主题阅读：李白和月》《主题阅读：杜甫和舟》时，课前自主学习任务都是上网查找资料，为诗人设计名片卡，以及收集诗人诗歌中含“月”（或“舟”）的诗句。这样的课前自主学习活动难易适中，培养学生现代信息素养，具有趣味性和操作性，为课堂充分开展探究诗人和意象“月”（或“舟”）关系的学习活动做好充分的语文知识上的储备。

第二，课堂活动要动静相宜。笔者在教学《主题阅读：新月派组诗》时，带领学生品读徐志摩的《沙扬娜拉——赠日本女郎》《偶然》，都采用笔者轻声深情朗读，学生闭目聆听、想象画面的活动方式，学生在静思中幻化为一个低头的温柔女郎、一片水中荡漾的云影，在静思中走进文本深处，走进徐志摩的情感深处，取得很好的学习效果。这就告诉我们学习活动既可以是具体的学习行为，也可以是抽象的学习行为。课堂活动不仅要注重学生身体的外显活动，更好注重学生内隐的思维活动。语文教学活动既要给学生“动”的自由，激励他们大胆表达、动手实践，也要给学生“静”的时间，引导他们静心阅读、静心思考、静心写作，给学

生创设联想和想象的思维场。

第三，课后活动要长短相济。新课标中要求初中生每学年阅读两三部名著，广泛阅读各种类型的读物，课外阅读总量不少于260万字。仅仅通过课堂的阅读指导活动、读书交流活动是无法完成阅读任务的，这就要求课后活动长短相济，既有短时的针对性拓展活动，也有长时的体验型阅读活动，并要化长为短。课例《主题阅读：新月派组诗》的课后活动设计为：请每天阅读《林徽因诗集》中的一至两首诗，画出你最喜欢的诗句，尝试作批注并背诵，为本月的林徽因诗歌交流会做好准备。这一活动设计既是短时的针对性拓展活动，学生每天花费数分钟阅读一至两首诗，又是长时的体验型阅读活动，学生需要花费数日阅读完整部诗集；同时又巧妙地化长为短，将一部书的阅读化为每天的任务型阅读。学生可以养成每天阅读的良好习惯，并在不知不觉中积累和提升、浸润和陶冶。

洪镇涛先生说：“把‘讲堂’变为‘学堂’，是时代的要求，也是语文教学自身规律的要求。”今天，构建语文活动教学，促进语文课堂到语文学堂的转变，更是新时代的呼吁、新课标的要求，是为党和国家培育能够适应和引领未来的一代新人奠定基础，为语文新课标的落地生根提供有效路径。

（此文发表于《语文建设》2023年第3期，收入本书时有改动）

苏州市相城区春申中学　刘　明

指向思维能力提升的课文联读学习活动设计

《义务教育语文课程标准(2022 年版)》明确语文课程致力于学生核心素养的形成和发展，核心素养是文化自信和语言运用、思维能力、审美创造的综合体现。笔者认为课文联读是发展学生核心素养，特别是发展学生思维能力的有效路径。

余映潮先生认为："课文联读，是指除了本篇课文的教学之外，还'联'读其他同类的诗文或者文段，以此来增加课堂教学的容量和厚度。它是课堂教学中教材处理的一种特别方法，也是学生课堂实践活动的一种设计角度。"①课堂教学以本篇课文为主，进行精读、教读，以联读文章为辅，组织略读、自读。本文中论述的课文联读，是指一篇课文联读另外一篇文章，两篇文本没有主次。余先生的课文联读指向课堂教学设计，本文的课文联读指向学习活动设计。

思维能力主要指学生在语文学习活动中通过运用概念、判断、推理的思维形式，比较、分析、综合、概括、联想、想象等多种思维方法，对阅读材料进行加工改造，获得新的发现，形成新的思想，从而能够把握事物内在联系，深入研究问题并解决问题的能力。思维能力是语文学习能力的核心，直接决定语文学习的品质。

课文联读，打破单篇文本学习的思维局限，联动其他相关的文本，进行联想想象、分析比较、归纳判断，不仅增加学习内容的宽度和厚度，更增加学生思维的广度和深度。下面笔者结合具体案例，阐述指向思维能力提升的课文联读学习活动设计的有效策略。

---

① 余映潮.课文联读[J].中学语文教学，2016(1):64.

一、聚焦一点，整体设计，为思维“搭架”

课文联读，一般选择同一作家的作品或同一题材、同一主题、同一写法、同一风格的作品。如将辛弃疾的《破阵子·为陈同甫赋壮词以寄之》《太常引·建康中秋夜为吕叔潜赋》联读，将议论文《论教养》《精神的三间小屋》联读。不管选择哪些作品，都要抓住关联点。抓住关联点来整体设计学习活动，促进学生关注课内外文本的相互联系，关注作品背后的宏观背景，学生可以跳出文本整体思考，有利于培养学生的系统思维能力，为学生思维培养“搭架”。

关联点可以是两篇文本共有的知识点，或者是学习方法的共同点，也可以是学生学习达成的能力点。笔者在九年级下册第三单元《渔家傲·秋思》《江城子·密州出猎》联读中抓住两篇文章中人物共有的情感“悲与壮”，聚焦学生分析比较能力提升，整体设计学习活动。活动一：“经典诵读”，感受“悲与壮”；活动二：“最佳辩手”，品读“悲与壮”；活动三：“角色扮演”，分析“悲与壮”；活动四：“穿越时空”，理解“悲与壮”，从韵脚、词眼、意象、典故四个方面分析比较。以下以活动一为例进行说明。

活动一：“经典诵读”，感受悲与壮

(1) 情境设置：今天老师要组织一个经典诵读活动，选择了范仲淹的《渔家傲·秋思》和苏轼的《江城子·密州出猎》，请同学们自由朗读，圈出两首词的韵脚字，并根据自己的理解处理语调和语气。

(2) 学生示范朗读，并从韵脚字的角度谈谈语调和语速的处理。

《渔家傲·秋思》韵脚字为意、闭、计、泪，押韵“i”，开口小、短促，给人压抑凄凉之感，朗读时语调低沉，语气短促；《江城子·密州出猎》韵脚字为冈、郎、张、妨、唐、狼，押韵“ang”，开口大、高亢，给人豪放壮阔之感，朗读时语调高亢，语气绵长。

(3) 师小结：词的音韵之美不仅体现在押韵，朗朗上口；还表现在音韵传情。

(4) 师生有感情朗读两首词，重音落在韵脚上，前一首朗读得低沉短促，后一首朗读得高亢昂扬，初步感受《渔家傲·秋思》的悲与《江城子·密州出猎》的壮。

(5) 学生总结学法：诗词联读，可以抓住“韵脚”品味情感之异。

学生在此学习活动中，分析比较两首词的不同韵脚，不仅提高语言的感受力，更提高分析比较能力。

四个学习活动均围绕人物情感的"悲与壮"展开，前三个学习活动侧重品读《渔家傲·秋思》的悲与《江城子·密州出猎》的壮，第四个学习活动深入理解《渔家傲·秋思》的悲中有壮与《江城子·密州出猎》的壮中含愁，四个学习活动从朗读感受、细读比较、分析归纳、辩证理解层层推进，学生在活动中掌握两篇文本的相互联系，跳出单篇文本，以整体和全面的视角把握学习内容，提升系统思维。

诗词联读，可以整体设计，为思维"搭架"，其他体裁的课文联读也可以。笔者将九年级上册第四单元《故乡》《我的叔叔于勒》进行课文联读学习活动设计，抓住"失望中的希望"这一情感关联点，设计了"成人群像——希望后的失望""少年心事——失望后的希望""作者情感——失望中的希望""读者寄语——希望中的希望"四个学习活动。学生学会从人物、作者、读者多个角度全面解读小说，学会跳出文本思考时代社会与人物命运的关系。再如七年级上册第一单元《人民解放军百万大军横渡长江》《首届诺贝尔奖颁发》课文联读，笔者抓住"消息结构"这一知识关联点，设计了"重拟标题""重组内容""设计结语"三个学习活动。学生从标题、导语、主体、背景、结语全面把握消息的特点，学会跳出文本整体构建消息的"倒金字塔结构"。

二、求同存异，比较设计，为思维"疏脉"

课文联读，离不开比较异同，在比较中掌握概念、学会判断和推理，理解文本、总结方法、发现规律，培养学生的逻辑思维；在比较中求同存异，抓住文本的关键点，用联系发展的视角分析问题并解决问题，培养学生的辩证思维，为学生思维培养"疏脉"。

《渔家傲·秋思》《江城子·密州出猎》联读中四个学习活动都是比较设计。活动一、活动二分别比较两首词的韵脚、词眼之异，品读情感之异；活动三比较两首词的意象之同，分析情感之异；活动四比较两首词的手法（用典）之同，理解情感之同。这四个学习活动就是让学生学习从异中求异、同中求异、异中求同、同中求同，就是指向学生逻辑思维和辩证思维的培养。

活动二："最佳辩手"，品读悲与壮

(1) 问题导入：词有词眼，词眼指全词中最精彩和关键性的字。你觉得两首词的词眼各是什么？（明确："异"和"狂"）

(2) 问题追踪：异在何处？狂在何处？

学生分析和归纳：

《渔家傲·秋思》：异寒（极其寒冷）、异声（悲凉凄婉）、异势（紧张肃杀）。

《江城子·密州出猎》：行为之狂（威武雄壮）、语气之狂（豪气冲天）、志向之狂（雄心壮志）。

(3) 情境设置：刚刚我们欣赏了朗读者的魅力，下面我们来展现辩论手的风采。

论题一：有人将“长烟落日孤城闭”中的“闭”换成“睡”，你觉得可以呢？

论题二：有人将“千骑卷平冈”中的“卷”改成“扫”，你认为可以吗？

(4) 学生辩论，并根据辩论情况推选最佳辩手。

(5) 学生总结学法：诗词联读，可以抓住“词眼”品味情感之异。

学生在此学习活动中由概念“词眼”入手，细细品读分析“异”和“狂”，并以词语“异寒”“异声”“异势”高度概括“边塞之异”，以短语“行为之狂”“语气之狂”“志向之狂”精准概括“词人之狂”，学生运用比较、分析、综合、概括等多种思维方法。而“最佳辩手”学习活动则在深入体会“异”和“狂”的同时，让学生运用判断、推理的思维形式，这些逻辑思维方法和思维形式的掌握和运用的过程，就是学生逻辑思维能力提升的过程。

在辩论“‘长烟落日孤城闭’中的‘闭’能否换成‘睡’”时，大部分同学认为不能，理由是“闭”写出战事之紧、戒备森严，更能突出“异”。也有同学认为可以换成“睡”，理由是“睡”与词下片“泪”更押韵，读起来更朗朗上口，“睡”写出环境的死寂，赋予城以人的情感，更能突出“悲”。笔者认为辩论的过程就是发展学生辩证思维的过程。

八年级上册第五单元《中国石拱桥》《苏州园林》课文联读中，笔者设计了“画概括句，找出对象特征”“画思维图，读懂文章结构”“读重点段，比较说明方法”三个学习活动。这三个学习活动一方面培养学生运用概括提炼和形象化的思维方法读懂文章，掌握说明文的文体特征和阅读方法，另一方面能正确辨析两篇文章说明顺序的异同和不同说明方法的作用，发展学生的逻辑思维和辩证思维。再如九年级上册第五单元《中国人失掉自信力了吗》《怀疑与学问》课文联读，笔者直接设计了“比较课题”“比较论证思路”“比较论证语言”三个学习活动，从题目、论证、语言三个角度比较驳论文和一般议论文的异同，学生在比较的过程中更好地掌握驳论文这一特殊议论文的特点。在活动中学生修改题目“中国人没有失掉自信力”“治学需要有怀疑的精神吗”；比较句式“我们自古以来，就有埋头苦干的人，有拼命硬干的人，有为民请命的人，有舍身取法的人……”与“我们从古以来，就有埋头苦干的人、拼命硬干的人、为民请命的人、舍身取法的人……”，“古今科学上新的发明，哲学上新的理论，美术上新的作风，都是这样起来的”与“古今学术上的新发明、新理论、新作风，都是这样起来的”，学生大胆发表自己的观点，敢于挑战课本，挑战作者。如有的学生认为“‘中国人没有失掉自信力’题目好，读起来铿锵有力，更能表明作者的鲜明态度和坚定立场，显示了中国人的筋骨和脊梁。”这些比较设计，很好地发展了学生的发散思维和求异思维。

三、三维联结，立体设计，为思维“建场”

课文联读，不仅是两篇文章的紧密联结，还要善于从课内外知识、生活实际、联想想象三个方面进行拓展联结，为学生思维培养“建场”。一方面，有利于学生丰富语言实践、主动建构知识、深入理解文章，训练思维的灵活性和深刻性；有利于学生将理论联系实践，用理论指导实践，用实践检验理论，训练思维的批判性；另一方面，语文学习离不开联想和想象，笔者认为缺乏联想和想象的学习者，无法发现语文之美、生活之趣。联结联想和想象不仅丰富学习内容，培养学习者的学习兴趣，也更容易训练学生思维的独创性。

以《渔家傲·秋思》《江城子·密州出猎》联读中活动三、活动四为例：

活动三：“角色扮演”，分析悲与壮

(1) 问题导入：这两首词中都写到同样的意象，请找出来。（明确：“酒”与“白发”）

(2) 学生交流：两首词中的“酒”有什么不同？在词中的作用有什么不同？

(3) 教师追问：还有哪些诗文中提到“酒”，也是寄托着“愁绪”或抒发着“豪情”呢？

(4) 教师小结：酒是水酿的诗，诗是心酿的酒。文人墨客似乎对酒情有独钟，文章中流淌着酒的清愁、感伤，还有酒的慷慨、豪放。酒中流淌着悲与壮。

(5) 教师追问：其实这种酒的情结在今天的日常生活中也到处可见，你能结合生活实际说一说吗？

(6) 情境设置：下面我们来“角色扮演”，你化身为范仲淹或苏东坡，想一想两首词中的白发蕴含着怎样的潜台词，并演出来。

活动四：“穿越时空”，理解“悲与壮”

(1) 问题导入：两首词都运用了典故，请找出来，并分析用典的妙处。

(2) 学生梳理归纳（略）。

(3) 教师小结：《渔家傲·秋思》悲中有壮，有着不立战功誓不会的豪情。

(4) 情境设置：穿越时空的长河，你来到范仲淹驻守的边塞之地，请将眼前看到的“长烟落日孤城闭”壮阔的画面描绘出来。

(5) 教师小结：《江城子·密州出猎》壮中含愁，狂中有愁。

(6) 情境设置：穿越时空的长河，作为苏轼知己的你来到1075年的密州，和苏轼把酒话愁。请设计一段你与苏轼的对话。

这两个学习活动的设计，联结了课内外知识、生活实际和联想想象。如活动三关于“酒”的内涵理解，联结李白《行路难》中“金樽清酒斗十千，玉盘珍羞直万钱”，《宣州谢朓楼饯别校书叔云》中“抽刀断水水更流，举杯消愁愁更愁”“长风万里送秋雁，对此可以酣高楼”；联结日常生活中“喜酒”“丧酒”的习俗和“闷酒”的习惯，学生深刻理解两首词的情感，深入了解文人“酒情结”以及中国的“酒文化”。活动四两次“穿越时空”，联结想象，通过景色描写和场景描写深刻理解《渔家傲·秋思》中的“悲中有壮”和《江城子·密州出猎》中的“壮中含愁”，训练学生思维的深刻性、辩证性与独创性。课内外知识、生活实际、联想想象，从抽象知识到具体现实，再到想象空间，构建了一个知识、现实与想象的三维立体，形成培养学生发散思维、聚合思维、立体思维的思维场域，全面发展学生的思维能力。

再如八年级上册第三单元李白的《渡荆门送别》与《月下独酌》联读，笔者抓住意象“月”这一关联点，设计“读月之豪情”“品月之孤独”“析月之孤傲”三个学习活动。在“读月之豪情”中，联结课内外抒发李白豪情的诗句，如“俱怀逸兴壮思飞，欲上青天揽明月”“人生得意须尽欢，莫使金樽空对月”；联结联想想象“李白与月对话：请你选择两首诗中的一首，发挥想象，面对此情此景，李白会和明月说些什么呢?”。在“品月之孤独”中，联结生活实际“晚自习结束后独自踏月而归，面对一轮明月，你会有什么感受?”在“品月之孤傲”中，联结课外资料“穷则独善其身，达则兼济天下——孟子”“是以圣人无为故无败，无执故无失。——老子”，启发学生深入思考李白“独”(入世)与“不独”(出世)的矛盾思想根源。学生在学习活动中，通过多维联结，深刻理解李白豪迈中的孤独、孤独中的高傲，有效训练了思维的灵活性、深刻性和独创性。

课文联读，聚焦关联点、分析比较、多维联结，突破学生阅读的惯常习惯和思维局限，有效促进学生学习从“平面”走向“立体”，不仅发展学生的线性思维，更发展学生的非线性思维。学生学习以全面深广的视角观察问题、分析问题，看到事物的联系、发展与变化。

诸定国先生说："教师要为学习者提供学习支架，支持学习者对所学内容进行整理，尤其要为学习者在解决新问题的过程中提供必要的知识、方法、策略支架。"[1]课文联读就是为学习者解决问题提供的有效的阅读方法和阅读策略；课文联读中学习活动的"聚焦一点、整体设计""求同存异、比较设计""三维联结，立体设计"，也是为学习者解决问题提供的有效的思维方法和思维策略。

（此文发表于《中学语文教学参考》2023 年第 26 期，收入本书时有改动）

苏州市相城区春申中学　刘　明

① 诸定国. 指向素养培养的语言实践活动课堂学习情境设计[J]. 江苏教育，2021(71)：10.

在回忆中寻求心灵的慰藉

——鲁迅《朝花夕拾》创意解读

《朝花夕拾》中收集了鲁迅创作的十篇回忆性散文，这些散文原来刊发在鲁迅担任主编的《莽原》周刊上，取名为《旧事重提》。写作这些文章时，鲁迅 45 岁，这显然不是一个沉溺于回忆往事的年龄。然而对于当时正处于颠沛流离状态中的鲁迅来说，有关故乡往事、旧邻老友的回忆，未尝不是一种润泽心田的慰藉、一种言近意远的寄托、一种畅快淋漓的诉说途径。鲁迅在《〈呐喊〉自序》中说："所谓回忆者，虽说可以使人欢欣，有时也不免使人寂寞，使精神的丝缕还牵着已逝的寂寞的时光。"欢欣的原因来自心灵的慰藉，在寂寞中回忆往事可以获得一种寄托，已逝的时光牵动着现实的感受，精神的丝缕在十篇散文中蓬勃伸展。教师在引导学生阅读《朝花夕拾》时，不妨促进他们贴近鲁迅这一段心路历程，从而结合书中名篇领悟鲁迅在亲切的回忆中蕴含着无限的快慰，在深情的寄托中充溢着补偿的欣慰，在淋漓的讽刺中夹带着戏谑的劝慰的精神世界。

一、亲切的回忆中蕴含着无限的快慰

鲁迅将充满本色气息的《旧事重提》改为诗意盎然的《朝花夕拾》，并在书前的"小引"中提及了许多与心灵慰藉相关的意象，就是证明。鲁迅还打了个比方，他说："一段树，只要浸在水中，枝叶便青葱得可爱。"可见他当时虽然生活在纷扰枯燥之中，但一旦沉浸在回忆里，就能焕发出创作的活力来。鲁迅对于儿时所吃的罗汉豆、香瓜、茭白、菱角，称赞它们"极其鲜美可口"。当然还有"无限趣味"的百草园，还有百年老屋中"豆油灯的微光"，每每写到这里，鲁迅往往一改擅长的本色白描手法，开始浓墨重彩起来，似乎温情脉脉的回忆也可润泽干涩的笔尖。在《从百草园到三味书屋》中，鲁迅让我们欣赏到了一个虽然有些破败荒凉却又充满无限趣味的百草园。那里有碧绿的菜畦、光滑的石井栏、高大的皂荚树、紫

红的桑椹，还有长吟的鸣蝉与肥胖的黄蜂，草丛间常见云雀直蹿向云霄，泥墙根一带可以听到油蛉的低唱与蟋蟀的弹琴，还有缠绕在一起的何首乌藤与木莲藤，有又酸又甜的覆盆子等，鲁迅描绘得如此翔实细腻，刻画得这么鲜艳明丽，表现得这般生动有趣，充分说明鲁迅在对百草园展开亲切的回忆时，体味到了无限的快慰与生命的滋润。学生在阅读这一片段时，教师可以采取抽签的方式聊聊鲁迅笔下的景色美在哪里，让学生抓住打动自己的关键细节，条分缕析。阅读细节的引导教学，是由师生共同完成的。一些细节可能会被教师忽略，而个别学生却能捕捉到，如：为什么写油蛉低唱蟋蟀弹琴？能不能写油蛉弹琴蟋蟀低唱？这些景物与作者的精神世界有何联系？关注阅读细节的好处，能赋予学生话语权，用细节来印证自己有创意的观点，甚至可以质疑权威的观点，挑战贴标签式的成见，发现不一样的惊喜。

二、深情的寄托中充溢着补偿的欣慰

喜欢回忆往事的人，特别是乐于写写这些往事的人，常常会有某种浓烈的情感，写下回忆就是出于寄托这种情感的需要。鲁迅在《朝花夕拾》中就有这种寄托情感的需要，他想通过写作来忏悔，来补偿，从情感补偿中获得一种欣慰感。

童年时的鲁迅得到过许多爱，有来自慈爱的保姆阿长的关爱，有来自严厉的父亲的爱。但对于这些爱，童年时的感受未必十分强烈，只有当它已经成为永远的过往，只出现在记忆中时，才变得浓烈。童年对爱体验的淡薄与成年后对爱回忆的浓烈就形成了强大的情感落差，鲁迅要通过创作来弥补这一落差。于是，《阿长与〈山海经〉》《五猖会》《父亲的病》等文章，就寄托了这种情感补偿的欣慰感。如童年时鲁迅就曾多次对长妈妈深怀不满，对严厉的父亲也常怀腹诽。可在回忆中对往事进行细细咀嚼之后，新旧体验交织在一起，就构成了心灵深处一道独特的风景。从《父亲的病》中可见，鲁迅对父亲怀有一种深深的忏悔感，包括迷信中医耽误父亲的病情，也包含听信胡言在父亲临终前喊得他不得安宁。长妈妈在鲁迅的回忆里构成了另一道绕不过去的风景。《朝花夕拾》中很多文章中都晃动过阿长“黄胖而矮”的身影，因此这个敦厚善良的保姆形象在书中显得特别清晰而亲切。统观鲁迅的文学作品，他很少用抒情味很浓的句式来表达自己的情感，然而在回忆长妈妈的文章末尾却深情地写下了充满诗意的句子：“仁厚黑暗的地母啊，愿在你怀里永安她的魂灵！”《范爱农》一文也是如此，鲁迅记叙了自己与范爱农之间的不和谐故事，接着娓娓诉说之后的相聚与相知，寄托着对老友的深切怀念与诚挚歉意。这种情感补偿性的构思多见于《朝花夕拾》的人物刻画方式，鲁迅写到长妈妈、父亲、范爱农时，总是先写他们的不足，然后从可恶转变为可爱，其情感流程充溢着补偿的欣慰感。

在引领学生感悟《朝花夕拾》这种独特的人物刻画方式时，教师可以采取3P教学策略，P是指Perform（表演）、Practice（实践）和Produce（创作）。如阅读《阿长与〈山海经〉》，学生通过将阿长与“我”的交往改编成小品，揣摩人物的心理进行表演实践，演完后还要结合原著撰写心得体会，通过这些方式，把自己的阅读感悟、实践体验以及作者的深情寄托、补偿的欣慰表达出来。教师可以用“表演、实践、创作”作为持续激发学生阅读兴趣、内化阅读收获的有效策略。

三、淋漓的讽刺中夹带着戏谑的劝慰

童年时代的往事可以称为“朝花”，但45岁的年龄不太适合称为“夕”。然而鲁迅将这部散文集命名为《朝花夕拾》却还是十分妥帖的，因为他要强调的不是“夕”，而是“拾”。他在回忆性散文的创作中常常联系自己彼时彼刻的心情，从现实关怀出发切入往事的回忆，并借机进行淋漓酣畅的讽刺。

《朝花夕拾》中的大多数文章写于因“女师大风潮”等事件跟陈西滢等文人激烈争辩之后，鲁迅常常在回忆中旁逸斜出，自然过渡到对那些“正人君子”和“指导青年的前辈”的讥讽。《狗·猫·鼠》就是其中的代表，在进入关于隐鼠的回忆之前，鲁迅先从仇猫的流言说起，痛快淋漓地讽刺了那些“绅士”“名教授”，嘲讽了他们反复标榜的“公理正义”，同时对装腔作势大讲“礼节”的“海昌蒋氏”也进行了一番戏谑。叙述完了隐鼠的故事，鲁迅又联系现实谈“中国的官兵”，彰显了嬉笑怒骂皆成文章的鲁迅风格。而《二十四孝图》中的回忆也涉及了鲁迅深入思考的新文化运动之问题，文中对于二十四孝图的追忆述说，也常常被义正词严的对于“妨碍白话者”之类批判所穿插，这篇文章与其说是回忆录，不如说是批判书，其内容与其说是待拾的“朝花”，不如说是“夕拾者”畅快淋漓的讽刺与戏谑。当然鲁迅对于“正人君子”的公开讽刺，是基于一种劝慰心理，劝解民众逐步认清“名教授”们的本质，以启迪民智的成果来告慰自己拳拳的民族心。

在学习《朝花夕拾》中的批判精神时，教师要培养学生的求同比异、整合判断的能力。要定期复习并站在鲁迅批判的视角反观阅读书中不同场景、不同人物、不同情节的关联，用研究性小话题牵引，形成一幅幅有趣的阅读鉴赏思维比较图；而比较不同作品中的相似点（如名教授的嘴脸）则更具启迪性，使阅读实实在

在地对学生产生思想影响。

学生在教师的引导下创意解读《朝花夕拾》，能走进鲁迅内心世界：感知鲁迅在与黑暗势力作斗争的孤独中得到的心灵慰藉，领悟鲁迅在回忆昔日的时光中紧张战斗的灵魂得到的片刻安宁。

(此文发表于《中学语文教学参考》2019年第35期，收入本书时有改动)

苏州市相城区蠡口中学　宁建英

易安词结尾技巧品析

古代的诗词作家和诗词评论家，在创作诗词、品评诗词时，都非常重视诗词结尾的艺术技巧。宋代词评家沈义夫在《乐府指迷》中说道："作大词，先须立架，将事与意分定了。第一要起得好，中间只铺叙，过处要清新，最要紧是末句，须是有一好出场方妙。"清代戏曲理论家李调元在《雨村词话》中则说道："李清照在宋诸媛中，自卓然一家，不在秦七、黄九之下。词无一首不工，其炼处可夺梦窗之席，其丽处直参片玉之班。盖不徒俯视巾帼，直欲压倒须眉。"纵观部编初中语文教材中所选的李清照《渔家傲・天接云涛连晓雾》《如梦令・常记溪亭日暮》，以及曾经入选的《如梦令・昨夜雨疏风骤》《醉花阴・薄雾浓云愁永昼》《武陵春・风住尘香花已尽》等词作，其结尾可谓多姿多彩、各臻其妙，这足以证明李清照词的结尾技艺之高超、技巧之丰富。

一、以动态画面结尾，予人想象

李清照把充满动感的画面安排在结尾，足以激发读者的想象。用美学理论来解释，就是用艺术的密码去唤醒审美主体的相应生活感觉及经验，然后进行联想、想象、破译、建构并再创造，从而收到"补足意蕴、明晰主旨"的艺术效果。

比如《如梦令・常记溪亭日暮》，记述的是李清照年轻时的一次宴游。"常记"表示回忆之频，难以忘怀。宴饮地点在"溪亭"，饮宴之后，已是"日暮"，词人醉得连回去的路都无法辨识了。兴尽方才回舟，而"误入藕花深处"一句，则与前面"不知归路"相呼应，显示出李易安的忘情之态。接下来词人以充满动感的画面结尾：接天的藕花丛中有一叶扁舟在摇荡，舟上是拼命划桨的娇憨少女。两个"争渡"，写尽了少女急于从藕花深处找寻出路的焦躁之态。正因为"争渡"，故又"惊起一滩鸥鹭"，把本已停栖在洲渚的鸥鹭之类的水鸟撩拨得纷纷拍翅而起。

读者读到此处，脑海中必然浮现出一个少女勉力划船的英姿及夕阳斜照下在芳洲上盘旋翻飞的鸥鹭形象，这些景象一定会像影片场景一样在脑际循回映现。少女超逸脱俗的情趣，婀娜潇洒的风姿，爽朗酣畅的性格，“少年情怀自是得”的自然之美也一定会伴随着动态的场面，铭刻在读者记忆的深处。

新近入选部编初中语文教材的《渔家傲·天接云涛连晓雾》同样是以动态场面结尾的佳作，所不同的是，《如梦令·常记溪亭日暮》的结尾是动态的实景，而《渔家傲·天接云涛连晓雾》的结尾则是充满动感的虚景。《渔家傲》一词写的是“梦境”。通过与一位态度和蔼、心系民疾的天帝进行对话，表达对南宋社会环境的不满和对安宁幸福境界的憧憬。全词以“九万里风鹏正举。风休住，蓬舟吹取三山去！”收尾，场面壮阔宏伟，动感十足。“鹏正举”的动作，是对大风起的烘托。就在大鹏举翅的关头，易安竟又大喝：“风休住，蓬舟吹取三山去！”“蓬舟”指轻如蓬草的小舟。“三山”指传说中无人能到的三座仙山。李清照想借助鹏抟九天的风力，把自己连同“蓬舟”一起吹到三山。读者读到此处，仿佛看到李清照驾着蓬舟，乘风破浪，驶近仙岛。她叱咤风云，毫无畏惧之心，一往无前地执着追求着理想的境界。

李清照用动态画面结尾，充分地激发了读者的想象。而想象是产生艺术美的重要因素，它不仅能补足作品的意蕴，醒明题旨，而且能使审美主体获得更大、更多的审美享受。

二、以人物对话结尾，耐人寻味

采用人物对话来结尾，有利于彰显人物性格，反映人物在彼时彼刻的心态，使读者如见其人，如闻其声，回味良久。

比如《如梦令·昨夜雨疏风骤》极写李清照惜花之情。在词的结尾，尽管李清照饮酒致醉浓睡整宿，但早晨酒醒后最关心的还是庭院中的海棠。她明知海棠不堪一夜风雨之摧残，窗外定是残红满地，却又不忍心去看，只好试着向正在卷帘的侍女问个究竟。一个“试”字，道尽了李清照关心花事却又怕见花落的矛盾心理。可侍女卷起窗帘，看了外面后却随意答道：海棠依旧。一个“却”字，表明侍女对女主人心事的懵懂，对窗外变化的无察，也暗示了李清照听到答话后的疑惑：雨疏风骤之后，怎么可能海棠依旧？于是李清照说：“知否？知否？应是绿肥红瘦。”这句话既是对侍女的点醒，也是在喃喃自语：“你这个粗心的丫头，你知道不知道，庭院里的海棠应是绿叶繁茂、红花稀少。”

这几句对话，凸显了一个怜惜海棠、热爱春光及美好事物的女性形象，结句“应是绿肥红瘦”中的“瘦”运用了拟人手法，花人并举，可谓“传神之笔”。既彰显了李清照的殷殷惜花情，又把感情不够细腻、对自然和人生察悟不深的侍女之萌态刻画得活灵活现。

可见，以人物对话结尾，有利于彰显形象，点染主旨，言有尽而意无穷，值得读者反复咂摸，涵咏品析。

三、以特写镜头结尾，震撼人心

特写镜头是电影艺术的一种表现手法，它通过把人或物的局部加以放大和强调，造成强烈的艺术效果。用得恰到好处，就能起到画龙点睛的作用，不仅可以渲染氛围，揭示人物的情感世界，而且可以凸显作品主旨。

在《醉花阴·薄雾浓云愁永昼》的结尾处，李清照就运用了这一手法。结尾处“莫道不消魂，帘卷西风，人比黄花瘦”，营造出了在凄清寂寥之秋“对菊怀人”的愁闷氛围。“莫道不消魂”，上承“东篱把酒”时以人拟黄花的比喻。“帘卷西风”一句，则为末句“人比黄花瘦”以环境气氛的渲染。这样，先写“莫道不消魂”的愁怨无处不在，再写屋子一角“帘卷西风”之凄凉，最后才聚焦“人比黄花瘦”之“瘦”。这三句联成一气，前两句帮衬最后一句，仿佛绿叶衬红花。可见，经过李清照的精心安排，尾句“人比黄花瘦”好像电影中的一个特写镜头，揭示了李清照“悲秋伤别，消愁无计，顿生人不如菊之叹”的情感世界，夸张般地强调了“重阳佳节思念丈夫”因思而瘦的苦态。那种与时令之凉相交织的人生凄凉，弥漫满纸，产生了震撼人心的艺术效果。

四、以人物情感结尾，“扫处即生”

宋朝词评家沈义文在他的代表作《乐府指迷》中说道：“或以情结尾亦好，往往浅而露。”他首先肯定以情结尾这种写法也是好的，但同时又表达了一种担忧，因为这种结尾常常有肤浅直白的局限，缺乏诗味。所以一般的诗词作家不太敢尝试以情结尾，而李清照则不然，她写的词有一些就是以情结尾的，比如《武陵春》。

《武陵春》是李清照重要词作之一，写的是国破家亡、丧夫失宝、颠沛流离给她带来的难以排遣的浓愁。词末“只恐双溪舴艋舟，载不动、许多愁”，很明显“以愁情作结”。她从小就喜欢游山玩水，彼时彼刻也打算借美景来消愁，试图再次泛舟春游。然而考虑到自己愁绪太重，恐怕见了美景也难以排遣愁闷。于是她赋予愁以重量，将抽象的情绪具体化、形象化，说“舴艋舟载不动许多愁”，即以夸张的比喻形容“愁”之重。以这一揭示内心矛盾的比喻句结尾，使词旨更加鲜明。这种“以情结尾”，无疑是成功的。

李清照“以情结尾”，之所以成功，奥秘就在“扫处即生”。清代词评家谭献在《复堂词话》中总结出了“扫处即生”这一理念。扫即打除之扫，生即发生之生。李清照的《武陵春》写春光已尽，就是“扫”。在春光未尽之时，芳菲满眼，自然有许多动人情景可写，可是在春光已尽之后，似乎没什么可写了，但李清照笔锋一转，写由“风住尘香”而触发的“物是人非”之愁，进而写舴艋舟载不动的重愁。这些才是词人要表现的，也是最动人的部分，所以叫“扫处即生”——让那种焕发着“生”之力的愁结尾，大获成功。

任何作品所能反映的社会和人生都只能是某些侧面。抒情的词作因受篇幅限制，尤其如此。因此李清照独出机杼地尝试了多种形式的结尾，以小见大，加强了词作的艺术感染力。在有效的篇幅内，激发了读者的审美想象，千载之后犹能给人以美的享受。

（此文发表于《中学语文教学参考（中旬刊）》2018年第1期，收入本书时有改动）

苏州市相城区蠡口中学　宁建英

一场诗国“少年精神”的发现之旅

——诗词整合教学实践说

《义务教育语文课程标准(2022年版)》提出了“构建语文学习任务群”的课程理念,倡导课程结构遵循学生身心发展规律和核心素养形成的内在逻辑,以生活为基础,以语文实践活动为主线,以学习主题为引领,以学习任务为载体,整合学习内容、情境、方法和资源等要素来设计语文学习任务群。在“文学阅读与创意表达”任务群的课程内容解说中,提出“引导学生在语文实践活动中,通过整体感知、联想想象,感受文学语言和形象的独特魅力,获得个性化的审美体验;了解文学作品的基本特点,欣赏和评价语言文字作品,提高审美品位;观察、感受自然与社会,表达自己独特的体验与思考,尝试创作文学作品。”可知,课程标准将阅读与写作紧密融合在一起,写作没有作为单独的课程内容罗列,而融合于几个任务群中,变成了“交流”“创意表达”“表达”,以此真正实现“读写融合”、读写互促。

为此,笔者以“少年精神”为关键词和线索,整合部编初中语文教材中相关教学资源,引导学生联读刘禹锡、苏轼、陆游、辛弃疾的诗词,感受不同时代诗人们的“少年精神”,启发学生学习用“读写融合”的方式读懂诗歌,以心契心,以言传言,以文解文,读出诗歌之味,用创意表达的方式实现对诗歌的个性化解读,以此提升语文的核心素养。

一、教学内容的选择:整合结构化

长久以来,我们习惯于一首诗一首诗地教学生,学生学到了一些和诗人或者诗歌赏析有关的碎片化、机械化的知识。有些诗人的诗作在三个年级中反复出现,但学生们并未因此构建完整的认知、理解。

通读部编初中教材全6册,我们可以发现,“少年精神”贯穿始终。教材编选了很多振奋昂扬、富有青春气息的诗词。如《诗经》二首；李白的《闻王昌龄左迁龙标遥有此寄》《行路难》；王湾的《次北固山下》；王维的《使至塞上》；杜甫的《望岳》；刘禹锡的《秋词》；苏轼的《江城子密州出猎》《定风波》；李清照的《渔家傲》；辛弃疾的《破阵子》《南乡子》；陆游的《十一月四日风雨大作》；秋瑾的《满江红》等。诗人所处的时代、写诗的背景、写诗的年龄都不尽相同，但诗歌中都流露出林庚在论"诗国高潮"时所展现出来的"少年精神"。

林庚认为，"少年精神"总是有"新鲜的认识感"，诗歌中充沛的精神状态和深入浅出的语言造诣完美结合；诗歌的功用本来就是"让人生中常有新的感情，常因为那情绪的潮汐而充沛"，使生活中久已失去的"生命的喜悦和凭借"重新回归；所以"感觉的清醒，感受力的活跃，对于一切新鲜事物的敏感"才是诗歌真正魅力所在。"少年精神"的内涵是"有朝气、有创造性、蓬勃向上的，充满青春气息，即使是忧伤痛苦，也是少年的忧伤痛苦"。

笔者围绕"少年精神"主题，将以上诗词分为两个部分，其一是"盛唐气象，少年精神"，以李白、王维、王湾、杜甫几位生活在盛唐的诗人的诗歌为主，带领学生感受盛唐时代孕育的少年精神的魅力；其二是"少年，又见少年"，以刘禹锡、苏轼、陆游、辛弃疾等人的诗词为主，探讨"少年精神"的不断发展和新鲜意蕴。

以"少年，又见少年"群诗读写实践为例。

笔者先设置一个学习情境，将几首诗词整合：

罗老师的微信公众号"棂星园"要推出一期"少年说"。开设两个栏目："诗国少年"我推荐、"少年精神"我传扬。现在向同学们征求有意思有意义的作品。

罗老师推荐刘禹锡、苏轼和陆游，并为你提供了《秋词》《定风波》《十一月四日风雨大作》相关资料，请你利用这些资料，通过诗词细读、想象理解，完成富有挑战性的任务。

给学生资料支架，让学生思考资料中透露了什么重要信息。

1. (中唐)刘禹锡《秋词》。

刘禹锡(772—842)，字梦得。永贞元年王叔文改革朝政，刘禹锡参加了。但革新遭到宦官、藩镇、官僚势力的强烈反对，以失败告终。王叔文被赐死，刘禹锡被贬。此诗是诗人被贬朗州司马时所作，时年 34 岁。他一生被贬二十三年。有诗为证："巴山楚水凄凉地，二十三年弃置身。"

2. (北宋)苏轼《定风波》。

苏轼(1037—1101)，字子瞻，号东坡。此诗作于 1082 年(宋神宗元丰五年)

春，是苏轼因"乌台诗案"被贬为黄州团练副使的第三个春天，苏轼时年46岁。此后苏轼一生在被贬的路上。有诗为证："问汝平生功业，黄州、惠州、儋州。"

3.（南宋）陆游《十一月四日风雨大作》。

陆游（1125—1210），字务观，号放翁。自1189年罢官后，一直闲居家乡山阴农村。此诗作于南宋光宗绍熙三年（1192年）十一月四日，陆游时年68岁。一直到死，他渴望收复失地，保家卫国。有诗为证："王师北定中原日，家祭无忘告乃翁。"

资料特意按诗人出生年代先后，以及作诗年龄小大进行排序。三位诗人创作这些诗歌的时候，都已经是中年人，甚至是白发老人了，学生们能从资料中发现这一点，提出自己的疑问。但是，经过"盛唐气象，少年精神"主题学习，学生们已经明白，"少年精神"不是以年龄计，而以乐观旷达的精神、不屈服的生活态度来计。三位诗人都经历了生命中最大的挫折，但身上都有令人感奋、振发的精神，于是，笔者和学生们再一次走入诗国，去探究"少年精神"更丰厚的意蕴。

二、教学过程的实施：活动体验化

任务一："诗国少年"我推荐

活动1：三位诗人身上分别有什么样的精神，你是怎么发现的？挑选一句你认为"最少年"的诗句进行解读。

这个活动旨在引导学生抓住诗词中能体现人物精神的重要意象、重点字词、重要句子，简明扼要地概括和分析，得出结论。

活动2：如果我们可以穿越到诗国，你最想成为哪位诗国少年？加入你的学习体验，说说你的理由。可以用下列句式来表达：

刘禹锡，我想成为你这样的少年！

你是________________的少年，

面对________________________；

露出______________________；

吟诵出____________________。

我也将像你一样______________________。

这个活动是上一个任务的拓展和延伸，旨在让学生在理解、读懂诗歌之后加入自己的主观阅读经验，表达自己的理解。我们读一首诗，最终要真正读懂，得用自己心去契合诗人的心，用自己语言来解释和传达诗歌中的语言，即陈日亮所说的“以心契心”“以言传言”。经过这样的想象体验，学习不再是对客观知识的记诵，而是对知识的理解和消化。

任务二：“少年精神”我传扬

活动1：读罗老师所作《不羁少年刘梦得》剧本，评一评，演一演。

不羁少年刘梦得

时间：中唐 永贞元年深秋。

地点：朗州（今湖南常德）。

人物：刘禹锡　童子一人　屈原　卢纶　李益。

布景：舞台左边为湖边树下，黄叶纷飞；舞台右边为朗州山林，秋色明净。

幕开：舞台左边屈原、卢纶、李益次第上场；舞台右边刘禹锡和童子看山水。

屈原：（吟诵《离骚》中“日月忽其不淹兮，春与秋其代序，惟草木之零落兮，恐美人之迟暮。”上场）悲哉！秋也！伤哉！时也！（定格）

李益：卢纶兄啊，秋叶转黄，叶黄叶落；岁月匆匆，青丝白发，岂不悲哉！

卢纶：（吟诵《同李益伤秋》，对黄叶大哭）

岁去人头白，秋来树叶黄。
搔头向黄叶，与尔共悲伤。

刘禹锡：（专注地看，忽而像听到了什么似的；认真倾听，大笑）前辈们好。

童子：（不解挠头）先生，您笑什么？

刘禹锡：（对虚空语）屈子前辈，春秋代序是生命的必然，何必为此耿耿于怀！卢前辈和李前辈，泪眼看花花溅泪，为什么不用微笑的眼睛来看？在我刘某人看来，这漫天的秋色可大大胜过春花春色呀！你们看，如此清明的秋天，一只白鹤奋力地拨开白云飞向长空，真是美极了，美极了，我的心也像张开了翅膀，飞向那高远的天空啦！

（刘禹锡张开双臂，大笑大喊）

童子：（更加迷糊，喃喃自语）先生今天真是魔怔了，这秋天有什么好看的？不就是山啊山，树啊树，一只鸟飞啊飞，挺无聊的。

这个活动是引导学生以心契心的过程。将诗歌改写为剧本，需要全面理解诗歌，关注诗歌的细节，关注文字背后的情感。这种方式不仅形式上新颖，更重要的是启发学生注意文本的空白处。比如，在这个剧本中，笔者特意将“自古逢秋悲寂寥”的内容呈现出来了，并且加入了一个无知无感的童子，以这些人来侧面烘托刘禹锡，让刘禹锡的精神更加鲜明。学生们在评论和表演中体验到了刘禹锡诗歌的精妙，也发现了不同语体、文体的表达差异和效果。

活动2：模仿范本，补充《任性少年苏东坡》剧本，自由撰写《不老少年陆放翁》剧本。

任性少年苏东坡

时间：北宋，元丰五年初春。

地点：黄州沙湖道中。

人物：苏轼，同行若干。

布景：树林中，大雨下，雨声不绝。

幕开：一行人奔跑在前，在雨中泥地里狼狈不堪，苏子瞻拄着竹杖慢慢走。

友人1：（停下朝苏子瞻喊）子瞻兄，雨越来越大啦，跑起来，不然要被浇透啦！

苏子瞻：（微笑）________________________________。

友人2：（又是提鞋又是护头，手忙脚乱）子瞻兄，你看你的鞋子从泥里拔出来，都坏掉了，到前面我们看看能否找个亭子避一避，或者找个轿子躲一躲啊。

苏子瞻：（　　　　　　　　　　）不必不必，你们先走。我这竹杖特别给力，我这芒鞋也还好得很，我现在走起来比乘马还轻快，谁怕这场雨啊，我______________________。

友人2：（瑟瑟发抖）这样的三月天，风还这样冷，再淋上这么一场雨，可真是倒霉透了。

苏子瞻：（突然惊醒似的）哈哈，风是有点冷。不过，这可是春风啊。不要怨它。雨是有点大，这可是春雨啊。你看——________________________。真好真好！雨停了。慢慢走啊朋友，不要咒骂这风雨，经历多了，就没什么好怕的了。你再回头看看，这一路好像也无风雨也无晴吧。

友人1：（　　　　　　　　　　）子瞻兄果然不是一般人啊，这么一场雨，倒让你有了一番道理，看来回去之后又要填一首好词了。

接下来，请多才多艺的少年们，发挥智慧，展开想象，写个自己的《白发少年陆放翁》剧本吧！

这个活动是引导学生们以心契心、以文解文的过程。我们知道，一个人要真正将方法学到手，必须要运用。补充部分内容的环节，旨在引导学生关注文本深层次的情感，并能仿写；而写剧本这个创意写作，就是对学生更高要求的历练。当然，因为时间关系，学生在这节课上是难以完成这个任务的，但是这个活动可以让学生们思考，我们如何通过改写的方式，加入自己的想象与体验，真正与一首诗、一位诗人产生联结互动。

三、学习评价的展开：多元过程化

在整个教学过程中，笔者注意评价方式的多元化。在任务一的开展过程中，学生多为口头表达和交流，笔者鼓励学生大胆表达自己的想法，适时引导学生点评，作为诊断性评价，对学生旧知识的水平有了一定的把握；同学分角色饰演剧本中的人物，用他们精彩的表演来表达对诗歌中“少年精神”的理解，也展示了他们身上新鲜、特别的“少年精神”，赢得了全班同学的喝彩，其他同学用一两句点评表达了对小演员的赞扬，在这个学习过程中，我们高效地完成了教学活动，也落实了过程性评价。

在任务二的活动 2 中，笔者设计了如下的评价表（表 2.1），引导学生从三个重要维度自我评价和同伴评价。

表 2.1　（__________同学）剧本创作评价表

评价支架	个人评	小组评	教师评
准确把握诗意			
人物精神突出			
吸引读者兴趣			

笔者认为，评价表清晰明确了创意表达要注意的学习点，是“读写融合”教学设计不可缺少的评价支架。自我评价，同伴评价、老师评价，都对学生的学习有重要的作用。有参与热情的学生可以从这个环节中得到启示与提升。

最后，笔者设计了如下任务型作业。

拓展阅读：又见少年

辛弃疾（1140—1207），字幼安，号稼轩，南宋词人。《破阵子·为陈同甫赋壮词以寄之》这首词作于 1188 年左右，辛弃疾闲居江西上饶带湖之时，此时诗人大约 46 岁。从题目看，是寄给好友陈亮，抒发抗金壮志的。陈亮是爱国志士，一生坚持抗金主张。

请思考：

（1）有人说，辛弃疾这首词虽然以“可怜白发生”结尾，十分悲伤，但整首词洋溢着“少年精神”。你认同吗？说说你的见解。

(2) 你在诗国还有没有遇见特别的“少年”？试举一例，说说自己的理解。

(3) 你的身边有没有这种在年龄上已不是少年，却拥有“少年精神”的人？记下他的故事。

这个作业设计紧扣本课教学内容，旨在对学生的学习有个全面的分析和把握。辛弃疾诗文有个很重要的特点，那就是“白发”与“少年”意象对举，他的诗歌经常在意象的对比和情节的陡转中，挥洒悲壮之情。理解了辛弃疾的《破阵子》，就对“少年精神”有了更深的理解；寻觅诗国其他少年，是让学生们运用今日所学，继续感受中国诗词之美；最后一个任务，是迁移转化写作，让学生在运用中巩固本课本主题的核心概念，真正实现知识的积累和能力的提升。

总之，笔者认为，学习任务群的推进，一定要关注教学内容的选择整合结构化，教学过程的实施活动体验化，学习评价的展开多元过程化，让语文课程的实践性与综合性得到充分展现，让学生在发现、探究、体验、表达中感受文学语言的魅力，全面提高语文核心素养。

（此文发表于《中学语文教学参考》2023 年第 34 期，收入本书时有改动）

苏州市相城实验中学　罗　晶

优化群文阅读，促进“读写融合”

——以状物类群文读写为例

随着统编教材的使用，我们的阅读教学对群文阅读进行了较多的研究，呈现出很多的“1+X”式的群文教学课例。这个1篇和另外的X篇在写法或者内容上常有一个或一些共同点。如果我们将这个共同点再进行写作能力的提升，即由“1+X”，走向“1+X”+1，即可在另一个思路中实现课标所建议的“读写融合”。

这里的“读写融合”不同于以往片段式的仿写，更多的是从群文中找到一个写作的能力点，进行写作力提升的写作训练，进而实现将学生的阅读力转化为写作力。在实际教学中，我们将课内(外)的文章作为一组群文，用“X”表示，在此基础上提炼出一个写作能力点并进行完篇写作训练，用“1”表示，我们称之为“X+1”的群文读写实践。

笔者结合我区几所学校实施的群文读写实践研究，以状物类散文为例，不揣浅陋，谈一谈自己的做法。

一、群读基础上的方法提炼

状物类散文常通过刻画物象来抒发情感或表达志向。基于初二年级的学习现状，我们将《紫藤萝瀑布》《一棵小桃树》先作为例子进行群文式阅读，试图让学生初步探寻出这类文章的写作密码。此部分设计如下：

任务一：回忆两篇文章内容，梳理这两篇散文的脉络并分别概括文章的主题

1. 明确脉络。

《紫藤萝瀑布》：眼前的紫藤萝——回忆相关的人和事、以前的紫藤萝——回到眼前的紫藤萝，抒发感悟。《一棵小桃树》：眼前的小桃树——回忆相关的人和事、小桃树的成长——回到眼前的小桃树，托物言志。

2. 明确主题。

《紫藤萝瀑布》：通过描绘紫藤萝由衰而盛的景象，抒发作者的人生感悟——人生虽有曲折但美好，生命长河永恒不息。《一棵小桃树》：通过描述小桃树曲折艰难的生长历程，赞颂与命运抗争的顽强精神，抒发自己的情志——面对生活困苦，要坚持梦想、不懈追求。

组织小组讨论，发现两篇文章写法上的共同点：都写植物，植物中都浸透着作者的情感；都联结曾经的人和事；都运用了借物抒情（或托物言志）的写作手法。在写到景物时能根据情感表达需要对景物某一方面特征进行细致的多角度的描写。

任务二：阅读力提升

1. 回忆《秋天的怀念》《驿路梨花》《白杨礼赞》等课文，完成下面表 2.2。

表 2.2　课文梳理

花草树木	主要特点	联结的人、事	抒发的感情或生命的感悟等

2. 总结“以象传情”的写作特点。

经过第一部分的训练任务我们发现，借花木来传情（或言志）大致有以下几类：

一是歌咏花木，礼赞其精神或托花木以言志。二是将花木与人、事联结：借花木来写他人，表达对他人的怀念、赞美等感情；借花木来写自己，表达自己的感情、志向；借花木来叙事，表达对人生的思考、体悟等。

此类文章主要通过对具体物象的描写并突出其某一特征，所突出的特征要和下文所要抒发的情感或表达的情志有较高的契合度。比如，紫藤萝有很多的特点，枝干盘曲嶙峋、枝叶繁茂、色彩迷人、造型奇特等，但是宗璞先生着重突出的是自己观察到的“蓬勃的生机和旺盛的生命力”这一特点，其目的是和十年前的藤萝进行对比，并上升到个体生命的短暂与生命长河的永恒的主题上。同样，其他几篇状物类散文中的物象也都有许多不同的特点，作者往往突出某一个方面的特点，为的是为下文联结相关联的人、事，抒发与这些特点想契合的情感或志向做铺垫。

通过这一步的训练，将有某一共同点的文章（课内为主）组成群文，让学生在阅读中探究此类文章的写作训练点，既提升了综合阅读能力，也为下面的写作力提升做好了铺垫。

二、基于群读的写作设计

在上一步形成阅读力的基础上，我们设计了两个活动，一是初步让学生用这种在群文阅读中总结出来的以物传情类文章的写作方法进行写作训练；二是突破训练难点，即如何做到“物”与“情”（或“志”）的契合，对习作进行升格。

第一个训练活动是写作构思训练，我们依此设计了一个写作任务：

有人喜欢隆冬的琼枝，有人心仪早春的花草，有人酷爱仲夏的树荫，有人钟情深秋的红叶。四季更迭，花木枯荣，总有一种花木让人期盼，让人回忆起一段往事，让人体悟出一种思想。

请以“我和________树（花、草）的故事”为题写一篇文章。

在课堂上我们让学生自主思考：这个作文题让你想到哪种花木？这一花木让你想起了你生活的哪些人、事？又有怎样的情感体验或者生命感悟？完成表2.3。

表2.3　花木联想

花木名字	主要特征	可以联结的生活中的人、事	引发的情感或生命感悟

请在此基础上进行完篇的写作训练。

在写作实践中我们发现，学生可以从《紫藤萝瀑布》《一棵小桃树》《驿路梨花》等文章中习得“以物传情”的状物类散文写作方法，甚至也可以由植物扩大到身边的其他物象，并联结曾经的人和事，继而抒发感情或表达志向。但是，最大的难点是不能很好地将物象的特征与下文要表达的情感或抒发的感悟有效契合，因此我们在上一环节的训练以后进行作文的升格。如下面这篇初二学生习作。

月季花

① 老家的院子里有一块小小的空地，在爷爷生病后，它成了我和爷爷的花园。

② 这个花园有个别称叫“月季园”，虽叫这名，其实“月季园”中只有一株月季花，那是爷爷亲自种下的。

③ 爷爷病后，身体越来越糟。他每天能做的就是吃药和散步，再就是打理

那片花园。

④ 一天爷爷散步回来，带回了一棵只有几根枝条的花苗，爷爷将它栽种在了那块小土地上，并跟我说：“快得话，今年秋半天它就可以开花了。”

⑤ 几个月来，伴着春天的微风还是夏日的暴雨，它孕育着新芽和绿叶。到了秋天，月季又抽出了几枝新芽，慢慢伸长长大，但最终还是没能等到开花的日子。到了凛冬，爷爷似乎也不再去多看，说等明年开春吧。

⑥ 又一个春天到了，一丛丛绿叶中藏着两个小小的花苞，我和爷爷搬了小凳子紧紧盯着它，一动不动，我脸上带着好奇，爷爷脸上也带着孩童般的期待。不知多久后，花朵缓缓地、无声地绽开了，我和爷爷心底却好像听到了花开的，“噗”的一声，似乎是那样清晰。

⑦“月季花！开了两朵月季花！”我兴奋地从凳子上蹦了起来，冲爷爷喊道，爷爷笑着抚摸着我的头发，“是啊，这就是月季花，它是不是很漂亮？”爷爷似乎想去发现什么，一直看着那两朵月季花。我也拼命点着头，表达无法言说的赞同。

⑧ 爷爷不时细心照顾着还不粗壮的月季花，当年，月季花又多了几朵，美好而灵动。但爷爷的病却没能像月季一样带给我们惊喜，爷爷还是到了不得不手术的地步，两个多月里，爷爷没能照顾月季花，眼看着月季花一天天瘦弱，我学着爷爷的样子给它浇水，心里想着给爷爷个惊喜。

⑨ 可还是没等到花开的季节，爷爷去世了。老宅的那片花园不到一年就显得荒芜了，那株月季花，陪伴它的只有废墟和杂草，街道叔叔家的奶奶也没再去打理它。

⑩ 直到那年春天，堂弟的出生，婴儿清脆的啼哭，似乎使内心的什么萌发，“噗”的一声在大家心里响起，眨一眨眼，一切又似回到从前。

七百字左右的文章，学生注意到要去联结月季花背后的人和事，但是小作者想要强调的月季花的特点和想要表达的生命的感悟契合得还不太紧密，所以我们带着孩子们再去寻找《紫藤萝瀑布》《一棵小桃树》，以及《秋天的怀念》里的写作密码。慢慢地，孩子们发现至少有两个地方可以去升格：一是第七段写月季开花的地方要从色彩、形状、味道等方面进行适当的描写。二是在文章最后补充一点由花到人的思考以及主旨提升。第一个升格比较容易，主要考查学生观察和描写的功力，限于篇幅，学生的升格片段此处不再呈现。第二点就要求学生在掌握这种写作形式以后进行一个写作方法的内化和写作力的提升，是一个比较高的能力要求。下面是学生升格后补写的一个结尾：

生命像乐章，有音符落幕，有音符登场，无论曲目长或短，都会迎来新的一篇。再次来到爷爷的“月季园”，我想园中那株月季也是这样，枯萎后还会再次绽放。

三、阅读力转化为写作力

“读写结合”并非新概念，但是以前的结合训练多着力于“片段式”仿写。随着统编教材的使用，新的阅读理念越来越深入人心，不少教师对阅读教学开始从“这一篇”的阅读转向“这一类”文章的阅读。因此，“读写结合”自然也可以随着教材编写以及教学方式的变化而产生新的内涵。我们这里所强调的“读写结合”侧重于写作力的提升，阅读是手段，提升写作力是目的。这个前提是我们对“X”这一类文章有比较详细的理解的基础上的组合，所以我们在实践中选择的群文，侧重从教材中选择，因为这些文章我们在平时的阅读教学中已经涉及，学生基本形成了“X”这类文本的阅读力，这是我们进行“X+1”群文读写实践研究的前提与基础。

因为是要打通阅读与写作的边界，教会学生联结转化阅读的养分，化阅读力为写作力。在实践研究中，我们发现难点是“X”群文阅读与写作的结合点探寻，并结合学生特点设置合适的写作任务。比如，我们所选的几篇文章中有几个共同点，即都对物象进行了一定程度的细致的刻画，都由物象联结曾经的人或者事，都借物传情或托物言志。学生理解这几个共同点的过程就是形成阅读力的过程，并且我们将这些要素整合在表格中，给学生形成任务单（如上文中的表格），学生在完成这个表格的同时联系自己的生活体验，进行构思、选材、成文。这一过程就是将阅读力转化为写作力的过程。

这一系列的训练是跨越了以往片段式“仿写”的综合性群文读写训练。比如，上面学生习作《月季花》，升格后有对月季的多角度描写，有由物到人的联结，还有借物抒情、以物喻理的写作手法运用。

除了本文尝试的一次群文读写实践，还有很长的路要我们去摸索，但是我们相信，顺着这个路径尝试下去，学生的写作能力肯定可以得到有效提升。

苏州相城区蠡口中学　耿庆强

缘文求法

——从群文阅读中学习场面描写

现阶段各学段语文教学中，群文阅读教学蔚然成风，课堂教学越来越注重阅读素养和能力的提升，但是忽略了阅读和写作教学的有效融合，学生无法高效地将阅读能力转化为写作能力。

陶行知先生认为：生活即教育。我们的作文也是如此，“问渠那得清如许，为有源头活水来”。生活是写作的源泉，所以在片段写作中，选择与学生生活相关的话题，能够给学生更加自由的写作空间，写作才会言之有物。在陶行知的生活教育理论的指导下，笔者课前让学生从日常生活中任选一个场面来写，如面馆吃面、菜市场买菜、挤公交车、课间十分钟、拔河比赛……对生活的观察是场面描写的基础。

从学生的课前练笔来看，主要存在以下问题：第一，一部分学生铺垫太多，侧重于场地的布置和过程的概述，真正的场面描写太少。第二，一部分学生不理解什么是场面描写，不分主次，没有点面结合。第三，全景镜头过多，描写的场景过于分散，没有把某个场景的人物活动进行细致的描写。针对上述问题，引导学生在读写联动中习得场面描写的方法是需要我们思考和探究的。

一、明确气氛

学习场面描写，首先要认识何为场面，抓住场和面两个字，场可以理解为场所，也就是要有一个特定的地点，也可以理解为场景，也就是要有个情境，还可以理解为现场，即让读者产生身临其境的现场感。所谓面，是画面，场面描写需要具有画面感，同时“面”由人物群像构成，单个人无法形成场面。

由此我们可知场面由“人”“事”“境”构成，场面描写要给读者以现场感。《安塞腰鼓》中描写的是腰鼓表演的场面，让我们感受到壮阔、豪放、火烈；《梦回繁华》中有描写船夫等人劳作的场面，让我们感受到忙碌紧张的气氛；《开国大典》中描写的场面很多，有乐队奏国歌的场面、升国旗响礼炮的场面、阅兵的场面等，就以群众游行的场面为例，我们可以感受到热闹喜庆、举国欢腾的气氛；《骆驼祥子》第四章有一段描写祥子逃出军营后挤城门洞的场面，从中我们可以感受到喧闹的气氛……

不同的场面会传达出不同的气氛，如节日的场面有欢乐的气氛，生离死别的场面有哀伤悲恸的气氛，比赛的场面有紧张激烈的气氛。只有写出场面的气氛，才能给人身临其境的感受，因此在场面描写之前要先寻找自己所需要表现的场面感。有了整体的构思，才有可能找到与场面感相契合的方式加以表述。

二、选定点面

在现实写作中，很多时候我们明确了气氛，却未能把气氛准确地表达出来。这是为什么呢？有位同学描写运动会入场的场面："这些运动员们散发着青春的活力和朝气，矫健似雄鹰，热情如火苗，活泼似松鼠……"这段文字非常抽象，用了一些形容词，却没有具体描写出怎样的活力和朝气。实际上，我们在进行场面描写时，尽量要让读者从你的描写中感受到场面的气氛，达到"不着一字，尽得风流"的效果。

不妨想象一下，摄影师在拍摄一个场面时往往会怎样取景？例如一场音乐会，一场足球比赛，一个文艺节目……他们在进行取景时往往会既有全景描摹，又有局部特写，辅之以现场观众的反应，用这些镜头来展现精彩的场面。我们对场面进行描写时也是如此，既要有全景描摹又要有局部特写，也就是要做到点面结合。场面一般都比较繁杂，那么在大大小小的场面中，如何确定哪些作为点来特写，哪些作为面来整体描摹呢？同样看我们课文中是如何进行点面结合的。

《开国大典》这篇课文中，空中礼花绽放、地上人潮涌动，整个天安门广场一片沸腾，这是对整体的描摹。参加开国大典的人有很多，但是作者并没有一一刻画，而是让毛主席的活动构成这个特定的喜庆场面的特写。究其原因，毛主席是领袖，是这个盛大典礼的核心人物，是万众瞩目的焦点，因而在场面描写时应该作为特写的对象。《骆驼祥子》中挤城门洞的场面也是如此，联系上下文可知，特定时间是"傍晚时分"，特定地点是"城门洞里"，"城门洞里挤着各样的车，各样的人"这一句是宏观的面的描写，接下来作者别出心裁地选取声音这个角度来写人群的拥挤和喧闹，"鞭声，喊声，骂声，喇叭声，铃声，笑声，都被门洞儿——像一架扩音机似的——嗡嗡的联成一片”，城门洞里人声不绝于耳，可见拥挤的程度，祥子从军营中逃出来，便进入了这样的场面中，有一种重返人间的感觉。至于微观的点的选择，在这样拥挤的场面中，祥子“东插一步，西跨一步，两手左右的拨落，像条瘦长的大鱼”，祥子的动作非常具有现场感，试想，如果场面不拥挤，怎么会需要东插、西跨、左右拨落，拥挤的场面一下子如在目前。同时，在人群中祥子能够挤出重围，足见他的个高腿长，表现场面的同时也凸显人物形象。祥子是小说的主人公，所以在场面描写时，宏观场面里众人拥挤不堪，微观特写中祥子如鱼得水，轻松进城，点面结合恰到好处。

场面是以人物活动为中心的，而且往往有很多人，如果把每个人都看成一个点，那么多点都要面面俱到吗？显然不可能，因此只能选取这个场面中的主要人物来刻画，描摹对表现场面最有用的人。例如，《梦回繁华》中重点写船夫的活动，而对赶脚、推车、挑担的人们则一笔带过。当然，有时也需要选取多个点进行特写，《红楼梦》中刘姥姥进大观园这一情节描写了众人被刘姥姥逗得哄笑欢闹的场面，作者选取了八个主要人物来写他们各自的笑，有笑得将茶喷出来的，有滚到贾母怀里的，有笑得说不出话来的，有笑得需要奶母揉揉肠子的……同样是笑，但是笑得千姿百态，而且这些笑态不是作者随意赋之，这与人物的性格和人物之间的关系密切相关，让人惊叹曹雪芹的匠心，也正是这种个性化的描写使场面丰富、立体起来。

很多同学误以为局部特写一定要是某个人，实则未必，且看《安塞腰鼓》中经典的场面描写：

看！——

一捶起来就发狠了，忘情了，没命了！百十个斜背腰鼓的后生，如百十块被强震不断击起的石头，狂舞在你的面前。骤雨一样，是急促的鼓点；旋风一样，是飞扬的流苏；乱蛙一样，是蹦跳的脚步；火花一样，是闪射的瞳仁；斗虎一样，是强健的风姿。黄土高原上，爆出一场多么壮阔、多么豪放、多么火烈的舞蹈哇——安塞腰鼓！

这段文字先对场面进行整体描摹，抓住了腰鼓捶起来的发狠、忘情、没命的那股劲，百十个后生狂舞的姿态让人感觉整个场面非常热烈，舞蹈者的动作十分整齐且富有力量，渲染了壮阔、豪放、热烈的气氛。那么这个场面中是否有点的描写呢？笔者在执教中发现绝大多数同学产生了思维定势，认为特写就应该是某个或者某几个人。其实不然，仔细品读可窥见其中的关窍，脚步、瞳仁……这些都是特写，在腰鼓表演中为什么选取脚步、瞳仁来进行特写而不选择身体的其他部位来放大呢？这与场面的特点有关，腰鼓表演的场面，是陕北地区的民俗舞蹈，在这样的场面中，蹦跳的脚步和闪射的瞳仁最能渲染场面的气势和浓烈的氛围，如果选择其他作为特写的点就无法达到这种效果。在点面结合中如何选点进行局部特写，我们又有了一个新的启发：在点的选择上，挑出最能表现现场感的人、事、物来进行特写，且将其他人、事、物作为背景进行描摹。

三、巧用手法

选定了点面是否就能把场面描写写精彩了呢？在课前练笔中，有位同学写下了一个踢毽子的场面：

下课铃响了，同学们走出教室，只见操场的中央围了一群人，走过去一瞧，原来是在看五年级的几个女生比赛踢毽子。最后出场的是一个小个子的女生，她一个接一个地踢着毽子，最终以一分钟150个的成绩赢得了比赛的胜利。

这段文字里有宏观场面的描写，也有微观的点的刻画，但是并没有让读者产生强烈的情感共鸣和身临其境的现场感，怎样热闹没有从字里行间体现出来，这样的场面描写是没有生命力的。那么怎样让我们笔下的场面精彩起来呢？我们同样可以从课文中探求方法。

沈从文先生在《端午日》中主要抓住桨手、带头的、锣手、鼓手的外貌和特有的动作，用准确的动词加以描绘，如“持”“划”“挥动”“敲打”，表现出比赛场面的紧张、热烈，也突出了湘西人奋力争先的拼搏精神，这是正面描写。场面描写与环境描写不尽相同，是以人物活动为中心的动态描写，所以离不开对人物的刻画描摹，因此外貌描写、动作描写、神态描写、心理描写等人物描写方法也都可以用来描写场面。

在这个赛龙舟的场面描写中有这样一句话值得关注：“每当两船竞赛到激烈时，鼓声如雷鸣，加上两岸人呐喊助威，便使人想起小说故事里梁红玉老鹳河水战时擂鼓的种种情形。”这句话恰似神来之笔，给人带来无穷的想象，更运用了三种写作手法：用鼓声和两岸人的呐喊助威声来表现龙舟竞渡的紧张激烈，是侧面烘托；用小说中梁红玉老灌河水战时擂鼓的联想，引人遐思鼓声冲天、士气高昂的种种景象，更烘托出紧张的气氛，突出龙舟竞赛的激烈，是虚写；龙舟比赛发展到最高潮时，作者只点到种种情形就戛然而止，却并没有将水战时擂鼓的种种情形描述出来，给读者留下想象的空间，这是留白，激发读者的联想和想象，增强了文章的感染力。

那么不同的场面在描写时运用的手法是否一样，有没有规律可循呢？以《梦回繁华》为例，描写劳作场面，用了很多四字短语，如“呼唤叫喊”“握篙盘索”“呼应相接”“挥笔助阵”“无暇一顾”，通过朗读可知，四字短语的使用增强了节奏感，紧张忙碌的场面如在目前。但是并不是所有的场面都适合四字短语，例如《十里长街送总理》中描写的是送葬场面，要渲染的是哀悼悲痛的气氛，节奏就应该舒缓，运用一些神态、心理以及一些细节来表达人们对周总理的爱戴和不舍。而《安塞腰鼓》为了凸显打腰鼓场面的热烈豪放壮阔，用了比喻、排比的修辞，在句式表达上也别具一格，如果按照常规的比喻句式，应该表达为：“急促的鼓点像骤雨一样；飞扬的流苏像旋风一样；蹦跳的脚步像乱蛙一样；闪射的瞳仁像火花一样；强健的风姿像斗虎一样。”而作者却将比喻句进行了倒装，将喻体前置进行强调，使读者身临其境，可以形象地感受到表演者特有的神态、美妙的舞姿和强健的风采，排比的修辞又真实地再现了腰鼓表演场面的独有气势和浓烈的气氛。另外，《安塞腰鼓》除了描写腰鼓表演时的场面，还描写了表演前和表演后的场面，在这三个场面中，表演场面是描写的重点，但是也需要在前后两个场面的映衬下才能彰显出精彩，表演前的准备场面是为了衬托腰鼓表演时的激昂和动人心弦，表演结束后观众沉浸其中的寂静衬托表演的精彩。

由此可知，为了增强现场感，单一的表达方式和写作手法是不够的，在对某一个具体场面的描写中，手法的选择是服务于现场感的，要根据气氛的需要灵活使用才能使场面更加真实。

四、读写转化

在语文教学中，读和写是相辅相成、互相促进的。在阅读教学中，教师要注重引导学生通过群文阅读，用一篇带多篇，将阅读中寻求到的写作之法内化并运用到实践，将阅读力转化为写作力，同时在此过程中学生的阅读量在增加，阅读素养也得以提高。

在群文阅读的基础上，可以让学生先从气氛是否明确、是否有全景、是否有特写、运用的手法是否最能表现出场面感等几个方面对课前练笔进行评价并修改升格，检测教学效果。这里不仅是培养学生的写作能力，更是课堂教学的试金石，阅读教学的价值得以提升。

学生习作展示：

一群马背上的汉子，意气风发，他们身后的蒙古包庄严地站立着，注视着，等待着。“嗖！”几十匹威武雄壮的马儿，如箭离弦毫不相让地向前冲去，翠绿的草儿一齐弯了腰，那狂奔在大草原怀抱中的马儿，载着飒爽的勇士直向前奔去。那清脆的铜铃，是高昂的呐喊，那狂舞的脚步，是强健的风姿；那挥动的长鞭，是永恒的信念！观众们目不转睛地凝视着，一言不发。当马儿停下脚步，时间仿佛静止了，尔后，喧嚣的欢呼声似惊雷般响彻天际。

立足生活是作文的根本之道，因为生活是写作的对象，亦是写作的源泉。因此情境化写作能够让学生构建起生活作文观，学生在阅读谢冕《饺子记盛》的基础上回忆自己春节期间和家人围坐在一起包饺子和吃饺子的场面，并运用点面结合的方法将这个场景补写完整，并以“节日的味道”为题将片段升格为习作，如此，学生就可以从丰富的节日活动中提取素材：如清明节郊野踏青，端午节吃粽子和赛龙舟，春节贴春联和吃团圆饭，等等。

王君老师曾说：“群的思想，整合的思想，骨子里都是联结的思想。”[①]群文读写打破了单篇课文阅读教学的教学章法，有利于提升学生的思维品质。但是并不是所有的文本都能随意组合成群文，群文不能是杂乱无章、任意选择的。我们为什么把这几篇文本组合在一起？我们要达到什么目的？这种群文组合形式是否比单篇阅读要有效？若不考虑这些，群文阅读就失去了它的意义。同时，如果学生不关注生活，那么他们就会变成陶行知所说的“笼中鸟”，不仅会误以为眼前的方寸之地就是全世界，久而久之甚至会对真正的生活失去感受力，以致作文千篇一律。

在群文阅读中，只有让学生在真实的生活情境中学习，将阅读能力转化为写作能力，实现读与写的联结，才能体现出群文读写的优越性。

（此文发表于《中小学教学研究》2022 年第 4 期，收入本书时有改动）

苏州市相城区春申中学　胡　丹

① 王君．更美语文课：王君群文教学课例品读[M]．武汉：长江文艺出版社，2018：36.

群文阅读在初中语文散文教学中的应用研究

群文阅读中结构化文本及议题较为重要，前者是指若干阅读内容的集合，后者是指师生深挖阅读内涵的工具，在学生阅读探讨中达成共识，其间能有效培育学生语言表达能力、语文思维能力、质疑反思能力等素养，还可以师生共享智慧结晶，体现结构化文本议题探究意义。

一、群文阅读教学法的概念

什么是群文阅读教学法呢？目前还有相当多的人不知道这种教学方法，它是这几年才慢慢流行起来的。群文阅读其实就是老师根据需要挑选一些内容相关的阅读素材，让学生对比着阅读、对比着学习，这样有利于学生在阅读的过程中逐渐形成自己的看法。老师和学生进行共同阅读，各自发表自己的看法，在讨论中形成一种共识。这样的教学方法别开生面，与以往的语文教学方法不同，学生是阅读学习的主体，学生可以自由地提出自己的见解，可以从各个方面发表自己的看法，并且学生之间还可以进行研讨，进行学习交流，老师在旁边可以进行适时引导。群文阅读教学法在课堂中的使用，学生不但拓宽了思维，理解能力也得到了很大提升。

二、初中阶段开展群文阅读的可行性

群文阅读教学与以往的教学模式不同，它有比较新颖的教学理念，顺应了课程改革的发展趋势，越来越多的老师开始注意到它，并将其用于课堂教学中，学生的阅读能力在其作用下都有了很大的提升。除此之外，群文阅读还能为学生提供不同的知识素材，学生在阅读的过程当中，还能不断提高自己的语言表达能力。而当前我国初中生不太会写作文，关键还是知识储备量较少，学习方法欠缺，所以学生要想提高自己的写作能力，群文阅读的重要性是不言而喻的。因此，初中的语文老师首先必须认识到当前学生的阅读基础较差，上课时进行阅读教学非常的重要。只是在上课前，老师要提前把不同的阅读素材归一归类，便于学生有针对性地进行阅读。比如叙事类散文，在叙事的基础上，情感往往渗透在字里行间。学生在阅读学习时，通过对比学习，有助于理解叙事类散文中渗透的情感，形成正确的价值观。

三、群文阅读在初中语文散文教学中的应用问题

（一）议题不清晰，没能考虑到教学目标

其实老师在组织学生进行散文学习时，一般老师会自己给出群文阅读的议题，而议题的提出并没有学生的参与，所以在很多情况下这种议题压根就不是学生感兴趣的，当然也不能激发学生学习的动力，这就属于议题不清晰，难以实现教学目标。

（二）学生阅读兴趣低

兴趣是支撑学生一直能学下去的力量源泉，一旦没了兴趣，就意味着学生学不下去了，语文阅读跟别的科目不同，既体现了人文性，又具有一定的工具性，因此，老师在上课的过程中应重视人文教育，让学生在一定的文化氛围中去学习。只是在具体实施中，我们发现受升学压力的影响，学生对于散文阅读不是特别有兴趣，他们更在乎怎么样去巧妙地答题，怎么样能得分，对于阅读的过程并不在意。因此，在这种情况下群文阅读就很难进行下去，即使在我们的强烈要求下开展群文阅读教学，也很难发挥出它的作用。

四、群文阅读在初中语文散文教学中的应用建议

（一）以作者为中心选文

在进行阅读学习时，重点是要准确把握文章的内容以及理解文章所要表达的内涵，这就要求学生首先要了解文章的作者，而了解作者只读一篇文章是不够的，所以老师在组织学生学习教材内容时，还要挑选该作者的其他文章，最好是该作者的一些代表作，组织学生进行群文阅读。举个例子，在学习初中语文教材《春》这篇文章时，老师就可以把《匆匆》《背景》《绿》《荷塘月色》这几篇文章组合起来，便于学生对比着阅读，当然老师在旁边要进行适时指导，让学生领会作者的点睛之笔，分析文章的写作结构，关注作者的语言表达风格，体会作者是怎样

在写景时抒情，又是怎样将情寄于景的。这样学生学习起来就可以把朱自清写的散文进行多层次的分析阅读与对比，挖掘文章所表达的深层意思。以这样的方式进行阅读，不但能使学生理解文章的内涵，还能让学生体会到朱自清老先生所写散文的独到之处，领略他老人家在文学上的造诣，并能从中学习一二，提高自己的写作水平。

（二）重视阅读总结，完善教学体系

过去大多数老师在进行群文阅读后不怎么注重在阅读后的教学总结，因此教学质量并不太好，在这里我们要说的是，要想让群文阅读发挥更好的效果，语文老师就必须加强对阅读后的总结，让其成为群文阅读的一个必备环节，并在教学研讨时加以改进，使群文阅读的流程更加完整。比如老师在课堂上组织学生学习《中国石拱桥》这一课时，还可以挑选《桥之美》《桥》这些篇章进行对比阅读，研究分析说明文、散文等文学作品的写作技巧。还可以借助信息技术用思维导图的方式概括石拱桥的特征、文章的写作风格以及说明文的说明顺序等，这样不仅让学生复习了学习的内容，而且在概括总结中拓展了思维，在比较中深化了思想，并且在学习和总结的过程中，还能让学生意识到自己在全文阅读中有什么欠缺，比如说在群文阅读的时候比较分散，缺少完整性，或者说没有注意到作者的写作方法等，当学生在总结中认识到自己的不足，就会想方设法进行高效阅读，再次阅读的时候思路就会更清晰，从而不断提高自己的文化知识素养。另外，老师在指导学生进行阅读总结的过程中，还要深刻反思教学中的优点和不足，尤其是在教学育人的过程中有什么样的缺点，比如没有有效利用数字资源，在安排分组阅读时小组合作不灵活等，这些都可以作为教学研讨的内容，然后把好的学习方法在全校进行推广。同时还可以把一些好的群文阅读素材放在一块形成一个资源库，方便老师后期使用，组织学生小组合作进行群文阅读的时候还可以给出议题，激发学生的创新阅读，也可以将阅读和写作统一起来进行教学，这些都能使初中语文群文阅读的教学发展再上一个新台阶。

（三）加强阅读指导，锻炼学生的群文理解能力

初中阶段是学生形成语文核心素养的一个重要时期，其中最重要的就是培养学生的阅读理解能力。以前学生训练主要针对的是一篇文章，而群文阅读最大的特点就是文章数目较多，阅读量较大，它不只是考查学生对某篇文章的阅读水平，对学生的群文阅读理解能力也提出更大挑战。以前老师在上课时虽然也让学生进行群文阅读，但也只是简单意义上的阅读，并没有告诉学生应该用什么样的方法去读，这就使得群文阅读的作用比较单一，也不能有效激发学生学习的主动性。对于初中生来说，学习群文阅读的时间还较短，并不能有效掌握群文阅读的学习方法，所以还无法体会群文阅读的作用。由此可见，有一个正确的学习方法是多么重要。所以老师在课堂中实施群文阅读时，一定要在学生现有的能力基础上，根据学生的学习特点，指导学生用合适的方法去阅读，这样才能提高学生的语文阅读能力，进而提高学生的语文核心素养，当然老师还要和学生一起总结科学、有效的阅读学习方法，扫清阅读的障碍，以便以后学生能够自己进行阅读。举个例子，老师在课堂上组织学生学习《匆匆》《绿》等这些群文阅读的文章时，可以让学生先重点学习《匆匆》，通过这篇文章让学生感受春天的美好，培养学生的观察能力，指导学生怎么去写景，以及怎么通过景物来抒发感情，学习作者的写作技巧，理解文章所要表达的深层含义，然后可以带领学生再学习朱自清其他的一些文章，训练学生用耳欣赏文章的意境之美，在朗读中感受文章的语言之美，在品读中领略朱自清散文写作的特色，这样不仅能强化学生的记忆，还能加深学生对文章的理解，并且有利于学生形成良好的阅读习惯。阅读方法对了，阅读速度就加快了，阅读能力自然而然就提高了，这样群文阅读在初中阶段就得到了有效实施。

（四）合理选取题材，保证阅读质量

老师在组织学生群文阅读之前最重要的是挑选合适的素材，但是在新课程标准的要求下，初中阶段的语文课本无论是内容还是知识的延伸都有了大幅度的增加，所以语文学习面变广，学习类型增多，这就要求老师一定要挑选合适的题目，既要符合学生的特点，又不能太难，因为依照初中生现有的水平，太难的东西他们也理解不了。因此，初中阶段语文老师在进行课堂教学时一定要根据学生的需求挑选合适的阅读素材，既要符合他们的心理认知，又不能超出他们接受的能力范围，可以慢慢拓宽他们的阅读面，这样才能逐渐提高他们的阅读能力，进而促进他们思维能力的提升。当然，所选素材的内容也要联系实际，能让学生参与进去，从而提高他们学习的动力。最后要说的是，老师对自己所选的文章一定要熟悉，一定要结合其内容以及文章间的内在关系进行合理选择，老师还可以借助于课外读物扩大学习的内容，拓宽学生的阅读面。

苏州市相城区北桥中学　董　萍

基于初中部编教材的群文读写实践

——以《写好文章的开头》为例

当下写作教学，大多采用“出示中考模拟作文题+审题指导+学生写作+教师讲评分析”模式，写作教学与阅读教学往往是割裂的，忽略了写作教学与阅读教学的结合。

《义务教育语文课程标准(2022 年版)》在实施建议中明确提出：“重视写作教学与阅读教学之间的联系，善于将读与写有机结合、相互促进。”重视读写结合，既是中国语文教学的优良传统，也是新时期语文教学实践的基本要求。我们在进行教学的过程中应该思考如何借助教材，整合阅读文本，指导学生为写而读，实现读写结合。

其实我们的语文部编教材是作文教学最好的例子，叶圣陶先生就说过：“教材无非是个例子。”①语文部编教材的编者在选文时把文本的经典性作为选文的重要标准，构建了教读、自读和课外阅读“三位一体”的阅读教学体系。2020 年教育部又发布了《中小学生阅读指导目录》，按照相应的年级又推荐了大量的阅读书目。这些经典文学作品既是我们开展阅读教学的例子，也为我们提供了大量的作文范例、写作素材和写作手法，可以说是写作教学的源头和写作材料的宝贵仓库。著名教师王家伦老师在他的教学中，就常常把教材中的文本不仅作为阅读教学的重要文本，也是作为学生学习写作的重要范文。因此在写作教学中，教师要引导学生回归教材，从教材中去汲取写作滋养，实现读与写的有机结合、相互促进。

就目前而言，单篇文章的阅读和写作训练国内已经有很多的研究，但是将群文阅读与写作结合的就比较少，下面笔者就《写好文章的开头》为例，进行基于初

---

① 叶圣陶.叶圣陶语文教育论集[M].北京：教育科学出版社，1980：152.

中语文部编教材的群文读写的写作教学实践活动。

一、教材引路，学习写作技巧

活动一：回顾、归类教材文本的开头

笔者将初一至初三语文部编教材和名著中比较典型的开头先展示出来，然后让学生进行归类。

(1) 我们在田野上散步：我，我的母亲，我的妻子和儿子。——《散步》

(2) 父亲总觉得我们家的台阶低。——《台阶》

(3) 我们决定要爬一座三十里高的瑶山，地图上叫越城岭，土名叫老山界。——《老山界》

(4) 盼望着，盼望着，东风来了，春天的脚步近了。——《春》

(5) 山，好大的山啊！起伏的青山一座挨一座，延伸到远方，消失在迷茫的暮色中。——《驿路梨花》

(6) 那是在费城，一个酷热的七月天——直到56年后的今天，我仍能感受到当年那股灼人的热浪。和我在一起的五个男孩子已经厌倦了玩弹珠，以及用透镜在干树叶上烧洞的游戏，正在寻觅其他好玩的事。——《走一步，再走一步》

(7) 我冒了严寒，回到相隔二千余里，别了二十余年的故乡去。——《故乡》

(8) 我不由得停住了脚步。——《紫藤萝瀑布》

(9) "人家说了再做，我是做了再说。"

"人家说了也不一定做，我是做了也不一定说。"

——《说和做——记闻一多先生言行片段》

(10) 明丽的仲夏笼照着英格兰。天空如此明净，阳光如此灿烂，在我们这个波浪围绕的岛国，本来是难得有这样的好天气的，而近来却接连很多天都是这样，仿佛是意大利的天气来到了英国——就像一群欢快的过路候鸟从南方飞来，在阿尔比恩的悬崖上暂时歇上一歇。干草全都收进来了，桑菲尔德四周的田地都已收割干净，露出了一片绿色。大路让太阳晒得又白又硬。树木郁郁葱葱，树篱和林子枝繁叶茂，一片浓荫，与它们之间洒满阳光的明亮的牧草地，正好形成鲜明的对比。

——《简爱》第23章

这一环节，通过展示部编教材初一至初三的经典文本和名著选段，旨在让学生在欣赏这些文本开头的同时，引导学生去发现这些开头的妙处，并将其进行

归类。

活动二:探寻开头写作方法

在活动一中学生将1、3、4、7的开头归为一类,直接点题;2、8设置悬念;4、9运用修辞;5、6、10写景状物。由此可以得出开头常见的以下四种写作方法。

(1) 开门见山,直接点题。提笔就点明与题目有关的人、事、物,即直截了当地切入话题,入题快,便于读者及时把握文章的主旨。

(2) 设置悬念,吸引读者。文章一开头就设置悬念,激发读者的阅读兴趣,想要让读者急于了解事情的全过程。

(3) 运用修辞,展示文采。运用修辞手法是作文中不可缺少的部分,不仅可以使文章的语言富有文采,而且可以使人、事、物生动形象,充满立体感。常见的修辞手法有比喻、拟人、排比、反复、夸张等。如果在文章的一开头就运用修辞手法,就能留给读者深刻的印象和语言的美感。

(4) 写景状物,渲染气氛。一切景语皆情语,文章开头从写景状物入手,展示人物活动的环境或交代故事发生的背景。环境描写可以渲染某种气氛,可以烘托人物心理,衬托人物形象,在作文中运用环境描写很重要。

二、习作片段,升格训练

为了引导学生在具体的语境中有效运用新知,将所学知识能应用到具体的写作任务中,促成从理解知识到运用知识的转化,笔者引导学生学以致用,展示了个别学生习作的开头,并设置了交流评议、修改完善、改后展示等学习活动,指导学生进行升格训练。

修改前:

(1) 记得小时候啊,我真是天不怕地不怕,唯独令我感到害怕的,也许只有“鬼怪”了吧!

(2) 人生中有许许多多的大山,有的十分险峻,有的神奇秀丽,还有的是心中那一座山。翻过这座山,也许能收获很多。

——《翻过那座山》

这是学生在写作初期呈现的真实写作状态。学生要么没有做到点题,要么就是语言单调、苍白甚至语句是病句。针对这一问题,笔者让学生先来说说他们觉得这些开头存在的问题,以及自己对此的建议,然后让学生运用今天所学知识去动手修改。

修改后：

(1) 每个人的心中都有一座难以逾越的山，而我心中的那座山就是对鬼怪的畏惧，尤其是当黑夜来临时，独处的我，心中常常笼罩着一种恐惧。

(2) 人生中我们会遇到许许多多的山，可能是学习上的困难，也可能是生活中的挫折；可能是与同学之间的矛盾，也可能是与父母之间的隔阂。在面对那一座座看不到山顶的山峰时，唯有翻过去，我们才能饱览到那“一览众山小”的广阔天地和秀美风景。

——《翻过那座山》

好的作文都是一遍遍修改出来的，作文教学不仅是教学生会写、能写，也要会改、能改。不仅要会改别人的作文，也要会改自己的作文。语文新课标中提出：“初中生要养成修改自己作文的习惯，能与他人交流心得体会，互相评改作文，分享感受，沟通见解。”因此在展示当堂修改他人的习作开头后，笔者又让学生修改自己的习作开头，学生在互评互改作文这一活动中，不仅培养了自主、合作、探究的学习方式，促使学生主动参与写作教学，成为学习的主人，还提高了学生的综合语文素养。

三、课外拓展，读写结合

为了实现阅读与写作能结合起来，以读促写，以写促读，互相促进，于是在课堂结束之后笔者还进行了课外拓展，补充了课外经典文本的阅读训练。

笔者选择了现当代3篇名家名篇，于漪的《往事依依》、萧乾的《枣核》和鲁迅的《一件小事》。让学生在阅读全篇的基础上欣赏这三篇文章的开头，并写下自己的点评。

年华似流水。几十年过去，不少事情已经模糊，有的搜索枯肠而不可得，但有几件事仍历历在目，至今记忆犹新。——《往事依依》

动身访美之前，一位旧时同窗寄来封航空信，再三托付我为他带几颗生枣核。东西倒不占分量，可是用途却很蹊跷。——《枣核》

我从乡下跑进京城里，一转眼已经六年了。其间耳闻目睹的所谓国家大事，算起来也很不少；但在我心里，都不留什么痕迹，倘要我寻出这些事的影响来说，便只是增长了我的坏脾气，——老实说，便是教我一天比一天的看不起人。

但有一件小事，却于我有意义，将我从坏脾气里拖开，使我至今忘记不得。

——《一件小事》

《往事依依》的开头简述对往事的两种截然不同的感受，引出对几件往事的回忆。将有的事情模糊了、遗忘了，同有几件事情历历在目形成对比，突出强调了这几件事情的印象深刻，从而引出下文对往事的回忆。

《枣核》的开头，作者萧乾一开头交代了在美国的朋友托我带几颗枣核给她，作者并没有直接告诉我们枣核的用途，这样就激发了读者的阅读兴趣，引导读者读下去一探究竟。

鲁迅的《一件小事》开头点题，与结尾呼应，通过对比，强调了这件小事对我产生的重大意义。

这三篇文章，笔者选择的都是写事类的文本，可以是一件，也可以是几件。于是在阅读并完成这三篇文章的相关练习之后，笔者布置了让学生以往事为话题，写一个作文框架，并运用今天这堂课所学到的写作开头技巧中的至少一种，写一个开头。

课外拓展阅读及训练不仅培养学生的自我阅读能力，而且增加学生的阅读积累，帮助学生掌握写作技巧，为提高学生的语文写作水平奠基，促进学生的语文核心素养的提升。

整个教学从“课内文本回顾—总结写作方法—习作升格训练—课外拓展”，这样一个写作教学模式的展开，架起阅读与写作的桥梁，在群文读写的实践活动中，培养学生的读写能力，从而全面提升学生的语文学科核心素养，实现语文写作能力和阅读能力的突破和提升。

苏州市相城区蠡口中学　王　沂

学生习作

家乡的小路

我们村子中间有一条泥巴路，它并不怎么宽，从村头到村尾，稍有些弯曲。路两旁房子错落，偶有几棵大树，给了这条路以勃勃生机。

曾经，这条路上充满了童趣。

这条路并不是很宽，但在我们小孩子的世界里，已经足够愉悦地玩耍了。小时候，我们几个女生经常在这条路上跳牛皮筋，两条腿灵活摆动着，一个不留神，“踩线了，换人”就会从撑线的女生嘴里冒出。路的另一旁总有几个男生，他们手里拿着弹珠，跪在地上，眉飞色舞地比较着彼此的珠子，争着吵着辩论着是与非。不知怎么的，相觑一笑，此时，这条路上笑声回荡。每到雨后，路就变得坑坑洼洼的，一个个小水坑成了我们的乐园，我们顽皮地脱下鞋子，像鱼儿一样在水坑里蹦跶着，哈哈大笑着，无忧无虑地快活着。自然而然，这条路使我们的童年充满了趣味。

曾经，这条路上充满了温情。

在这条路上，磕磕绊绊也是难免的。但邻居们总是互相帮助，谁家要是办婚礼了，邻居们就把刷盘子、端菜、布置婚礼等杂活全包了。这时候，路上就开始忙活起来了，邻居们在路边搭着棚子，摆着桌凳，忙得热火朝天。谁家要是装修房子了，邻居们也不闲着，有的运沙，有的运水，会点技术活的，就开始粉刷房子。这时候的路上充实了很多，一堆堆的砖瓦、油漆和水泥混在一起。帮忙的邻居们竞相说笑着。干完之后，一个个举起自己脏而热乎的手，一边擦着自己的脸，一边倒还嘲笑别人的脸是“山水画”。这条路上真是充满温情啊！

曾经，这条路上充满了生活气息。

同时，这条路也是大人们去农地的必经之路。每天一早，泥巴路上就布满了大人们的足迹，特别是下雨天。到了晚上，路上更是热闹！每家每户在吃完饭后，都会不约而同地搬着板凳到一棵大树下。女人们围坐在一起，嗑着瓜子，聊着家常，不亦乐乎；男人们一边抽烟，一边下棋或者打牌；老人们讲着生动的故事；小孩子则溜到一旁，谈论着明天的玩耍计划。我不禁一笑，但毕竟“隔墙有耳”，就立刻捂住了嘴，谁知大人们聊得起劲着呢。到了差不多晚上 8 时，大家就各自回屋了。夜晚，路上十分安静，兴许是聊得累了，明显没有了刚才的活跃气息。

如今回到家，泥巴路变成了水泥路，变得很平坦，没有了原来的水坑和泥土，也不用再害怕下雨天了。两边的平房都变成了两层楼房，气派美观。但我感觉心里空落落的，像是少了点什么。是啊，现在的孩子整天都闷在家里，离不开手机和电脑，又怎么会出来跳皮筋、打弹珠呢？年轻人都外出务工了，剩下的老人们都忙于地里的农活，还要带孙子、孙女，哪里还会有闲情雅致出来聊天呢？遇到了儿时的小伙伴，连最简单的微笑都没有了，怕是形同陌路了。我一直在想，要是谁家有些什么事，邻居们还会互相帮忙吗？总觉得这条路变得冷清了很多很多……

这条路一直在村子中间，没有变，但是它没有了童趣，没有了温情，没有了曾经的生活气息。

路，它见证了时代的变迁，而我却不敢确定它是否一直在。毕竟路还很长。我踏上这条平坦的路，从村头跑到村尾，感受着时代的变迁，感受着家乡残留的气息。

（此文在第二十届“语文报杯”全国中学生作文大赛中获江苏省一等奖，收入本书时有改动）

苏州市相城区漕湖学校　杨瑞雪

指导教师：吴如厂

夏日即景

凉风习习吹过，吹走了夏日的炎热，吹来了秋天的凉爽，但夏日的那些回忆让我难舍难忘。

阵阵凉风吹来，带来了些许凉意，但吹不走夏日的热情。湖面上泛起了波浪，微风中带着点点细雨，湖面上又多了几圈涟漪。那涟漪仿佛是孩子的酒窝，它在高兴着，大自然终于为这酷暑难耐增添了暂时的凉爽。

看啊！碧绿的荷叶在风中轻轻摆动着，仿佛是一位舞者婀娜地舞动着自己的身躯。出水的芙蓉在这一点点绿中跟着荷叶的节奏一起摇摆。这还不是最有趣的，最有趣的是荷花的形态各异。有的还只是个花苞，花瓣上的绿还未完全褪去，还只是个“小婴儿”呢；有的则半开，只是开放了几片花瓣，并不把它的全部显露出来，看来是有些神秘呢；有的盛放着，自信地在绿荷丛中傲立着，尽情地向世人展示它的美丽。在一旁也有一些不起眼的荷花，它们从头到尾只剩下两三点红。但我相信它们不会因此孤独和气馁，因为它们知道，它们谢了并不是一无是处，它们仍为这里留下了财富——莲蓬。荷花就是这样，它们可以不遗余力地为人们服务，生前供人们欣赏来取悦人们，死后将它们的果实供人们品尝。这种无私精神又有谁能做得到呢？

想到这儿，心中的敬意油然而生。

我立在湖风中，闭上眼倾听着，我仿佛听到了荷花的欢声笑语，静静地倚靠在风中，任凭我自由地想象：我也成了一朵荷花，碧绿的荷叶则是我的陪衬，小鸟为我欢歌，蝴蝶为我伴舞，而我只是沉浸其中，慢慢地，摇啊摇啊，无一丝顾虑，无一丝烦忧。清风为我吹走尘俗，细雨为我洗尽铅华。湖面上的蜻蜓飞累了，我也毫不吝啬地将荷叶借给它，供它休憩。

不知不觉，天快黑了，夕阳也品着这番美景醉了，红着脸，慢慢地回家了。只有我还在那里，慢慢地品尝它的余味。

秋风，可以吹走夏日的炎热，但绝吹不走夏日，它会一直在那儿，在我们的心中。

苏州市相城区春申中学　岳飞
指导教师：胡　丹

遇见洁白的秋

窗外，阳光收起了它的羽翼。夜幕降临，我执着地把头埋进沉重的作业中。一次失利，让我难以释怀。

秋天的夜像清水泡过似的，冷冷清清。月亮像一朵霜打的花，惨惨淡淡，经不起薄云的撩拨，显得忸忸怩怩。树影淘净了月光，落在我身上的，只有白斑点点。

我独自在路边，借昏黄的灯光，遇见了昙花。

今日恰是它的花期。

花趁着清冷的月色，缓缓舒展碧绿的叶，似一道屏障。深绿中还微微泛着红，那是它奋斗的血泪吗?

昙花那柔嫩的脸庞，是恰到好处的柔情，洁白似玉般无瑕的花瓣，徐徐铺开，似一个娇羞的少女，在团扇后，隐一弯浅笑。她缓缓登上戏台，轻移莲步，身着泛着点点银光的玉白色长裙，摇曳着袅娜娉婷的腰肢，尽情旋转、雀跃……

刹那间，幼嫩的花蕊悄悄探出身来，揭开最后一层面纱。

抬头仰望，月亮也似乎被这美打动了，与之前大相径庭。月，是水面上的一朵白莲，浮在靛青色的天幕上，皎洁的月光在花间流淌，宛如清风拂过水面，连风也醉醺醺的。

我不禁心生敬畏。凑近端详，那柔软的花瓣上，细细的纹路清晰可见。每一条都仿佛浸透着日夜的汗水和泪滴，是她在暴风骤雨中，在清冷孤寂中奋力挣扎吗?

百日春天，她只是一个陪衬，淡看牡丹倾城，淡看芍药婀娜，淡看樱花绯霞，但她不甘于平凡，纤瘦的枝干在黑夜中巍然屹立。

昙花，像一个手持战戟的战士，在内心默默积蓄力量，忍辱负重，坚韧不拔，一次失利又算什么？

她如同一束“绚烂”的白光照亮了深秋的冰清黑夜，照进了我的心，驱散寒冷与阴霾。

青藤丝丝，缠绕了几多年华，感谢让我遇见了你，给枯黄的秋增添了一抹新的色彩。感谢让我遇见这洁白的秋。

苏州市相城区北桥中学　陈思嘉
指导老师：胡晓春

一路穿行

一路穿行，一路美景，竹林，你使我的心境像一江秋水，因这一串串声音荡起了涟漪；像一张洁白的画卷，因奇思妙想变得色彩斑斓。

江南的雨若飘飞的柳絮，小城便笼罩在这烟雨之下，天色如同勾勒青花的墨窜入其中，使天空蒙上一张神秘的面纱。

林荫小道上，一把青伞在雨中缓缓移动，我在雨中漫步，雨水触上我的手臂，带来凉意。在屋中压抑已久，逃到屋外依旧被厚厚的云层压抑着，我的心变得莫名烦躁。忽地，出现一抹绿，我停下来，抬起伞。

啊！原来是一片翠绿的竹林，明亮的绿与阴暗的灰形成对比，衬出了它光滑光泽的外衣，我不由被它吸引，穿行其间。

一路伴随着毛毛细雨以及像铺着地毯的落叶，沾湿的竹叶在脚下发出沉闷的响声。走进竹林，那绿便越发鲜嫩青绿，更像婴儿的肌肤，让人忍不住去触摸。一路穿行，与竹林相遇，在这烟雨蒙蒙的江南多半是趣事，这么好的竹林怎能没有一个名字呢？

我细细打量，要给它取一个好听的名字。那青翠的竹竿、嫩绿的竹叶，都仿佛像是新生般让人感受不到半分杂质，竹林依靠这连绵的阴雨洗净往日的尘土。我忽地明白了四周是被雨水打落的泡烂的枯枝败叶，它们似在抱怨雨水的无情，唯有竹林反而依靠这雨水洗涤，保留自己的纯净。

你的竹节没有半分歪斜，从泥土而出直指天空，有一种“任尔东西南北风”的气概，你就站着.不畏风雨，笑看天地。我要给你取什么名字呢？就叫“净直林”吧。大概人也要像你这样，用磨难与挫折去洗净自己的缺点，在困难面前也不退缩。

一路穿行，一路美景。净直林，你与我，在美如画卷的江南水乡相遇。

苏州市相城区东桥中学　许梓涵

指导老师：秦婷婷

生命年轮里的绿肥红瘦

有时我会在想，我生命年轮里的绿肥红瘦到底给了我什么？改变了我什么？

沙漠玫瑰

沙漠玫瑰是木槿花的别名。木槿花是太爷爷与太奶奶爱情的见证。太爷爷与太奶奶遇见在木槿花树下。木槿花伴随了他们 40 多年。后来，太奶奶离开了，屋后木槿花没有了往年的葳蕤，仿佛是太奶奶的离开造成了它的枯落。

就在太爷爷不知所措之时，我出生了，仿佛给了那木槿花生机。从此太爷爷对我格外关心，我也成为除太奶奶以外可以碰木槿花的人。

听说我出生那年，木槿花比平时大了一倍。紫红色的木槿花在阳光下格外亮眼，太阳一照，木槿花一反光，屋后的墙都是紫红色的。太爷爷告诉我："木槿花朝开暮落，但每一次凋谢都是为了下一次开得更绚烂。就像太阳，不断落下又升起；更像爱一个人，也会有低潮、纷扰，但懂得爱的人仍会温柔坚持。"

不久，太爷爷也离开了，不管我怎么浇水，木槿花都不再那么好看。我想他们三个终究会在一起吧。

栀子花

那年夏天，栀子花的花香可以飘进每家每户，每家都有免费花香水。栀子花的花瓣上挂着几滴雨滴，把它映照得那么新鲜，如白玉般的花瓣，上面似乎没有一丝灰尘。

那时我舅舅一直在追一位女孩，每天都会想方设法去与她见面。最后他鼓起勇气，拿起栀子花走向她。

到现在，每次走进他们家，都会有栀子花花香散发到每个角落。那时我才知道栀子花是永恒的爱、一生的守候。

月下美人

每当我看到昙花，都会不经意想到她。

她是我小学同学 S，她每天都笑得十分开心，尤其是在我面前。可有一段时间她却迟迟没来。后来我才知道，她得了重度抑郁症。

我家有盆昙花，每次在太阳落下之时才绽放，太阳升起则……我家那盆昙花，在晚上 9 时多开放，睡莲似的白色花瓣相互拥着，撒着醉人的香粉。那花瓣，一层层，一片片，如大雪纷飞，那么楚楚动人，房子里充满了淡淡的花香。昙花是所有花中生命最短暂的，是沉默的隐者。我想，同学 S 就是这样一朵在深夜开放的昙花吧。

水仙花

邻居女孩是个孤僻的人，从来不与别人交往，出门也是戴口罩和帽子。听说她父母都在外地工作，她就与奶奶同住。奶奶是个开朗的人，却在这几天变得沉默了，可能是被传染了，抑或是被现实打击了。

那天我在小区门口看见那个女孩拿着行李坐车离开。那时我才得知，她奶奶生病了。

水仙花，白色的花蕾外，包着一层薄薄的膜，似穿着一件薄薄的纱衣，娇小的身材若隐若现。那个女孩生活在自己的世界，不与别人交往，让开朗的奶奶也变了。她靠着小世界而生，就像水仙靠着水一样，欣赏着自己，不与他人交流、分享。

一花一世界，每个人都有自己的生命之花和生命的故事。

苏州市相城第三实验中学　朱娅箐

指导教师：罗　晶

风雅苏州

我是一片雪，两千多年前，我翩翩飘落在了吴宫顶上，慢慢地，我化为了一滴水。顺着宫墙，我滑落了下来，流到了吴国的护城河中。千年之后，这里来了一位君主，他将这河连通，于是，这河便成了京杭大运河其中的一段。那位君王走后，我沉睡了过去。

当我再次醒来时，已不知是多少年后的一个夜晚。

这个夜晚，灯火绚烂，各色灯光点亮夜空，宛若流星。晚风轻拂，吹动岸边杨柳春草。现在，早已没有了夫差与勾践的雄姿。现在，这古运河边有姑娘、小伙手牵手甜蜜散步，月朦胧，乌鹊桥便在那附近。他们在乌鹊桥前拍了张照，仅是比心的影子，便可看出浓浓的爱意。也有好些个来回奔跑的小小黑影，发出咯咯的笑声，人们的欢声笑语久久回荡着……

不经意间已然破晓，浅浅天光投下，我渐渐醒来，我来到了一条不知名的细长河流中。这时很早，不过这细长河流旁的道路上已经有很多来来往往的人了，他们正在匆匆赶路，还时不时地抬手看看手表。忽然一阵清风拂过，叶浪翻动，吹来一阵昆曲的声音。

"梦回莺啭，乱煞年光遍，人立小庭深院。"

昆曲《牡丹亭》缠绵婉转、悠远徐缓的唱腔从清风中翩翩而来。是水浪波纹吗？那长而宽大的水袖，随着手臂的上下起伏摆动，层层叠叠；是仙鹤惊鸿吗？那优雅而轻盈的身段，随着哀婉的面容不断变化，从从容容；是画眉黄鹂吗？那圆润婉转的声音，将人带入那小桥流水的庭院，荡气回肠；是弹丸珍珠吗？那往来应和的管弦，配合着舞步与剧情，严丝合缝……观众们的呼吸静默了，一声如裂帛，飞过的小鸟都差点儿惊得坠落下来。

不由想到了：泠泠七弦上，静听松风寒。

不由想到了：颖乎尔诚能，无以冰炭置我肠！

不由想到了：别有幽愁暗恨生，此时无声胜有声。

我恋恋不舍地流向远方。经过了无数的弯弯绕绕，我来到了一片大湖里。这片湖形状很圆，就像颗珍珠似的，里面的水也是流光溢彩的，问了身边的兄弟姐妹后我才知道，这是渭塘的珍珠湖。还真是湖如其名！

过了一会儿，一位风尘仆仆的中年大叔划着一条小船来到了湖中心。他开始撒网，大网一下，再一使劲儿，便收获颇丰，一张大网里全是河蚌了，打开河蚌后，里面的珍珠也是灿烂硕大，闪着耀眼的光泽，颗颗晶莹圆润。我看到那些捕蚌人的脸上绽开了幸福的笑容，他们心中想必也是心花怒放吧！

夜，又一次来临，我望着那天空中的一弯新月，与在新月旁的几颗星辰，再一次进入梦乡。不知，下一次，我会在哪里醒来呢？

苏州市相城第三实验中学　孙丽瑶

指导教师：罗　晶

我心中的苏州园林

人们常说“上有天堂，下有苏杭”“苏州园林甲天下”，而在我的眼中苏州最美在园林，美在她的淡雅、清幽和灵动。那古街、小巷、石桥、流水陈旧而朦胧，处处展现着苏州的古朴，如诗如画又充满了神秘色彩，令人陶醉其中，无法自拔……

“江山如有待，花柳自无私。”有这么一幅沧桑的画卷，山水萦绕，厅榭精美，花木繁茂，江南水乡的特色尽含其中，她叫“拙政园”，被誉为“中国四大名园”，兴亡盛衰见证了她不平凡的命运，历史的长卷印刻着她的辉煌。

小时候，我总喜欢去拙政园，她宛如一片蒙着面纱的夜空，神秘又遥远，让我痴迷。

入园后，映入眼帘的便是参差不齐又富丽堂皇的亭台楼阁，往前走走便到了芙蓉榭，一半建在湖岸上，一半伸向湖面，湖中的碧叶繁花尽收眼底，凌空架在水波之上，灵活却又让人不可捉摸，伫立于水边，有“鹤立鸡群”之感，在四周红花柳绿的映衬下格外秀美倩巧，宛如人间仙境。

继续往前便来到了最耐看的地方，一条蜿蜒起伏的长龙盘旋在湖面的上方，宏伟壮阔，有气吞山河之概，势压无边苍穹，这便是水廊，凌空建在湖面上方，与水特别亲近，水的柔和、灵动带给水廊别样的柔美，行走于其间，步履也好似踩着节奏，上下起伏，一波三折。站在其中，湖面上的风光一览无遗，嫩红的荷花开在层叠的荷叶间，可谓是赏荷胜地啊！

接着，我又游览了许多地方，稻谷飘香的秋香馆，小巧玲珑的涵青馆，巍峨挺拔的缀云峰，重叠交错的梧竹幽居……每一个建筑扣人心弦，独具特色，令人流连忘返。

在我的眼中苏州园林不仅仅是一个诗情画意的园林，是国家的传统瑰宝，悠久历史的见证,更是成百上千的能工巧匠呕心沥血的作品。儒雅幽静和古朴,不正是苏州园林引人入胜的地方吗?

苏州市相城区春申中学　王雨馨

指导老师:陈红

海棠物语

午后，漫步在花团锦簇的公园里。在一处长椅上坐下小憩，抬头便看见那开得灿烂的海棠花。轻嗅，那花香飘进鼻间，飘进了我的心里，勾起了我的思绪。

爷爷爱侍弄花，家乡的后院里种满了花，爷爷最爱的，还是院子中央的海棠花，一到春天，海棠花就开得特别绚丽多姿。爷爷是老文化人，爱海棠也爱海棠诗，苏轼的“只恐夜深花睡去，不烧高烛照红妆”，李清照的“试问卷帘人，却道海棠依旧”，陆游的“若使海棠根可移，扬州芍药应羞死”。闲暇之时，爷爷便会念上几句，我听得多了也便会背了。

爷爷到底为什么这么喜欢海棠花呢？在经历了那场风雨后，我终于明白了。

那一天，暴风雨来得十分突然，先是一阵阵风起，随后嗒嗒嗒，豆大的雨滴砸向地面，我感觉不对，立马叫上爷爷一起将院中的花盆搬进屋内。不一会儿，大雨倾盆而下，我心里一阵心疼，这么多的花恐怕都要被淋死了。爷爷不置一词，对我笑了笑，难道爷爷不心疼吗？

雨停了，空气中弥漫着泥土的气息，只见院子里一片狼藉，地上到处落满了残花败叶，有的整盆都被掀翻，海棠花也难逃凄惨的命运，原本缀满枝头的花，如今被打得没有一片树叶，没有一朵花，瘦瘦的枝干上光秃秃的，我想它可能不会再开花了，心头涌出一股酸涩。爷爷微笑着摸了摸我的头，又轻柔地抚过枝干，“它们坚强着呢！还会开花的。”

爷爷依旧照常浇水、施肥，悉心照料着。一天，我帮忙浇水时，惊奇地发现，海棠长出新叶了，我高兴得大叫，“爷爷，爷爷，快来看啊，海棠长新叶了。”爷爷笑着说：“你看，我就说嘛，它们坚强着呢！不久就会开花的。”

果然，不久海棠开花了，而且开得特别绚烂，花瓣红似火，白似雪，粉似霞，花芯黄似金，一朵朵妖娆艳丽，很迷人，又像一个个害羞的少女掩面，脉脉不语，微风送来阵阵幽香，一股默然清香的味道，热烈而朴实，深情而隽永。似乎经历过风雨洗刷后的海棠比以往更加娇艳。我好像明白了爷爷为什么喜欢海棠花了。

一阵风吹过，我的思绪被拉回现实，我又嗅了嗅花朵，清香扑鼻，花香醉人，海棠的花语是在痛苦中绽放，未来的我也要做一株海棠，勇敢地面对人生中的风风雨雨！

（此文发表于《现代写作》2021年10月15日，收入本书时有改动）

苏州市相城区蠡口中学　潘美美

指导老师：王沂

那时花开

“小荷才露尖尖角，早有蜻蜓立上头”，这是杨万里对荷花的无限喜爱；“墙角数枝梅，凌寒独自开”，这是王安石对梅花的无限赞美，而我最喜欢的是桑树结的花。

小时候家门口有棵桑树。从我记事起，这棵桑树就没开过花，从夏天的郁郁葱葱，再到冬天的枝条萧瑟，它本该春天开花，可是还没等到它开花，季节的车轮就已经驶过繁花似锦的春天，只剩下一树绿荫。

这棵桑树盘根错节，树枝粗壮，树皮粗糙。有几个比较胆大的男孩，时常往树上一蹿，两手抱着树干，脚一蹬，就一溜烟地爬上去了。原来他们是采桑叶养蚕的。我在底下愣愣地看着，懊恼自己怎么就没这本事，也懊恼这桑树怎么就这么高，让我只能望树兴叹。而且它还不开花，一旁的梨花开得那么白，桃花开得那么艳，你怎么就不开花呢？正因如此，我总是格外嫌弃这棵树。

直到后来奶奶把折来的一根桑树枝亮到我的眼前，我才知道原来它是会开花的。我不敢相信这一簇簇小小的圆球似的绒毛球是“花”，它太丑了。一串串细长的花蒂上或黄或绿或白的桑树花，不如牡丹国色天香，不如荷花纤尘不染，不如月季妖艳妩媚，甚至不如桑葚来得耀眼，它不起眼地淹没在桑叶的翠绿当中。

原来你也会开花啊，然而它在我心中的地位还是没有改变，先前嫌它不会开花，如今嫌它的花开得实在太丑，不像花该有的样子。奶奶告诉我：“你别看桑树花开得不起眼，可是它的存在从来不是为了美丽，而是为了孕育果实。”我一愣。

不久，桑树上结满了深紫色的果实，一串串沉甸甸的桑果，挂满了枝头，真像节日里的彩灯挂满了枝头。一颗颗小巧而饱满，让人可以透过深紫的外衣，窥见它美味的内里。看着那些葡萄似的桑果，馋得我口水直流。我忍不住在一串熟透了的桑果上面采下一粒，用手擦了擦，放进口中吃了起来。啊，好甜！它简直像蜜糖一样甜，一直甜到了我的心窝里。

看着这一串串由桑树花结成的甘甜果实，我明白了，原来桑树花最美的时刻不是开得最灿烂的时刻，而是凋零脱离、长成果实奉献给他人的时刻。默默无闻原来是在默默积淀，平淡无奇的小花结出晶莹剔透、酸甜可口的果实来，这才是令人艳羡之处。

又是一年花开时，我站在桑树下，听到了它在风中的回答，默默中沉淀，坚守中绽放，做更好的自己！

（此文发表于《现代写作》2021 年 10 月 15 日，收入本书时有改动）

苏州市相城区蠡口中学　顾雨婷

指导老师：王沂

园林情结

前世今生，生根于此，何恨之有？愿来生，复如斯……

——题记

清晨，当我被苍穹的第一缕暖阳唤醒，那温度，我记得。百年前来唤我的，也是它。我攀援于粉墙之上，一览尘世芳华。原来今生，我还是一株藤——一株遍布在姑苏园林里的藤。

飞檐翘角，花窗几扇，岁月流淌，时光冉冉檀香。记忆里，几世的回想，揉碎在浮藻间，仿佛沉淀着一场诗画般的梦。

一扇巧窗，一片青。从窗内看向窗外，那是一幅幅被隔开的画。春日里那抹轻灵的绿，在画里肆意生长，调皮的日光喜欢在窗格里乱窜，与窗后的云墙撞了个满怀。花窗带给我的，是缥渺的虚，又是朦胧的幻，是可望而不可即的惊鸿一瞥，亦是执着而终寻得的柳暗花明。

一条长廊，一卷画。园林的廊，犹如画卷铺展，意犹未尽。阳光，嬉笑着照在远处，引我去追寻，不愿驻足，而或途经书条石，方才慢下脚步。清风无人问，拭尽万般尘。岁月变迁，园主更迭，而一方方碑石墨宝，构成了一道隽永的文化风景线。微风吹，树影摇，但见过客不胜数，总是离别，然则漫步其上时，自当岁月静好，无意回眸。这长廊起起伏伏，一路光景无数，然有始有终，又是否像极了人生。

一幢明楼，一赝峰。坚贞太古心，天地同不朽。园主或以石寄情抒怀，或借石言志比德，瘦皱漏透的太湖石，又承载着几多情。这巧夺天工，别有洞天，似有意还原江河壮阔。我猜，是花木太过柔美，还需山石的刚强，撑起流芳百世。

一句昆曲，一评弹。梨园荟萃，深入我心。日日夜夜，回荡在我耳边的，是咿咿呀呀的吴侬软语，是妙趣横生的昆曲情节，是清脆婉转的琵琶弦惊。恍惚间，人马换了数班，韵味却是经久不衰，百听不厌。

苏州园林，是我万万年也不想醒来的梦。倘若为人，我定将青春岁月，留在这风雨亭台；把寸寸闲情，落在那漫漫长廊；以跨世情怀，撒在此地的每个清晨和夜晚。与江南的这万场邂逅，是我经年的暖，美感与文化的交融，生生不息。

待到我的下一次转世，我还希望自己是一株藤，只是要生根在苏州园林，足矣。但求多年间熙熙攘攘，园林与我长存。藤在，园在，缘在。不论几生，亦复如斯……

苏州市相城区春申中学　周圆圆

指导教师：胡　丹

天地之间

天安门前。

一场夜雨之后，缥缈的空中流云似有似无，天地茫茫，风色苍苍，分不清何为天，何为地。

只有一座城楼。

毛主席的照片挂在天安门的正中央。我清楚地看见，几缕阳光照射在照片上，反射出明亮的希望的光。同时发光的还有金色的城顶，就像镶着金边一般。天安门在天地之间透露出了皇宫的威严与庄重，不可侵犯却又“逼”人亲近。

不由自主地，我们由午门进了故宫。冥冥之中，我们仿佛在被一种精神和力量引领着。走过一扇扇门，路过一座座殿宇，历史的气息愈发浓厚，就像一本书墨集，我们无意翻开却又沉迷其中了。进入又一扇门，在门的尽头眼前一亮，一片广阔的天地跃入眼帘。太和殿（皇帝上朝的殿宇）屹立正中，四周是偌大的广场，如同一位高瞻远瞩的皇帝，周围伴着一群跪拜的大臣。登上台阶后，我们站在了太和殿门前。眺望远方，看见的却仅仅是午门（故宫正门）雄伟的背影，然而，我们看到了更多。

“你看见什么？”我在风中轻声问道，像是对别人，又像是对自己。

“我看见了禁锢。”不知是谁在说。

“我看见了自由。”一个人接了句。

他们看见的，是规矩的禁锢，权力的自由……

继续前进。

走过中和殿、保和殿，一转弯就进了后宫。昔时的三千佳丽人去房空，只有乾坤依旧。少了几许傲贵，添了几分平和；少了几许华美，添了几分朴实。这，是故宫的可爱。

坤宁宫门口，一头鹿，一只鹤。谁能想到，这个外表一如普通人家的房屋，居然曾是慈禧老佛爷的住所。不问物是人非，只道寻常依旧。再转几个弯，就到了御花园。奇石艳花华亭，小楼古树闲人——恬然静谧，如诗似画，亦或许，就是一幅题了诗的画。

之后，我们轻松地由玄武门出了宫。

回身再望，城楼依旧庄伟，天地依旧旷渺。面对历史的厚重和天地的苍茫，我们小如微尘。我想，天上是否也有一座城，那里住着历史，日夜看着地上的城。

历史像极了一位智慧的艺术大师，故宫这个他得意的作品既然无法随身携带，就让天地养着它吧。于是，在天地之间，故宫巍然屹立百年，也曾遇过地震，也曾遭受炮火，也曾如此，也曾那般……可天地在，故宫在。

故宫故宫，与天有故，化地成宫。

苏州市相城区漕湖学校　彭涛

指导老师：吴青

相识易安

词，是一生的写照。

——题记

月上枝头，斜撇案上书卷，欲读却乏。随手翻阅，不曾想，这一翻，竟翻出一个乱世美神，乏意渐去，情迷其间。“知否，知否，应是绿肥红瘦”映入眼帘，我被这些文字吸引，进入了易安居士的时空。

我眷恋“和羞走。倚门回首，却把青梅嗅”中的少女情怀。这种不娇柔，不造作，清雅的仿佛出水芙蓉一般的少女情怀，这却是她待字闺中的日日常态。将脸遮住，害羞地跑着小碎步，却又不禁回头倚望，嗅到青梅香。衬着这春日的暖阳，此情此景，怎能不令人的心化为一滩春水，在秋风中荡起圈圈涟漪？此种少女情怀忽的与我撞个满怀，让我在胭脂香气之中瞥见了书中的“颜如玉”。捧着书卷，岂忍放下？

痴迷“人比黄花瘦”中的少妇思愁。这愁不压抑，浓郁得堪比富贵牡丹。却是他初嫁明诚之时，日日的常态。“藤床纸帐朝眠起，说不尽、无佳思”“小风疏雨萧萧地，又催下千行泪。吹箫人去玉楼空，肠断与谁同倚？一枝折得，人间天上，没个人堪寄”是赵明诚死后她的凄楚哀思。这相思怎是一个“愁”字了得？泪落连珠，岂忍释卷？

我揪心“死亦为鬼雄”中的巾帼遗梦。这个梦不张扬，不癫狂，低沉得堪比秋日红叶。却是她国破家亡之时，日日的常态。“故乡何处是，忘了除非醉。沉水卧时烧，香消酒未消”是她接踵遭际国破、家亡、夫丧、颠沛流离的种种不幸，在南方过着颠沛流离的逃难生活的无限苦楚。夫死南渡，时代的洪流将个人的命运冲击得支离破碎，区区弱女子，何谈救亡图存？然而她却发出“生当作人杰，死亦为鬼雄。至今思项羽，不肯过江东”的嘲讽，讽刺统治者的昏庸无能。这哀思，让我在旖旎婉约中发现了倔强与刚强。手捧书卷，千年后仍感英气逼人。

你忧郁的样子，瘦成了东篱那朵菊花，菊花酒盏，你醉卧在遍地残瓣的花丛中，红颜憔悴，浓香吹尽，露浓花瘦，无人问无人怜，苦守在对赵明诚的思念里，挣扎在山河破碎的绝望中，浅浅地吟唱着那凄凄惨惨的秋季。

或许，你曾拥有过令人艳羡的爱情，或许，你也曾沉湎在郎情妾意的甜蜜之中，但那昙花一现的美丽终究没能长久。似是命运不公，断了你对幸福生活的追求，却又是天机巧设，成就了你注定不平凡的一生。

所有前世的旧梦也只能是纷纷扰扰之中难以遣怀的慰藉，你的人生就像残月静静挥洒出幽幽清辉，照在一弯逝水中，映出一番孤寂的梦，有无尽的滋味，凄美地撩人。

识尽了喧嚣红尘，拥堵繁华，那一片空山却以沉稳而清新的寂寥，让孤独者窥视人生的真谛。你独品“此情无计可消除，才下眉头，又上心头”的叹息，踏碎了满地的忧伤……

因为李清照，我读懂了历史与人生，读出了“生存还是毁灭”的答案，读到了阅读之于人生的趣味。轻轻地，轻轻地，我合起书卷，嗅尽最后一缕墨香，怀着对你的万般崇敬，躲到九百年后小城的一个角落里思绪万千。

这，无疑是我对易安一生的了解之旅。

（此文在“新作文杯”2023年作文比赛中获一等奖，收入本书时有改动）

苏州市相城区东桥中学　许梓涵

指导老师：陈红

此刻，我读懂了你

除夕当晚，一朵绚烂的烟火在我头上炸开，你接通了我的视频电话，手机那一端的你在笑着，那笑容中有自信有期待，你告诉我：你要加入抗疫团队抗击疫情！就好像你在我小时候笑着告诉我你准备当医生一样，带着心中的一颗赤子之心踏上这战场。

此后我一直联系不到你，手机屏幕上总显示“对方手机可能不在身边”，我每天看着确诊人数的上升，心中不免有些担心。有一天你终于接通我的电话，屏幕前的你眼底疲态尽显，头发有些湿漉地贴在额头上，齐肩的头发也变成了短发，脸上的口罩印记也使你看起来有些狼狈，可你依旧笑着。

你和我讲述着这些天来发生的事情，说着工作的辛苦、父母的担心、病人好转的欣喜……就好像小时候我趴在你肩头听你描绘未来，现在你可以站上抗疫战场，为国家和人民尽着一名医生的责任，你好像变了，变得勇敢了，又好像没变。是啊，没有人天生勇敢，只是在疫情面前，选择了无畏。

而我每天待在家里，像所有普通人一样关心着疫情，心系我们面对的困难。一次次因新冠确诊人数而感到焦灼，又一次次被疫情中的事件而感动，我们心中共同期待着疫情过后的春天。

医护人员时时出现在新闻热搜里，他们是天使，是英雄，他们是中国的脊梁。时代的一粒灰落在人的头上就像一座山，可有人顶着这座山带着人们走向更美好光明的春天。我们也将相信你们，相信国家，在这个不平凡的时间，无论是在一线抗战，还是在家中给医护人员以物资与鼓励，我们都是团结一心在与新冠做战斗。逆行者可贵，顺行者可赞。

这场战役，我们把爱当作武器，平凡之辈披上铠甲，硝烟弥漫，战歌嘹亮，与新冠的战争中，医护人员冲锋陷阵，没有谁比你们更赤诚和顽强！我能读懂你们抗击新冠的激情与热血，所以我为你们挥舞旗帜，放声呐喊，一起守护这华夏土地！

我读懂了你，也读懂了千千万万的医护人员，等你回家……

苏州市相城区北桥中学　陈思嘉

指导老师：胡晓春

梨树也挺好

南风悠悠到路口，惹离人愁，月儿弯弯照九州，又几个秋，是盼长景好相伴？年年岁岁仍如旧。

“囡囡啊，山脚下的那棵梨树开花了，太奶奶带你去看。”一听到“梨树开花”这几个字，我便两眼放去，立马掉头往山脚下跑去。“囡囡啊，跑慢点，奶奶追不上。”

花香浸润在风里，温柔地拂过我的脸颊。一到树下，幼小的我先是被眼前这棵“高大”的树给惊住，其次被梨花美住。

梨花开放，层层叠叠，像一颗颗星星一样点缀着枝头。微风吹过，她们便舞动起身姿仿佛在争奇斗艳，互相比美。轻轻摇晃着的树枝你不让我，我不让你，好像在比谁身上开的花多。远处的小溪不停地奔跑着，天空干净得仿佛被清洗过。这天，这树，这小溪，俨然构成了一幅动人的画。

世间谁又能将命运参透，人生的离与愁在岁月之间悄然经过。我本以为那时愉快的时光可以一直延续下去，我还等着太奶奶坐在那梨树下的躺椅上为我讲故事，可谁能想到，躺椅老旧了，被拆了卖钱，小溪已经干涸，而太奶奶也不在了，只有一棵梨树。

在太奶奶的葬礼上，我整个人萎靡不振，仿佛被抽去了灵魂，黑与白充斥了整个眼球，每个人都不是在发丧，就是在扶持别人，整个场景十分压抑。

突然，一只小蝴蝶飞在了我的肩头，等我注意到时，它便在空中打圈，然后往某个方向飞去，我意识到它是在指引我，便跟着跑去。

慢慢地，熟悉的环境映入了眼帘，我看到了那棵梨树。小蝴蝶径直飞往花中，然后便没了身形。

太奶奶给我留下了梨树，虽然她不在了，但我还会记住那些她陪伴过我的时光。

苏州市相城区东桥中学　唐艺铷

指导老师：秦婷婷

吴地“不朽”

亲历东吴之文化，纵观历史之发展。

——题记

我的父亲是周部落首领古公亶父，我是嫡长子，我有两个弟弟，仲雍和季历。父亲很喜欢季历的儿子姬昌，他很贤明，于是父亲有改立季历为继承人的想法，我得知父亲的这一想法后，为了成全父亲，自愿放弃王位，带着二弟仲雍迁居到了蛮荒之地，为了表示誓不继承君位的意志，我和二弟文身断发。

这里是如此的偏僻落后，百姓们生活困苦，为了改变这一切，于是我大力兴修水利，发展农业生产，当地的百姓深感我有德义，追随归附我，并拥立我为当地的君主，于是建立了勾吴。

我死后，听说人们都很悲伤，他们歌功颂德，以建立祠庙等方式来纪念我。我没有想到我会得到如此的尊荣，我没有想到我会以另一种方式存活至今。时代的变迁，尽在我的眼底。我没有就此湮灭在历史的尘埃中，我看见——孔子将我写入《论语》：“泰伯，其可谓至德也已矣，三以天下让，民无得而称焉。”我看见——人们为我建造泰伯庙；我看见——康熙为我御笔亲书“至德无名”……原来我可以这么活着，活在人们的心底，永垂不朽！

直到现在，路过周边校园，孩子们在传颂我的故事；老师们在弘扬吴文化；各色各样的人，会去祠庙内祭奠我。泪水顿时湿润了我的眼眶，原来即使岁月变迁，旧物不再，人们一如既往地思念我，如同酒一般，愈久愈醇，愈久愈香。而如今，我见证着祠庙的重修，泰伯庙不仅没有成为荒僻的废土，反而成了重点保护对象；我凝视着远方，凝望着发展中的吴地，祝福着这一方子民安居乐业，幸福安康。

历经千年的吴地，发生了天翻地覆的变化，从以前的荆蛮之地，到现在的鱼米之乡、经济大市，发展的速度令我惊叹。看着这座既有亭台楼榭、小桥流水人家，又有高楼大厦拔地而起的城市，融古典与现代于一体，文化与创新共进。吴地的快速高质量发展，人民日益增长的生活水平，让我欣慰，让我自豪。

我会一直护佑你们——我的子民、我的后代，愿你们秉承我的意志，铭记我的初心，弘扬吴文华，发扬吴地精神！

（此文发表于《现代写作》2021 年 10 月 15 日，收入本书时有改动）

苏州市相城区蠡口中学　梁璐瑶

指导老师：王沂

糖葫芦的味道

糖葫芦可以说陪伴了我整个童年，每当想起糖葫芦，心中就情不自禁想起那酸酸甜甜的味道。

我小时候生活在老家，经常会在街上看见一位卖糖葫芦的老人，他将近70岁，白发苍苍，走路蹒跚，听说在这一带卖糖葫芦已经七八年了。

每当我路过时，他都会用苍老而低沉的声音问道："小朋友，来串糖葫芦吗？"我望了望他那饱经沧桑又很真诚的笑容，那深陷的眼睛闪着期盼的眼神。"嗯，来一串。"我答道。听到我的回答，老人似乎一下子精神抖擞了起来，立马熟练地从杆子上拿下一串，开心地送到了我的手上。我付完钱，看着手中这一串"红宝石"，个个晶莹透亮，舔一舔，真甜，咬一口，那甜中带着一股山楂的酸味立马在整个口腔里弥散开来。

老人继续朝前慢慢走去："卖糖葫芦喽！""要不要来一串？"他那低沉而嘶哑的声音回荡在老街上。

曾经有一次，在街上遇到迎面走来的他，我走到他身边买了串糖葫芦，并随口地问道："老爷爷，你为什么要卖糖葫芦啊？这又赚不到什么钱，买的人也不多，一天奔波下来，又累，还不如在家里舒服。"

老人微笑着看着我说："这不，还是有人买吗？"接着有些自豪地说："我们家几代人都是以做糖葫芦、卖糖葫芦为生的，这门手艺不能在我这里断了啊。"我好奇地问道："那做糖葫芦难吗？"一听到这个，老人立马就来了劲儿，两眼放光："说难也不难，说简单也不简单。要做糖葫芦，挑选食材不能有一丝马虎，要挑个头大、外皮没有黑斑、颜色鲜红、山楂籽少的山楂，熬制糖浆的时候要恰到好处，火不能太旺，也不能太小……"老人津津有味地讲着，我不时地点头回应。

"老人家，来一串。"老人这才停下，连忙从杆子上取下一串。

看着夕阳西下，时候不早了，我连忙同老人告别。夕阳的余晖下，看着老人苍老的身影渐行渐远，“卖糖葫芦喽！好吃的糖葫芦哦！”他那低沉而嘶哑的声音回荡在老街上，我的心中不觉升起了一股悲凉，我咬了一口手中的糖葫芦，一股酸甜的味道涌来。

时光飞逝，后来我离开了老家，来到了苏州这座城市生活，从此没再见过那位老人，城市的街道上开满了各种商铺、小吃店，但是缺少了那余味悠长的酸甜味道。

（此文发表于《现代写作》2021年10月15日，收入本书时有改动）

苏州市相城区蠡口中学　曹彪

指导老师：王沂

有橘子树在心里，真好！

在我很小的时候，老家院子里种着一棵橘子树，它并不高，但对于幼小的我而言，它就是个宝贝。

三岁时在老家住过一年，这棵树也陪伴了我一年。

橘子树四季常青。春天，白色的小花点缀在绿叶当中，形成一道独特的风景。这时候，奶奶就摘下一小朵，轻轻插在我的头上。幼时的我活泼好动，没戴一会儿就把花拿下来把玩着。五片花瓣白白嫩嫩，中间的花蕊围成一圈儿，细细的花丝顶着黄帽子，还散发着诱人的清香，谁会不喜欢呢？抬头望向橘子树，开了花的，没开花的挤在一块儿，还是花苞的，看上去十分圆润，像是在橘子树上结了珍珠似的。素雅、纯洁、高尚、清纯如水——这就是橘子花。

到了夏天，奶奶将春天收集起来的橘子花拿出来，它们已经被晒干了，那么这些橘子花干可以用来干什么呢？奶奶将它们用来泡茶，还往杯子里放进几颗冰糖，香香的，甜甜的。这个时候再看橘子树，已经见不着花了，远见一片绿，近看能发现藏在绿叶当中的小橘子，仿佛生怕自己还没成熟就被摘了去。

终于盼来了这个丰收的季节——秋天。我兴奋地朝着橘子树跑去，跑着，蹦着，迫不及待要吃香甜的橘子。奶奶的脸上挂着慈祥的微笑，她伸手摘下两个黄透了的橘子，把大的塞给我，我高兴得合不拢嘴。剥开橘子皮，一阵橘子特有的香气扑上来，掰开一瓣放进嘴里，冰冰凉凉，甜丝丝的。看我吃得这么开心，奶奶微笑着摸了摸我的头。

冬天，橘子树虽说没了果实，但绿叶依旧。雪小点儿吧，橘树像穿了一件衬衫，雪后还能从叶子上刮些雪在手上，看着它融化。雪下大点就更有趣了，橘子树像裹了件棉袄似的。几个小伙伴都跑到我家院子里来堆小雪人，小手冻得红通通的。奶奶见了，急忙跑来捂住我的手，眼里透着心疼，对着我的手哈气，然后将手套戴到我手上。我看着橘子树下的小雪人，即使知道它春天就会融化，但还是会认真堆好它。

奶奶伴着我成长，有橘子树在心里，真好！

苏州市相城区蠡口中学　严恒欣
指导老师：耿庆强

是果实，也是种子

当初晨的阳光洒向大地，那是果实，还是种子？当树上的结晶因为自身的重量而落地变为新的生命，那是果实，还是种子？

记得我第一次接触写作时，我很迷惑。写作是什么？为什么要写作？种种问题不断在我脑中闪现。对于这些问题，我都没有答案，只是用自己最为单纯而又朴实的话语，把自己最通透的想法写在纸上，无论是喜是悲，一篇文章都能听我诉说，似乎它就是我的知心朋友。无论是高山大海、锦绣山河，还是田野村庄，我都能以一支笔使它们跃然于纸上。写作使我快乐，使我敞开心扉，能把我带向另一个世界，一颗大树的种子在我心中生根。

根深了，暴雨大了，外面总比美好的理想世界可怕。没有倾诉幻想，只有为幻想做出的斗争；没有人听失败者努力追梦的故事，只留下残酷现实。对于我来说，地下的世界广阔而又安全，不会有莫大的挫折的折磨，地下远比地上美好，至少幼苗不会受人践踏。其实我是害怕，害怕向外面的一切打开嫩叶，舒展细茎，把自己的一切告诉头上的一片天、脚下的一片地。我害怕一点小小的寒霜就会夺去幼苗的生命之火，失去热情。害怕使我畏缩，只识一片天地，不知世界之大、世界之广阔，恐惧使我无力，浪费了大好的小学时光。如此小学和我道了再见，不见了踪影，我却一无所成。

当时间的纽带再次旋转，中学的大门向我敞开，新的机会向我微笑。面对新的老师、新的同学，我感到陌生。当我把自己创作的第一篇中学文章交给陌生的老师时，我的思想似乎也随着那篇文章去了。后来，由于作业的繁重，我几乎把它给忘掉了。“你过来一下。”这一声，是我永远不会忘记的，也正是这一声，点起了种子的生命之火。“你这一篇文章写得很好，不过这些地方要改一下……”老师的细心教导，对我来说，是一种滋润，也是对于灵魂的一种升华，我第一次尝到了成功之果的甘甜。每一个字，每一句话，都如雨滴一般，把种子里的力量唤醒了，我能感到它在生长，直到深入心门内部。我来到这个文学社不是因为我作文写得好，而是因为心中的写作热情。

要问我是种子，还是果实？我的回答是：是种子，也是果实。正是种下种子，才会有果实的甘甜。也正是有成熟的果实掉落，才会有果实里的种子。

（此文发表于《苏州日报》（教育周刊）2020年3月2日，收入本书时有改动）

苏州市相城区蠡口中学　陈钰泽

指导老师：耿庆强

遇见那轮明月

夜深了，家家户户的灯一盏接一盏地，都熄了。唯有我这一扇小窗，还透着微弱的光。

书，堆在桌前，已无心翻阅。回想起白天的一幕幕——竞赛前的集训上，我的大脑反应实在跟不上老师惊人的语速，一问三不知，三问九摆头。面对一张张布满红叉的试卷，我的心，无端开始飘起向日葵般的花瓣雨，又似乎如薄叶般湿漉漉地颤抖。多少个华灯初上的夜晚，在泪水和执着中走过。自己的苦苦付出，为何换来的是钻心的痛楚？泪，涌上我的眼，我慌忙抬头，不让它流下来，走到窗前，想让风儿将它携走，却无意间瞥见那一轮皎洁的明月。

那月儿，还不圆，洒下的清辉却是一派。我静静地望着它。透过这一高悬的明镜，我仿佛窥见了数百年前的苏轼在月下"起舞弄清影"的场景，面对仕途失意，离愁别思，他并没有悲观消沉，而是豁达乐观，吟出"人有悲欢离合，月有阴晴圆缺，此事古难全。但愿人长久，千里共婵娟"的千古名句，与他豪迈的人生情怀一起流芳百世。海浪不回避礁石的撞击，才得以壮观；人生不拒绝遗憾的存在，才得以明达。我悄悄抹干了泪。

月光轻轻地流淌，幻化成一个个动人的音符，在阿炳的指尖跳动。他再也看不见了，但他要通过二胡把这积淀已久的感情倾吐给这茫茫月夜。起初，琴声委婉连绵，有如山泉从幽谷中蜿蜒而来。随着旋律的升腾跌宕、步步高昂，乐曲进入了高潮，它以势不可挡的力量表达出对命运的抗争，抒发了对美好未来的无限向往。月光似水，静影沉璧，琴声悠悠，盈润我心。泰戈尔说过："即使翅膀折了，心也要飞翔。"

思绪从历史的时空隧道拉回，再端详着我面前的这一轮明月。它是不圆，但相信总有一天，它会圆的。只是这过程，需要耐心等待，急不来的。就像生活，回报不一定在付出后立即出现，只要你努力了，生活的美好，总在不经意的时候，盛装莅临。

依然是寂静的夜，依然是伏案的我，依然是挫折中萌生的信念。尽管考试迫在眉睫，尽管竞赛题目晦涩难懂。总有题不会做，总有时间跟不上，但为了那铺满鲜花的康庄大道，追求梦想的我怎可轻言放弃？也许独行的路注定孤独，险峻的山峰只能靠自己攀登，但为了那积翠如云的空蒙山色，追求梦想的我怎可轻言放弃？

停不下的是追梦的脚步，选择了出发，就选择了坚定脚步，勇往直前；歌不尽的是青春的华章，选择了追求，就选择了风雨无阻，且歌且行！

(此文发表于《苏州日报》(教育周刊)2018 年 4 月 9 日 B03 版，收入本书时有改动)

苏州市相城区春申中学　薛一帆

指导教师：胡　丹

迷雾之下的家园

破晓时分。远方，一轮红日拂去掩映于身的晨辉，好奇地张望着大地，渐渐地，高挂于澄澈的天穹之中。阳光，为一切新生的蓬勃披上嫁衣，从迷雾的缝隙间洒落。起雾了。霎时，雾深埋了随红日初升斑驳的美好。厚重的霾吞噬了盛放的花儿，吞噬了挺拔的大树，吞噬了欢唱的鸟儿——这家园的美好，掩盖在迷雾之后。

近处，繁华的城市，往来的车辆，汽笛于迷雾之中嘶吼，阳光于迷雾之下呻吟。路上是低着头快步走着的行人。尖锐的一声咳嗽刺破天际。眼前景物，交织形成二字——"阴暗"。

他静静地站在街头，出神地望着这一切。当记忆中的场景与眼中的世界叠印在一起，脑海中有些东西改变了。这对他来说，再熟悉不过的一切，却是那么地陌生，恍然如隔世。

"不，不是这样的，从前的人间不是这般……"他猛地一愣，话音戛然而止。"从前，是什么样的来着？"刹那间，是尘封的记忆之门开启了吧，往日的点滴如泉涌，一丝暖意浮上心头。

他，昔日是自由的风，一袭白衣，孑然一身。他，穿行世间，听水的灵动，品花的清香，看世间百态……

汽车的闪光灯猛地一晃，幻想的泡沫顷刻间碎了一地，被现实的洪流冲得溃不成兵。车窗映出画面几帧。如今的他，白衣在这世间的尘埃——雾霾的腐蚀之下，早已不复旧日容颜，来自深渊的黑，魔鬼般贪婪地吞食残存的白，腐蚀殆尽。如同，这个蔚蓝星球曾经的"救世主"，如今的"霸主"——人类残忍地吞食着这个曾经的"母亲"一般。

"这是报应，对人类犯下罪过的报应！"

他平静的脸上罕见地泛起波澜。“这是自然降下的劫，是带着被人类压迫的世间万物怒意，一道审判人类的劫。”

没人注意到这个小小角落里爆发的怒气，甚至于带着怒意的他，与他曾经无数次发出的忠告——“爱护环境吧”。

他，就这样看着人们匆匆地去。思绪却随着涣散的瞳孔飘远。曾几何时，他也是这样目睹着这场审判的来临。

回忆涌上心头，不由分说将他包裹，宛若身处时间之海。失重的他，下潜，再下潜。当清晨湿润的空气轻抚他的脸庞，再一睁眼，他俨然身处伦敦街头。

这雾近乎遮住了他的双眼。透过阴霾，他的眼中，是现今的悲剧在上演。室外的能见度太低了，他甚至看不见自己的手。他想上前去，厚重的霾却使轻盈的他迈不开脚，他也只好放弃了挣扎。“妈，等这雾褪去，您儿子就能回国啦！”他看见一位年轻人迈着轻快的步伐穿过了人行道。“好，等你回来，爸爸说他要大展厨艺哩！”他听见电话那头亲切的声音，回答她的，是一声惨叫，一声急促的刹车声与一片死寂，还有一具倒在血泊之中的尸体……

“儿子！儿子！你那边怎么没声了！出什么事了？”只剩下电话那头绝望的声音在回荡。

穿越时间的深海回来。当迷雾再一次将他吞没，他的眼中带着迷茫，“这，就是家园吗？这，还是人间吗？”

种种问题化作千千结萦绕他的心头，他选择流浪，去寻找那个能够解开他心结的彼岸。这一次，没有踌躇，没有彷徨，就这么不回头地向前走，只因他知道，这已经不是家园了。

家园，早已在这迷雾之下沉沦；迷雾，又是何时在这家园之上肆虐。

（第二十五届“语文报杯”中学生主题征文优秀作品，收入本书时有改动）

苏州市相城中学　范贝诺

指导老师：李维英

此处安心是吾乡

“爹已上了年纪，让木兰替阿爹去。”我下定了决心。

“兰儿，你可要照顾好自己啊……”娘强忍着泪水，答应了。

夜深人静，我却彻夜未眠——虽习几年武术，却不知是否足以保护自己，战场杀敌。我的思绪随着风飘向远方……

东方悄然泛起了鱼肚白，清晰地听到村中人家的鸡鸣犬吠。我打点好行李，身披铠甲，全村的父老乡亲给我送别。娘的眼肿了，她抚摸着我的脸，嘱咐我：

“兰儿，一定照顾好自己！我和你爹就在家里等你回来！”

“阿姊，你要早点回来！”阿弟拉住我的手。

我对大家点了点头。

五天快马加鞭，终于抵达了塞外。

初到不久，我的脸被风吹得火烧般地疼，手脚已无知觉，此时唯一盼望的就是喝上一口热汤。后告知今天休息，明天再交战时，我长舒了一口气。

晚上，在营帐边围着火堆烤火。都说借酒消愁，从未沾过酒的我，此时果断拿起了一壶酒喝了起来——真是烈酒！鼻子一酸，泪如雨下。

天蒙蒙亮时，我被营长雄厚的声音叫醒——打仗了！我抓起铠甲就往身上套，不久便上了战场。

敌军来势汹汹，我们毫不示弱——作为战士，保家卫国是我们光荣的使命。一阵“杀”此起彼伏，耳边兵器声不绝。金戈铁马，刀光剑影，纵使敌众我寡，仍是迎难而上。几个回合过后，敌人溃不成军，慌忙逃离。我们高唱着胜利的凯歌：

“倘若天下安乐，我等愿渔樵耕读，江湖浪迹；倘若盛世将倾，深渊在侧，我辈当万死以赴。”

又是晚上，皓月当空，我独自坐在月下，月光洒在我的铠甲上，我又想起了自已遥远的家，家人可安好？何时才能再见家人一面？我想在外漂泊游子的心，都是这样的吧。

春去秋来，岁月宛转，转眼间，已经过去了12年。犹记，来时雪满天山路；如今归去时，阳春花团锦簇。我谢绝了可汗赐予我的“尚书郎”，只和几个亲近的伙伴回到了故乡。

久违的故乡，还是记忆中那抹挥之不去的恬静祥和，村里的孩子已经长大了，可惜都认不得我了，都笑着问：“大将军，您从哪儿来啊？”我笑而不语，加快了脚步。

望向远处，我心中为之一颤——那是阿爹阿娘！我飞奔过去，一家人紧紧抱在一起，过了一会儿，我们一家人又哭又笑，说了好多话。

闺房中，东西原封不动，仍是幽香。我脱下厚重、饱经风霜的铠甲，换上了洁白的女装，散下了过腰长发，涂上了胭脂。桃花开得烂漫，在树下，我翩翩起舞……

保家卫国是一种光荣的使命，因为此处安心是吾乡。

（第二十五届“语文报杯”中学生主题征文优秀作品，收入本书时有改动）

苏州市相城中学　季雨涵

指导老师：李维英

家　园

三年抗疫，我印象最深最震撼的是三年前的新冠疫情。彼时国家以最快速度响应，各个地方的人民纷纷捐款捐物，医护人员与志愿者们个个尽心奉献。

依稀记得网上曾流传一个帖子：一位博主发的疫情期间的事。他们那栋楼里的某一位住户放了一箱可乐，说物资不够的可以自取，而这栋楼里的其他住户，都纷纷拿出自己的日用品来交换，从一箱可乐，集成了一个小超市。

我们就是生活在这样一个温暖的家园里，彼此团结，互帮互助。

还记得近日发生的那一场重庆山火吗？

消防队员火速赶到现场，冲进火海，一片茫茫大火之中，不见人影，未闻人声，一场红艳艳的火，却好像印着他们的一腔热血；无数骑手连夜前来，随着四面八方赶来的支援，奔赴前线；当需要 30 名男性前来帮助时，一只只手立刻举起，人声鼎沸中，有人喊着："我是党员！我先上！"

那么大一座山啊，一烧，只见火海。从远远的地方看，那地方像是冒出了一朵云，夹杂着火焰与黑烟的云。是什么使他们义无反顾地奔赴前线？

因为这片土地，是家园。

因为我们对这片土地爱得深沉。

因为那句"人民有信仰，国家有力量，民族有希望"。

还因为这一句"那里本没有路，那里原也没有灯，却有微光筑起的'防火长城'"。

如果说，一棵树的茂盛，源自，在看不见的地方，无数的根生长着，汲取养分，贡献万千。那么，一个家园的安宁，源自，在看不见的地方，无数不被人所知晓的奉献者，在为这个家园奋斗着，贡献着。

中国的英雄是什么呢？是拥有超能力的超人吗？

中国的英雄，是无数连名字都不被人所知晓的普通人，就像是习主席所说“平凡铸就伟大，英雄来自人民”；就像是消防员的不懈努力，无数骑手90个小时的冲锋一战；就像是举起的一只只手，从山东赶来的支援；就像是那句“我是党员，我先上”。

每一位为了这个家园贡献的人，都是英雄。他们以自己的身躯，组成一张盾，他们以自己的意志，维护着家园的安定。

就现在，此时此刻，我可以无比确定地说，有无数的人正在为家园奋斗着、贡献着。我们爱我们的家园，从脉脉情深的笔下，从赤忱深沉的眼眸中，从义无反顾的身影里。

我又看向“家园”这两个字。这个词太重，古往今来，一支笔写下的，是无数个人名，思绪万千，抬笔，在纸上惟留下一言：

家者，护我以盾；园者，暖我以安。

（第二十五届“语文报杯”中学生主题征文优秀作品，收入本书时有改动）

苏州市相城中学　郭家瑄

指导老师：李维英

生命的力量

家门前，栽着一盆不知名的花，是今年春天爷爷从野外挖回来的，枝头上火红的拳头大小的花朵，夺人眼球，繁茂的枝叶丛生，绿叶红花，惹人喜爱。

一场秋雨一场凉，秋风萧索。空中，愁云惨淡，凄冷的气息充斥着世界。我站在阳台上，看着这盆曾经绚丽的花儿。它终禁不住寒冷，只剩下光秃秃的几片叶子，在秋风中抖动，好似在诉说着自己的苦难。内心一种似曾相识的感觉油然而生，这花怎么和自己的境遇如此相似。

小学，我是老师的宠儿、父母的骄傲、同学的目标。自打进入初中，成绩却像撕裂天际的闪电，直线下降。严重打击了曾经“辉煌”一时的我。尽管我努力听课，认真做题，成绩仍像断了翅的鸟儿，跌入谷底。

初冬悄然而至，家门口的那盆花，耐不住愁寂的秋风的考验，只剩下干枯的树枝了。唉，怕是熬不过这个冬天了。

如今，父母对我的期望，老师对我的信任，全部化成云烟，飘散于天际。我悲伤着，难过着，想放弃了。

时间如白驹过隙，而我却在无望的学海中苦苦挣扎。转眼间，春暖花开，但我的心情却在冰天雪地里徘徊。不经意的一瞥，我又瞧见了那盆花，枝头萌生着几片嫩绿的叶子，新绿中透着勃勃生机。我惊叹着，久久不能平静：原来逆境中也能重生，绝境中也有着一丝生机。

我冰封的世界也迎来一丝暖风，我收拾心情，整装待发，勤奋学习。暗淡的清晨，有我读英语那朗朗的声音；喧闹的午后，有我穿梭在办公室中请教问题的身影；寒冷的夜晚，有我在书桌上奋笔疾书的背影；在空气中弥漫着希望的春天里，我竭尽全力弥补我知识中的空缺，一天又一天……

功夫不负有心人，月考成绩出来了，我的成绩得到了大幅提高。我凝视着手中的成绩单，想起那盆不知名的花，在一个不经意的春天里，它教会了我人生的真谛！我想我也迎来了我的春天！

沙漠中也能长出绚丽的玫瑰，悬崖上也能长出参天的大树，只要心怀希望，奋勇拼搏，逆境也能孕育成功。世上无难事，只怕有心人。这夹杂着泪的汗水，终会成为春雨，滋润着心中的愿望。

苏州市相城区北桥中学　秦尤凯
指导老师：董萍

颂廉者

我看着这块石头。

它普通得随处可见，表面粗糙不平，巨大的身形更添几分笨重。我抚上它，触感并不舒服，凉凉的，有些硌人。

可它有名字，名曰：“廉。”我禁不住问自己：“何为廉呢？”

我走出去，试着寻找答案。

偶遇一片莲花池，莲花开得正好，粉红的，纯白的，亭亭玉立在那湖水之上，呈给人一种素丽淡雅之感。“出淤泥而不染，濯清涟而不妖”，轻吟此句，我想到了他——于谦。

因体恤百姓疾苦，不肯带贡品面圣的于谦，官场污浊，尔虞我诈，他笔下的句子仍是“两袖清风朝天去，免得闾阎话短长”，于是，他带着他的两袖清风，独自走上进京的道路，几百年过去，终名留青史。

保持自我，不被污浊之气沾染，以莲喻于谦，最合适不过。

廉者，莲也。

继续向前，又遇一松树。它树枝苍劲，树干笔挺，四季常青的松啊，为何与他如此相像？

海瑞，历明正德、嘉靖、隆庆、万历四朝，可谓元老。如此忠诚的人，竟只是在一所客舍与世长辞。更令人惊讶的是，当手下人清点他的随身物品时，竟只有八两银子和一些旧衣物罢了。有人评价汝贤：“不怕死，不爱财，不结伙。”可谓其一生真实写照。海瑞仿若一棵松，坚贞不屈，铮铮傲骨。

廉者，松也。

我调转方向，回到了这块石头的面前，它让我想到的，不仅是陆绩，还有他。

冯梦龙，明朝末年寿宁县县令，年逾花甲，仕途不顺。即使如此，他仍义无反顾地踏上了“地僻人难到，山多云易生”的寿宁之路。他在那小小的寿宁，开创出一片桃源。当时世道艰难也罢，他只是守在寿宁，为民谋福祉。他多次舍私奉公，拿出自己微薄的俸禄为百姓修建城墙、学堂，他公平断案，感化民风，短短几年，使寿宁变成富饶祥和之地。最后，他的《寿宁待志》为后世留下宝贵的精神财富……

为官一任，造福一方，冯梦龙以“老梅标冷趣，我与尔同清”自勉，从基层做起，甘当朝廷的基石，真正诠释了“廉”之一字。

廉者，石也。

又抚上廉石，心下却一片澄明，于我来看，廉是一种坚贞，是一种坚持，更是一种坚定。而廉者，为莲，为松，为石，更为万千人之表率。他们以廉为纲，以身作则，清廉自守，无愧于民。而我们，亦当追寻先贤，继承先贤，将廉洁之气，发扬，发扬！愿岁月流转，传承不断。

（此文在苏州市“童眼看廉石”主题征文活动中获特等奖，收入本书时有改动）

苏州市相城区春申中学　罗洁

指导教师：苏晶晶

与祖国万里恒昌

我们爱我们的民族,这是我们自信心的源泉。

——题记

几千年的漫漫征途,几百代的风云变幻,曾走过绿茵花溪,也踏过枯骨万里。我泱泱中华,正如大鹏扶摇直上九万里,铸就盛世华章,歌唱万年光辉!

祖国,我想对您说,您超越了个人名利,“小来思报国,不是爱封侯”;您超越了家庭血缘,“终当移孝作忠臣,为我国家扶厄运”;您超越了生死考验,“捐躯赴国难,视死忽如归”;您甚至可以超越时间和边界,在华夏儿女的心中播下一颗种子,伴着千年古国文化生长,开花!

青年生逢盛世必当为祖国谱光耀。我怀着丹心之志,意图悦青天,我举头看天,辽阔无垠,那是我将要翱翔的未来,我越过那片苍茫的塞外,又意图揽明月,我欲以月之皎洁照我心之纯白,我思索着,徘徊着,试图与天同高,与之共情。

然而,新时代的我们放眼瞭望,青山、绿水、小桥、流水、人家,百姓脸上的笑容,青年身上的昂扬无不宣示着盛世美景。祖国,您快看呢!万千的林海尽收眼底,绿波涌动,碧波滔天,一层层绿色屏障织成为万物生灵创造的新家园。

祖国!未来在这颗蓝色星球上,我愿亲手为您点缀更多绿色。

青年如水,水汇百川,无数水滴汇成了一条五千年的长河。我见证了“羲和”逐日,“祝融”换火,“天河”遨游苍穹,上九天揽月已然成为现实。

星河中,新时代的青年们自由驰骋;银河上,我贪婪观望,将星星一同拥入怀中,欲把人间谱成天宫。终将一日,我站于高山之巅,看旭日东升的其道大光,看烟波浩渺的皎月星辰,看雨打芭蕉的萧萧瑟瑟,看杜甫笔下的“一览众山小”。

“百舸争流千帆竞,波涛在后岸在前。”当代青年拥有光明未来。“志之所趋,无远弗届，穷山距海，不能限也。”我们奋斗向前、挺身而出，心怀使命，肩负担当！

鲸落海底，哺育暗界众生。忆往昔，五四风云，中国青年挺身而出，以己之身开思想之门；看今朝，盛世祖国，蛟龙潜游，天眼展望。

于高山之巅，方见大河奔涌；于群峰之上，更觉长风浩荡。祖国我想对您说：“我将勇担肩上之责，用热血滋养爱国情怀，我亦如同鲲鹏展翅扶摇而上，纵乱云飞渡仍不改从容！祖国！我要与您万里恒昌！”

（此文发表于《扬子晚报》2024年3月22日C3版，收入本书时有改动）

苏州市相城区春申中学　俞一诺

指导教师：胡　丹

我爱我的家乡

我爱我的家乡
爱你那碧水莹莹的条条小河
把一望无垠的绿色田野
划分成鱼一格,米一格

我爱我的家乡
爱你那造型别致的座座石桥
把枕河而居的古镇人家
拼接成东一坳,西一坳

我爱我的家乡
爱你那古朴淡雅的墙粉瓦黛
把天涯漂泊的思乡之梦
装饰成白一块,黑一块

我爱我的家乡
爱你那温柔娇嗲的吴侬软语
把水乡人家的火红日子
汇集成世间最美的旋律

(此文在苏州市“童心里的诗篇”少儿诗会中获中学组一等奖,收入本书时有改动)

苏州市相城区漕湖学校　丁嘉烨
指导教师:吴如厂

长　风

微微长风，亭亭春衫。
万里晴空，浅丘为山。
静憩西园，娇客来访。
良朋良辰，仰首悄望。

长风微微，春衫亭亭。
万里晴空，浅丘为崚。
有酒有酒，闲饮西窗。
愿言怀子，酒溢清芳。

西园之树，青枝翠蔓。
竞用新绿，以怡余情。
婳婳飞鸟，栖我梧桐。
春梦如斯，之子不从！

苏州市相城第三实验中学　石瑷玮
指导教师：罗　晶

搁浅的鱼

我像一条搁浅的鱼，
懵懂。
无法呼吸，
逼迫我做出抉择——
不能留在原地了……
我像一条搁浅的鱼，
浅尝浪花的甜蜜，
渺小的心脏努力感知，
感知那苦难和欢愉。

我像一条搁浅的鱼，
呆滞。
疯狂挣扎，
新生逐渐涌入躯壳——
听到了，听到了大海的耳语。
我像一条搁浅的鱼，
就跟随自由的海浪，
去更远的地方！

小小的鱼苗突进未知，
一次次怀疑后退，
只为再次蓄力奋进；

小小的鱼苗不畏暗流，
每一次误入光明的阴影里，
不要迷茫，继续向前，
阳光也会穿透海水与你相拥。

苏州市相城区春申中学　阙佳怡
指导教师：刘　明

孤　独

树下有一个孩子，
他坐在地上，
静静地看着远处玩耍的同伴。

他只是看着，
却从未起身加入，
仿佛他只是一片看得见的虚无。

他好像身处于另外一片时空，
没有人注意到他，
那片时空名为孤独。

苏州市相城区春申中学　李函茜
指导教师：刘　明

唤　醒

徘徊不定，
驻足不前，
人们被蒙住双眼。
聚拢分散，
不知疲倦，
何时才是终点。
我生来破旧，
又怎甘平庸，
只想唤醒世界。
黑暗中，
我微光独放，
你尽管来吧！
反正我已遍体鳞伤。
你尽管来吧！
不过是些风与浪。
黎明总会来临，
光总会打在我身上，
那时，
谁来阻挡？

苏州市相城区蠡口中学　杨梓菡
指导教师：耿庆强

一蝶一苏州

仿佛看到千年之前的伍子胥，
在苏州城门前负手而立。
回眸又见21世纪的最美苏州人，
在颁奖台上眉欢眼笑。

仿佛看到范成大沾墨挥毫，
龙飞凤舞地写下：苏湖熟，天下足。
回眸又见东方之门音乐喷泉，
在黑夜的幕布下，灯火阑珊，愈显璀璨。

仿佛看到，一缕微弱的烛光不停地跳动，
莘莘学子席地而坐，伏案读书。
回眸又见，宽敞的操场上，伴随着发令枪声的，
是飞扬的衣角，青春的脸庞和激昂的呐喊。

我看到苏州的悠悠情韵，
深深地镌刻在这片土地上。
回眸，吹散历史的薄雾，
一只彩蝶蹁跹在明澈的天空中。

（此文发表于《苏州日报》教育周刊2018年3月19日B04版，收入本书时有改动）

苏州市相城区春申中学　杨雨洁
指导教师：胡　丹